STUDY TRAVEL PRODUCT INNOVATION AND DESIGN
STRATEGY RESEARCH

研学旅行产品创新与设计策略研究

刘 琳 ◎ 著

图书在版编目（CIP）数据

研学旅行产品创新与设计策略研究 / 刘琳著.
北京：企业管理出版社，2025.3. -- ISBN 978-7-5164-2362-2

Ⅰ.F590.75

中国国家版本馆CIP数据核字第20255Y8B60号

书　　名：	研学旅行产品创新与设计策略研究
书　　号：	ISBN 978-7-5164-2362-2
作　　者：	刘　琳
责任编辑：	张　羿
出版发行：	企业管理出版社
经　　销：	新华书店
地　　址：	北京市海淀区紫竹院南路17号　邮　编：100048
网　　址：	http://www.emph.cn　电子信箱：504881396@qq.com
电　　话：	编辑部（010）68456991　发行部（010）68417763
印　　刷：	北京厚诚则铭印刷科技有限公司
版　　次：	2025年3月第1版
印　　次：	2025年3月第1次印刷
开　　本：	710mm×1000mm　1/16
印　　张：	17.5
字　　数：	266千字
定　　价：	78.00元

版权所有　翻印必究·印装有误　负责调换

随着教育体制改革的不断深化和素质教育理念的广泛传播，研学旅行作为一种寓教于乐、融合学习与探索的新型教育模式，正逐渐成为教育领域的一个亮点，吸引了社会各界的热切关注。这种教育模式不仅能够极大地拓宽学生的知识视野，通过亲身体验增强学生的实践操作能力和问题解决能力，而且在提升学生综合素养、促进其全面发展方面展现出显著效果。然而，随着学生和家长的需求日益多样化、个性化，当前的研学旅行市场面临着产品同质化严重、创新不足、特色缺失的问题，难以充分满足市场的期待。鉴于此，我们迫切需要对研学旅行产品的创新与开发进行更为系统、深入的研究，探索科学合理的设计策略，以期为研学旅行行业的持续健康发展注入新的活力，提供坚实的理论与实践支撑。

本书基于广西高校中青年教师科研基础能力提升项目《"双减"背景下的高质量研学旅行产品开发设计的研究》(2022KY1448)，是笔者对研学旅行产品开发设计研究的成果积累，全书内容精心编排，共分为八个章节。开篇即从研学旅行的理论基础入手，深入剖析其内涵、价值及发展趋势，为后续研究奠定坚实的理论基石。随后，逐步延伸至研学旅行活动课程资源的开发与整合，探讨如何挖掘丰富多样的教育资源，为研学旅行提供丰富的内容支撑。在课程设计方法的探讨中，注重理论与实践的紧密结合，提出了一系列既具创新性又具可操作性的方法。此外，本书还重点关注了研学旅行产品的主题设计、方案设计、路线规划、市场渠道拓展以及质量管理保障等关键环节，力求全方位、多角度地覆盖研学旅行产品开发与管理的全过程。

  在拙作研究和出版的过程中，得到了北海职业学院旅游商贸学院钟莹院长及旅游管理团队陈海燕、黄万鹏、李文放、韦美玉等老师的关注、指导和帮助，在此表示敬意和感谢。虽然本书力求内容的全面性、深入性和实用性，但由于研学旅行产品的创新与设计属于动态发展、不断进化的研究与实践领域，随着教育理念的不断更新、科技的飞速进步以及市场需求的日益变化，新的设计理念、技术手段和营销策略将层出不穷，因此，笔者坦诚地认识到，本书仍存在诸多不完善之处，有待在未来的研究与实践中不断修正、补充。同时，我们也诚挚地邀请广大读者，无论是教育工作者、研学旅行从业者，还是对学生教育充满关心的家长，都能提出宝贵的意见和建议，共同推动研学旅行产品的创新与发展，为培养更多具有创新精神和实践能力的新时代人才贡献力量。

刘琳

2025 年 1 月于北海

第一章　研学旅行的理论研究与探索

第一节　研学旅行的理论基础　/ 001
一、研学旅行的哲学基础　/ 001
二、研学旅行的脑科学基础　/ 003
三、研学旅行的教育学基础　/ 004
四、研学旅行的旅游学基础　/ 006

第二节　研学旅行的内涵　/ 007
一、研学旅行的定义　/ 007
二、研学旅行的分类　/ 010

第三节　研学旅行的本质与特征　/ 013
一、研学旅行的本质　/ 013
二、研学旅行的基本特征　/ 017
三、研学旅行与其他校外教育活动的区别　/ 020

第四节　研学旅行的目标、原则和意义　/ 022
一、研学旅行的目标　/ 022
二、研学旅行的原则　/ 024
三、研学旅行的意义　/ 027

第二章　研学旅行活动课程资源开发的探究

第一节　研学旅行资源概述　/ 029
一、研学旅行资源的相关概念　/ 029

二、研学旅行资源的特征 / 032
　　三、研学旅行资源分类 / 034

第二节　研学旅行活动课程资源的设计与开发 / 041
　　一、研学旅行课程资源的概念 / 041
　　二、研学旅行课程资源的类型 / 042
　　三、研学旅行课程资源的特点 / 044
　　四、研学旅行课程资源的基本要求 / 045
　　五、研学旅行课程资源开发原则 / 046
　　六、研学旅行课程资源设计与开发主体 / 048
　　七、研学旅行课程开发的步骤 / 050
　　八、研学旅行课程开发的途径 / 053

第三章　研学旅行活动课程设计方法研究

第一节　研学旅行活动课程的内涵与主题设计 / 057
　　一、研学旅行活动课程的内涵 / 057
　　二、研学旅行活动课程的主题设计 / 060

第二节　研学旅行活动课程设计的原则与策略 / 062
　　一、研学旅行活动课程设计的原则 / 062
　　二、研学旅行活动课程设计的策略 / 064

第三节　研学旅行活动课程的目标、内容与架构设计 / 065
　　一、研学旅行活动课程的目标设计 / 065
　　二、研学旅行活动课程的内容设计 / 067
　　三、研学旅行活动课程的架构设计 / 069

第四节　研学旅行活动课程的评价 / 071
　　一、研学旅行活动课程评价的意义 / 071
　　二、研学旅行活动课程评价的对象 / 072
　　三、研学旅行活动课程评价的原则 / 073

四、研学旅行活动课程评价的标准 / 075

五、研学旅行活动课程评价的方法 / 076

第四章 研学旅行产品主题设计与实施策略

第一节 研学旅行产品主题设计原则与方法 / 079

一、研学旅行产品主题设计原则 / 079

二、研学旅行产品主题设计方法 / 080

第二节 研学旅行产品主题设计要素与过程 / 083

一、研学旅行产品主题设计要素 / 083

二、研学旅行产品主题设计过程 / 085

第三节 研学旅行产品主题实施策略 / 089

一、行前准备 / 089

二、行中实施 / 094

三、行后总结 / 096

第五章 研学旅行产品的方案设计策略

第一节 知识科普型研学旅行产品的方案设计策略 / 099

一、博物馆研学旅行产品的方案设计策略 / 100

二、科技馆研学旅行产品的方案设计策略 / 105

三、主题展览研学旅行产品的方案设计策略 / 107

四、动植物园研学旅行产品的方案设计策略 / 109

五、历史文化遗产研学旅行产品的方案设计策略 / 114

六、科研场所研学旅行产品的方案设计策略 / 119

第二节 自然观赏型研学旅行产品的方案设计策略 / 123

一、地貌景观观赏研学旅行产品的方案设计策略 / 123

二、水体景观观赏研学旅行产品的方案设计策略 / 125

三、生物景观观赏研学旅行产品的方案设计策略 / 128

         四、自然地带性景观观赏研学旅行产品的方案设计策略 / 134

         五、天气气候类景观观赏研学旅行产品的方案设计策略 / 138

         六、特殊自然现象观赏研学旅行产品的方案设计策略 / 141

    第三节 体验考察型研学旅行产品的方案设计策略 / 144

         一、文化体验考察研学旅行产品的方案设计策略 / 144

         二、营地研学旅行产品的方案设计策略 / 148

         三、生态农庄研学旅行产品的方案设计策略 / 149

         四、实践基地研学旅行产品的方案设计策略 / 150

         五、团队拓宽基地研学旅行产品的方案设计策略 / 151

    第四节 励志拓展型研学旅行产品的方案设计策略 / 153

         一、红色教育研学旅行产品的方案设计策略 / 153

         二、国防教育研学旅行产品的方案设计策略 / 157

         三、名人纪念馆研学旅行产品的方案设计策略 / 159

         四、高校研学旅行产品的方案设计策略 / 161

    第五节 文化康乐型研学旅行产品的方案设计策略 / 163

         一、主题公园研学旅行产品的方案设计策略 / 163

         二、文化演艺研学旅行产品的方案设计策略 / 168

         三、保健康养研学旅行产品的方案设计策略 / 170

         四、体育休闲研学旅行产品的方案设计策略 / 174

第六章 研学旅行产品的线路设计策略

    第一节 研学旅行产品线路概述 / 179

         一、研学旅行产品线路的概念及其重要性 / 179

         二、研学旅行产品线路的特征 / 181

    第二节 研学旅行产品线路的构成与类型 / 183

         一、研学旅行产品线路的构成 / 183

二、研学旅行产品线路的类型 / 185

第三节　研学旅行产品线路设计的策略 / 191

　　　一、研学旅行产品线路设计的概念 / 191

　　　二、研学旅行产品线路设计的方式 / 192

第四节　研学旅行产品线路设计的影响因素 / 195

　　　一、教育资源 / 195

　　　二、学生特点 / 197

　　　三、安全保障 / 197

　　　四、文化体验 / 199

　　　五、市场需求 / 200

第五节　研学旅行讲解内容设计与技巧 / 201

　　　一、研学旅行产品内容讲解与存在的问题 / 201

　　　二、研学旅行产品内容讲解的文本创新 / 202

　　　三、研学旅行产品内容讲解的设计实训 / 204

第七章　研学旅行产品的市场渠道策略

第一节　研学旅行产品营销渠道的功能和类型 / 207

　　　一、营销渠道的含义 / 207

　　　二、研学旅行产品营销渠道的功能和特点 / 208

　　　三、研学旅行产品营销渠道的类型 / 210

第二节　研学旅行产品营销渠道的选择和管理 / 213

　　　一、影响研学旅行产品营销渠道选择的因素 / 213

　　　二、研学旅行产品营销渠道的选择策略 / 215

　　　三、研学旅行产品营销渠道的管理 / 217

　　　四、研学旅行产品营销渠道的调整策略 / 219

第三节　研学旅行产品营销渠道优势分析 / 220

　　　一、OTA 渠道 / 220

二、新媒体渠道 / 223

三、中间商渠道 / 225

四、辅导机构与学校 / 226

第八章　研学旅行产品的质量管理保障策略

第一节　研学旅行产品设计的质量管理概述 / 229

一、研学旅行产品设计的质量管理 / 229

二、研学旅行产品设计的质量管理原则 / 235

三、研学旅行产品设计的质量管理目的 / 237

四、研学旅行产品设计的质量管理要求 / 239

第二节　研学旅行产品设计的质量管理内容 / 240

一、研学旅行产品设计的质量管理方法 / 240

二、研学旅行产品设计的质量管理流程 / 247

第三节　研学旅行产品的质量管理策略 / 250

一、研学导师培训制度 / 250

二、研学旅行安全管理制度 / 254

三、研学基地建设体系 / 256

第四节　研学旅行产品设计的质量管理评价 / 260

一、基本原则 / 260

二、评价体系 / 262

参考文献 / 267

第一章

研学旅行的理论研究与探索

第一节　研学旅行的理论基础

一、研学旅行的哲学基础

1. 实践哲学

（1）研学旅行彰显学生的主体地位与能动性。

实践哲学核心理念在于强调人在实践活动中的主体地位及能动作用，而研学旅行正是这一理念的生动体现。在研学旅行的规划与设计中，我们明确将学生置于活动的核心位置，视他们为积极主动的参与者而非被动的接受者。这意味着，从活动策划到行程安排，都需紧密围绕学生的兴趣与关注点展开，鼓励学生主动参与到规划设计的每一个环节中来。我们倡导邀请学生共同探索他们真正关心、渴望了解的问题，以此激发他们的好奇心与探索欲。同时，通过精心构建有利于研学课程开展的环境，我们鼓励学生在亲身实践中发现问题、分析问题并尝试解决问题，从而锻炼他们的独立思考与自主学习能力，充分体现其主体地位与能动性。

（2）研学旅行促进校内知识的现实应用与深化。

研学旅行不仅是对书本知识的简单回顾，更是对其在现实情境中的深度应用与拓展。我们强调研学旅行课程的设计应紧密衔接校内学习内容，确保学生在研学活动中能够灵活运用所学知识，将其转化为解决实际问题的能力。当学生成功地将校内习得的知识应用于研学实践，克服重重困难时，他们不仅收获了成就感与满足感，更对所学知识有了更加深刻的理解与掌握。这种知识的现实应用不仅增强了学生的学习兴趣，还激发了他们创新思维的火花，鼓励他们勇于提出新颖的观点、思路与方法，并在实践中不断反思、修正与提升，形成对知识的深度理解与灵活运用能力。

（3）研学旅行实现学校课程的全面延伸与整合。

实践哲学倡导面向人的整个生活世界，强调人与自然、社会及自我之间的紧密联系与相互作用。研学旅行正是基于这一理念，致力于打破学校教育的局限，将学生的学习空间拓展至更为广阔的自然与社会领域。我们强调研学旅行的规划应全面涵盖学生与自然环境的互动、与社会的接触以及与他人之间的交往，使学生在亲近自然、参与社会实践及与他人积极互动的过程中获得全面而均衡的发展。通过研学旅行，学生不仅能够增进对自然、社会的认识与理解，还能在实践中锤炼自己的意志品质、提升人际交往能力，从而实现学校课程的全面延伸与整合，为学生的全面发展奠定坚实基础。

2. 教育哲学

教育哲学作为一门深邃的学科，从哲学的独特视角深入剖析了人类学习活动的内在规律，并致力于将这些规律转化为指导教育实践的有力工具。分析哲学家或许倾向于将教育哲学的角色限定在为教育论述提供坚实的理论基础和清晰的逻辑论证上，但这仅仅是教育哲学广阔领域中的一个方面。

当我们谈及学校教育哲学时，实际上是在探讨一种更为具体、更具实践导向的哲学思考。这种哲学深深植根于学校的教育理念之中，不仅体现了学校的教育使命和愿景，更为关键的是，它明确了学校的育人目标。在研学旅行的背景下，这一育人目标变得尤为突出：我们希望通过研学旅行培养出怎样的学生?这一问题直接关乎学校政策的制定和实践活动的展开,具有不可替代的指导意义。

值得一提的是,现代教育的先驱杜威曾提出过"教育即生活""教育即生长"以及"教育即经验"的深刻见解。这些思想从实用主义和经验主义的立场出发,强调了活动和体验在教育中的核心地位。杜威主张通过"在做中学"的课程与教学模式,让学生在实践中学习、在体验中成长。这一理念与研学旅行的核心理念不谋而合,都强调了走出传统教室,走向广阔世界的重要性。

在研学旅行的实践中,我们应充分考虑地域特色、学校实际情况以及学生的个体差异和兴趣点。在研学导师的精心引导下,学生们可以从自然和社会这两个广阔的领域中自由选择并确定研究主题,开展深入的研究性学习。通过观察、记录、思考等一系列活动,学生们不仅能够主动获取知识,更能够在分析问题和解决问题的过程中锻炼自己的思维能力和实践能力。

因此,我们可以看到,教育哲学并不仅仅停留在理论层面,它更是指导教育实践的重要工具。在研学旅行的实践中,我们应该充分发挥教育哲学的指导作用,明确育人目标,优化活动设计,以确保每一次研学旅行都能够成为学生成长道路上的宝贵财富。同时,我们也应该不断反思和总结实践经验,进一步丰富和发展教育哲学的理论体系。

二、研学旅行的脑科学基础

1. 依托脑科学,科学构建学段适应性研学旅行体系

研学旅行的规划与实施需紧密结合学段特征及地域文化特色。基于脑科学、认知科学及教育科学的深入洞察,我们倡导构建一套分阶段、递进式的研学旅行活动课程体系:小学阶段聚焦于乡土文化的亲近与感知,初高中阶段拓展至县情市情的探索与理解,大学阶段则进一步提升至省情国情的认知与思考。这一设计不仅遵循了学生的认知发展规律,更是对大脑发育阶段性特征的精准把握。通过运用脑科学的研究成果,我们可以更直观地揭示学生在不同学段认知活动的特点与机制,为研学导师及学校老师提供科学的指导依据,确保他们在

研学活动中能够精准施策、高效引导,从而探索出与学生大脑工作模式相契合的研学教育路径,实现研学旅行实践教育效果的最大化。

2. 融合脑科学原理,精准设定课程目标以促进创新能力培养

创造力的源泉在于左右脑的协同工作,而研学旅行课程的巧妙设计正是促进学生大脑两半球和谐发展的关键。结合脑科学的最新理论,我们强调在设定研学旅行课程目标时,应充分考虑学生个体的认知差异与学习偏好。例如,针对擅长交流型思维和富有幻想型思维的学生,课程设计中可融入更多图像、图表等视觉元素,以激发学生的直观想象与创造力。同时,精选多样化的教学媒体与方法,如观察实验、实物演示、视听结合等,旨在促进大脑两半球的协同活动,共同助力研学任务的完成。此外,我们还强调研学导师应以身作则,用积极向上的情感、正确的人生观和价值观去影响学生,为他们创造丰富的尝试、参与与体验机会,使学生在研学旅行中不仅收获知识,更能形成独特的情感体验、态度倾向与价值认知,从而全面促进学生的创新精神与创造能力的发展。

三、研学旅行的教育学基础

1. 顺应自然的教育哲学:自然主义教育

自然主义教育秉持着一种核心理念,即教育应当遵循自然的秩序与人的天性。它主张将教育的空间从封闭的校园拓展至广阔的自然与社会,让学生在直接接触、观察与体验自然万物的过程中进行学习。活动课程的设计需紧密围绕学生身心发展的自然规律,引导他们走向自然、融入社会。研学旅行作为自然主义教育的一种生动实践,其活动设计深植于人的自然发展规律之中,特别是依据教育学、发展心理学等跨学科理论与实践,精心打造适合不同学段学生需求的校外实践课程。这些课程旨在激发学生的潜能,培养他们的创新精神与实践能力,让他们在自然的怀抱中自由成长。

研学旅行作为自然主义教育的具体体现,蕴含着隐性的生态教育价值。它强调以自然事物为媒介,让学生在亲身体验中感受生态教育的深远影响,激发他们的好奇心与求知欲。在自然生态的研学旅行中，学生们可以近距离观察蝴蝶、蜻蜓、萤火虫等昆虫，深入了解生态系统，学会尊重自然、珍惜生命。这样的体验不仅满足了学生身心发展的需求，更培养了他们对自然的亲近感与敬畏之心，促进了他们认知能力的全面发展。

2. 知行合一的教育实践：生活情景教育

教育家陶行知曾深刻地指出："行是知之始，知是行之成。"研学旅行正是这一理念的生动诠释。它以立德树人、培养人才为根本目标，通过让学生亲身体验祖国的大好河山、中华传统美德、革命光荣历史以及改革开放的伟大成就，成为深化素质教育的有效途径。对于师生而言，研学旅行不仅是知识的学习与道德的修养，更是世界观、人生观、价值观形成过程中的宝贵经历与身心修行。

研学旅行作为一种知行合一的生活情景化教育，其隐性德育价值不容忽视，在自然与社会的广阔舞台上，能够使学生们在认知自我的同时塑造自我，最终实现人格的完善。传统教育强调教书与育人的双重使命，而研学旅行则通过实践体验与生活经验的融合，将感性知识与理性知识有机结合。它以情景性体验为突破口、以实践性操作为关键，致力于学生的道德教育。在研学旅行的过程中，学生们在时间管理、社交能力、成就动机、智能灵活性、领导力、情绪控制、主动性、自信心、自控力等多个方面得到锻炼与提升，实现了道德认知与道德人格的转化。

3. 研学旅行：践行释放天性的体验式教育理念

体验式教育作为一种强调学习者在实践中获取知识、技能，形成方法、态度的教育模式，其核心在于个体与情境的深度融合与持续互动。研学旅行作为体验式教育的生动实践，不仅彰显了跨学科整合、主动实践探索及动态开放的教育观念，更如陶行知所言，"生活即教育""社会即学校"，将教育的场域拓展至生活的每一个角落，无论是繁华的都市街道，还是宁静的乡村田野，都是我们学习的宝贵资源。

在研学旅行的实施过程中，我们需精心把握以下四个核心环节，以确保其体验式教育的深度与广度。

一是学生的主动体验环节。我们明确将学生置于研学旅行的中心位置，强调其作为体验主体的持续参与与实践。通过一系列精心设计的活动，激发学生的内在动力，使他们在实践中主动探索、亲身体验，从而构建起知识与经验的桥梁。

二是具体体验环节。此环节致力于释放学生的天性，通过多样化的措施与手段，如角色扮演、情境模拟等，营造出富有吸引力、寓教于乐的学习环境。我们鼓励学生沉浸于这些情境中，享受体验的乐趣，进而激发他们对知识的渴望与探索的热情。

三是观察与反思环节。在研学旅行的过程中，我们引导学生不仅要做实践的参与者，更要做观察者与思考者。通过细致的观察与深入的反思，学生得以发挥自己的特长，创造出新的知识，同时在思考中学习，在学习中成长，逐步培养出批判性思维与解决问题的能力。

四是抽象概括环节。这一环节强调学生对个体与环境之间交互作用的深刻理解与总结。我们鼓励学生从具体的体验中抽象出具有普遍性的规律与原理，形成自己的知识体系与认知框架。通过这一过程，学生不仅能够更好地把握自己与环境的关系，还能在未来的学习与生活中更加自信地应对各种挑战，实现个人成长与自我超越。

四、研学旅行的旅游学基础

相对于传统旅游业态而言，研学旅行无疑是一种更为深入、更为沉浸的教育旅游新形态。它不仅仅是一次简单的出游，更是一次引导学生走出校园、探索未知、拓宽视野、丰富知识、深入了解社会与自然、亲身参与体验的全面教育过程。

从研学旅行目的地的维度来看，其设计充分考虑了学生的认知发展规律和情感成长需求。小学阶段，学生们以乡土乡情研学为主，通过亲近家乡的自然风光、感受乡土文化的独特魅力，培养起对家乡的深厚情感和对乡土文化的初步认识。到了初中阶段，研学旅行则扩展到县情市情层面，学生们开始接触更为广阔的地域文化和社会现象，进一步拓宽视野，增强对地域特色的理解和认同。而到了高中阶段，研学旅行则更加注重省情国情的探索，学生们通过实地考察、文化交流等方式，深入了解国家的历史、文化、地理、经济等多方面知识，激发起家国情怀。

研学旅行作为文化旅游的一种特殊形式，其内涵远不止于旅游本身。对于乡土乡情研学而言，它更是支持乡土旅游建设、促进古村古镇保护、推动本地戏曲等传统文化传承的重要途径。通过研学旅行，学生们可以亲身体验到家乡的风土人情、民风民俗、革命史迹、地方史志以及自然景观等地域文化和自然资源，从而消除对乡土认知的断裂现象，培养起爱我乡风、了解乡情、愿守乡土、留住乡音的深厚情怀。同时，研学旅行还能带动乡土汇聚乡贤、留住美丽乡村，为乡村振兴注入新的活力和动力。

而对于中学生而言，省情国情研学旅行则是一次更为广阔、更为深刻的学习之旅。通过实地考察、文化交流等方式，学生们可以深入了解国家的历史沿革、文化传承、地理风貌、经济发展等多方面知识，感受到祖国的大好河山、革命的光荣历史以及中华优秀传统文化的博大精深。这样的研学旅行不仅能够使学生开阔眼界、增长知识，更能够激发他们的家国情怀和民族自豪感，为他们的成长和发展奠定坚实的思想基础。

第二节 研学旅行的内涵

一、研学旅行的定义

1. 文旅视野下的研学旅行（广义）

研学旅行作为一种新颖且富有教育意义的教育旅游活动，其核心在于将学习与旅行相结合，为学生乃至更广泛的群体提供一个独特的学习与成长平台。

这项活动以学生作为主体对象，通过集体旅行生活的形式，旨在全面提升学生的综合素质。它巧妙地依托各类旅游吸引物和社会资源，如历史文化遗址、自然风光、科技馆等，开展体验式教育与研究性学习，让学生在游历中增长知识、拓宽视野。

值得注意的是，虽然学生是研学旅行的核心参与群体，但他们并非唯一对象。实际上，研学旅行的理念与形式同样适用于其他年龄段的学习者，包括处于人格发展关键期的青少年群体，以及那些持续追求自我提升与知识更新的成年人。这种跨年龄段的适用性，使得研学旅行成为一种全民皆可参与的教育旅游活动。

我国旅游界的学者对研学概念的研究由来已久，并从教育旅游的视角出发，对研学旅行进行了深入探讨。研学旅行作为一种以专题学习为目标的专项旅游活动，强调在旅游过程中实现知识的增长与技能的提升。它要求参与者在享受旅游乐趣的同时，必须有所学、有所获，体现了学习与旅游相结合的教育理念。

随着研学旅行的不断推广与实施，旅游领域的学者们对其概念进行了更为细致的研究与界定。从广义上来看，研学旅行是指任何以研究性、探究性学习为目的的专项旅行，它满足了旅游者出于文化求知的需求，促使他们暂时离开常住地，前往异地进行文化性质的旅游活动。这种定义涵盖了所有以学习为主要目的的旅游形式，具有广泛的适用性。

而从狭义上来讲，研学旅行则特指由学校组织、学生参与的一种校外考察活动。这种活动以学习知识、了解社会、培养人格为主要目的，通过精心设计的行程与活动，让学生在实践中学习、在体验中成长。这种狭义的研学旅行更加聚焦于学校教育的延伸与补充，是素质教育的重要组成部分。

白长虹教授对研学旅行的内涵与外延进行了深入的剖析。他认为，研学旅行是以学习为主要目的的专项旅游活动，其参与群体、参与形式、参观场景均呈现出多样化的特点。从参与群体来看，除了在校学生外，还包括处于人格发展阶段的青少年群体以及不断追求进取的成年人等；从参与形式来看，既有集体组织形式，也有旅游团队形式，甚至可以是独立出游形式；从参观场景来看，则涵盖了自然、文化、产业等多个领域。

研学旅行作为一种广义上的教育旅游类型，其定义与内涵随着实践与研究的深入而不断丰富与完善。无论是从旅游学的角度，还是从教育学的视角来看，研学旅行都以其独特的魅力与价值，成为推动素质教育、促进个人全面发展的重要途径。

2. 教育视野下的研学旅行（狭义）

研学旅行作为教育领域内一项新兴的校外教育活动，其内涵丰富，不仅体现了学校教育与校外教育的有机融合，更是教育教学创新的重要体现。教育视野下的研学旅行，其内涵表现为以下五个方面。

（1）研学旅行的主体部门明确为教育部门和学校。

研学旅行并非随意组织的校外活动，而是由教育部门和学校共同规划、精心组织的教育项目，学校需制定详尽的研学旅行方案，并报请教育部门审批通过后方可实施。这一过程中，学校既可直接负责活动的组织实施，也可选择委托具有资质、信誉良好的企业或机构来承办，以确保活动的专业性和安全性。教育部门和学校的双重参与，为研学旅行的顺利开展提供了坚实的组织和制度保障。

（2）研学旅行的组织形式强调集体性与规范性。

研学旅行以集体旅行、集中食宿的形式展开，而非个人或少数人的自由活动。它要求以班级或年级为单位，由老师带领，在正常的教学时间内进行，通过集中食宿的方式，加深学生之间的交流与合作。这种组织形式不仅增强了活动的集体性和规范性，也确保了学生在安全、有序的环境中学习和成长。

（3）研学旅行的性质定位为校外教育活动。

研学旅行被明确纳入教育教学计划，成为教育教学不可或缺的一部分。它引导学生走出校园，走进自然和社会，通过旅行的方式实现教育目标。这种校外教育活动不仅丰富了学生的知识体验，还培养了他们的综合素质、社会责任感、创新精神和实践能力。政府、学校、产业和社会资源共同参与，为学生打造了一个全新的社会实践大课堂。

（4）研学旅行融合了研究性学习与旅行体验。

研学旅行的学习方式独特，它将研究性学习与旅行体验紧密结合在了一起。研究性学习鼓励学生围绕特定主题展开探索，通过制定方案、实施流程、收获成果和评价反思等环节，培养学生的自主学习能力和问题解决能力。而旅行体验则强调学生的参与性和实践性，让学生在旅行中亲身体验、动手操作，从而在实践中学习、在行走中成长。

（5）研学旅行是教育创新的重要实践。

研学旅行是在我国基础教育课程改革深入探索的背景下应运而生的教育创新，它不仅是对基础教育改革理念的具体落实，也是学校教育与校外教育有效衔接的新尝试。通过研学旅行，学生能够在实践中立德树人，提升综合素质；学校则能够拓展教育空间，丰富教育内容。研学旅行作为实践课程的一种新形式，为基础教育注入了新的活力，也为学生的全面发展提供了更加广阔的平台和机遇。

二、研学旅行的分类

1. 依据研学资源的丰富多样性分类

研学旅行产品凭借其依托的研学资源的丰富性与多样性，可以细分为以下五种类型，每种类型都承载着独特的教育意义与体验价值。

（1）知识科普型研学。

此类研学旅行主要依托于各类博物馆、科技馆、主题展览等文化科技场所，动物园、植物园等自然科普场所，以及历史文化遗产、工业项目、科研实验室等资源。通过实地探访与学习，学生们能够近距离接触科学知识，感受科技魅力，了解自然生态与历史文化的奥秘，从而激发对科学探索的热情与对知识的渴望。

（2）自然观赏型研学。

此类研学旅行侧重于利用大自然的壮丽景观作为教育资源，如山川河流、江湖海洋、草原沙漠等。学生们在自然环境中进行实地考察与观赏，不仅能够领略到大自然的鬼斧神工，还能学习到自然地理、生态环境保护等方面的知识，培养对自然的敬畏之心与保护意识。

（3）体验考察型研学。

此类研学旅行更注重实践体验与动手操作，通常依托农庄、实践基地、夏令营营地等场所。学生们在这里可以亲身体验农耕文化、手工艺品制作、户外生存技能等，提升动手能力、团队协作能力与解决问题的能力。

（4）励志拓展型研学。

此类研学旅行旨在通过参观红色教育基地、大学校园、国防教育基地、军营等场所，激发学生们的爱国情怀与奋斗精神。通过了解革命历史、感受大学氛围、体验军事训练等，学生们能够树立远大理想，培养坚韧不拔的意志品质与担当精神。

（5）文化康乐型研学。

此类研学旅行侧重于文化娱乐与休闲放松，通常依托各类主题公园、演艺影视城等场所。学生们在这里可以欣赏到丰富多彩的文化表演，参与到趣味横生的游乐项目中，既能够放松心情、愉悦身心，又能够在轻松愉快的氛围中学习到文化知识，提升审美素养。

2. 根据研学主题的深入探索分类

除了依据研学资源进行分类外，我们还可以根据研学主题的不同，将研学旅行分为以下五种类型，每种类型都旨在通过对特定的主题深入探索与体验，达到特定的教育目的。

（1）优秀传统文化主题研学。

此类研学旅行聚焦于中华优秀传统文化的传承与弘扬，通过参观文物保护单位、古籍保护单位、博物馆等场所，能够使学生们深入了解中华优秀传统文化的核心思想理念，从而坚定文化自觉与文化自信，为传承与发扬中华优秀传统文化贡献自己的力量。

（2）革命传统教育主题研学。

此类研学旅行侧重于革命历史的学习与革命精神的传承。通过参观爱国主义教育基地、革命历史类纪念设施遗址等场所，能够使学生们深刻了解革命历史，感受革命先烈的英勇事迹与崇高精神，从而激发爱国热情与革命斗志，为新时代建设贡献力量。

（3）国情教育主题研学。

此类研学旅行旨在引导学生深入了解国家的基本国情与中国特色社会主义建设成就。通过参观美丽乡村、传统村落、特色小镇等场所，能够使学生们亲身感受到国家的发展变化与繁荣富强，从而激发对党和国家的热爱之情，为国家的未来发展贡献自己的智慧与力量。

（4）自然生态主题研学。

此类研学旅行注重引导学生关注自然生态与环境保护。通过参观自然景区、城镇公园等场所，能够使学生们近距离接触自然，感受自然的美丽与神奇，从而树立爱护自然、保护生态的意识，为构建人与自然和谐共生的美好家园贡献自己的力量。

（5）劳动实践主题研学。

此类研学旅行侧重于劳动教育与实践能力的培养。通过参观工业、农业、商业或服务业的生产基地或产业园等场所，能够使学生们亲身体验劳动的过程与艰辛，从而树立正确的劳动观念与劳动态度，学习基本的劳动技能与职业素养，为未来的职业生涯打下坚实的基础。

此外，根据研学旅行的时长与行程安排，我们还可以将其分为研学一日游、研学三日游、研学五日游等不同类型的旅游产品。这些分类方式并非绝对排他，而是根据教学、研究或运营的实际需要进行灵活选择与组合，以满足不同群体与场景下的研学需求。

第三节　研学旅行的本质与特征

一、研学旅行的本质

1. 研学旅行的本质是教育育人

（1）从立德树人、培养人才的根本目的深入理解研学旅行的教育本质。

立德树人作为新时代教育事业的核心理念，旨在培养德智体美劳全面发展的社会主义建设者和接班人。研学旅行作为这一理念的具体实践，正是围绕立德树人、培养人才这一根本目的展开。它不仅仅是一次简单的校外活动，更是一次深刻的教育体验。在研学旅行中，学生们能够亲身感受祖国的大好河山，领略中华传统美德的深厚底蕴，体会革命历史的光荣与伟大。这些经历不仅能够增强学生们对"四个自信"的理解与认同，更能激发他们对党、对国家、对人民的深厚情感。

研学旅行还注重培养学生的实践能力与综合素质。通过动手动脑、生存生活、做人做事等实际操作，学生们不仅学会了知识与技能，更是在过程中锻炼了身心，培养了坚强的意志和正确的世界观、人生观、价值观。这种全面的教育方式，是立德树人理念的具体体现，也是培养德智体美劳全面发展人才的重要途径。因此，开展研学旅行，不仅是贯彻党的教育方针、落实新时代立德树人根本任务的重要举措，更是促进学生全面发展的重要途径。

我们应站在全面育人、实践育人的高度，深刻把握研学旅行的根本目的和本质要求。要遵循其教育本质，抓住其实践育人的特征，充分发挥研学旅行在立德树人中的重要作用。通过精心设计和组织研学旅行活动，让学生们在实践中学习、在体验中成长，真正成为德智体美劳全面发展的社会主义建设者和接班人。

（2）从基础教育课程改革创新的角度全面剖析研学旅行的教育本质。

随着时代的发展，教育改革已成为各国提升教育质量、培养未来人才的必然选择。基础教育课程改革的核心理念在于实现"六个转变"，这些转变旨在打破传统教育的束缚，推动教育方式的创新与变革。研学旅行作为综合实践活动的一种主要方式，正是这一改革理念的生动实践。

研学旅行打破了传统课堂教学的局限，将学生们带入真实的生活情境中，在这里，学生们可以发现问题、提出问题，并通过探究、服务、制作、体验等多种方式解决问题。这种教学方式和学习方式的变革，正是课改所倡导的"主动参与、乐于探究、勤于动手"等综合能力的体现。同时，研学旅行还注重课程内容的综合性与选择性，让学生们在跨学科的学习中获得丰富的实践经验，形成对自然、社会和自我之内在联系的整体认识。

此外，研学旅行还体现了课改对课程评价体系的改革要求。它不再仅仅关注学生的知识掌握情况，而是更加注重学生的综合素质和能力发展。通过研学旅行中的表现和评价，可以更加全面地了解学生的发展状况，为他们的未来成长提供有针对性的指导和帮助。

从综合实践教育的角度来看，研学旅行是衔接学校教育与校外教育、开展实践教育的创新形式。它不仅丰富了学校的教育内容，还拓展了教育的空间和时间。通过研学旅行，学生们可以在更广阔的天地中学习和成长，成为具有创新精神和实践能力的新时代人才。因此，我们应该充分认识到研学旅行在基础教育课程改革创新中的重要地位和作用，积极推动其深入发展。

（3）从研学旅行活动育人的优势特征深入剖析研学旅行的教育本质。

研学旅行作为一种创新的教育方式，其独特优势与新课改理念不谋而合，为培养学生的综合素质、实践能力与创新精神提供了强有力的支撑。

一是知识呈现更立体化，超越课本局限。相较于传统课堂中以文字描述为主的课本知识，研学旅行将知识以场景化的形式展现给学生，无论是历史遗迹的实地考察，还是科学实验的亲手操作，知识都变得鲜活起来，触手可及。这种立体化的知识呈现方式，不仅增强了知识的直观性，还激发了学生的好奇心与探索欲，使学习变得更加生动有趣。

二是学习环境更现实化，促进综合多维度学习。研学旅行将学生置于真实的生活环境中，知识不再是孤立存在的，而是与周围环境紧密相连。这种现实化的学习环境为学生提供了丰富的感知材料，使他们能够从多个角度、多个层面去分析和理解知识，从而培养起综合性和多维度的思维能力。

三是学习空间更有张力，助力合作学习与实践操作。研学旅行中，学生拥有广阔的学习空间，可以自由组合成小组，进行合作学习与实践操作。这种学习方式不仅锻炼了学生的团队协作能力，还让他们在实践中深化对知识的理解，提高解决问题的能力。

四是教学交互更便捷，凸显学生主体地位。在研学旅行的场景中，学生是学习的真正主体，他们与知识、与自己、与同学、与老师之间形成了紧密的交互关系。这种便捷的交互方式使学习变得更加主动和高效，学生在互动中不断成长，逐渐形成自主学习的能力。

五是生活化、问题式导入，激发学习兴趣与动机。研学旅行以具体的生活场景为载体，将真实可触摸的问题作为学习的起点。这种导入方式不仅使学习变得更加贴近实际，还激发了学生的学习兴趣与动机，使他们在解决问题的过程中不断获得成就感和满足感。

六是素养提升更全面，实现全面发展目标。在研学旅行的场景中，学生不仅要学习知识，还要规范自己的行为，学会与人交往、管理自己等生活技能。这种全面的素养提升，不仅有助于学生形成健全的人格，还为他们未来的生活和工作打下了坚实的基础。

研学旅行的教育本质在于通过其独特的活动育人优势特征，实现对学生综合素质、实践能力与创新精神的全面培养。它超越了传统教育的局限，将学习与生活、理论与实践紧密结合，为学生提供了一个更加开放、多元、富有挑战性的学习环境。在这种环境中，学生能够充分发挥自己的潜能，不断探索、创新、成长，最终成为具有社会责任感、创新精神和实践能力的时代新人。

2. 研学旅行的活动具有多个双重性

（1）研学旅行功能的双重性及其深远意义。

研学旅行作为一种独特的教育形式，其功能的双重性尤为显著。它不仅仅是一次简单的旅行，更是一次深度的教育活动。学生在研学旅行中既能享受到旅游带来的轻松愉悦，满足自身对新鲜事物的好奇心和审美需求，又能在实地探访中增长知识，深化对课本内容的理解。这种旅游与教育相结合的模式，使得研学活动成为一个生动活泼、形象直观的高效课堂。

研学旅行的双重功能相辅相成，共同促进了学生的全面发展。旅游元素为学习提供了丰富的背景和情境，使学生在轻松愉快的氛围中学习，提高了学习的积极性和兴趣。而教育元素则确保了研学旅行的深度和广度，使学生在游玩的同时能够系统地学习和掌握知识，提升综合素质。这种双重功能的融合，使得研学旅行成为一种寓教于乐、寓教于游的新型教育方式，对于培养学生的创新精神和实践能力具有重要意义。

（2）研学旅行策划设计的双重性及其挑战。

研学旅行的策划设计需要兼顾旅游和教育的双重属性，这无疑增加了策划的难度和复杂性。从旅游的角度来看，研学旅行需要满足游客的游乐、新奇、审美等心理需求，设计出具有吸引力和趣味性的旅游线路和活动。而从教育的角度来看，研学旅行则需要遵循教育规律，确保学生能够从中获得知识的增长和能力的提升。

为了平衡这两方面的需求，策划者需要具备深厚的旅游和教育专业知识。他们需要了解旅游产品的构成要素和组合设计原则，以确保旅游活动的顺利进行，同时还需要掌握课程、教材、教学法等教育理论，以确保研学旅行的教育目标得以实现。在策划过程中，策划者需要对应"游"与"学"的核心要素，精心做好各方面的衔接工作，以确保研学旅行的顺利进行和高效实施。

（3）研学指导师职业素质的双重性及其重要性。

研学指导师作为研学旅行活动的核心人物，其职业素质的双重性尤为关键。他们既需要具备导游的专业素养，能够熟练地引导游客游览景点，提供优质的旅游服务，又需要具备教师的教育能力，能够根据学生的需求和特点，设计并实施有效的教学活动。

研学指导师的双重职业素质要求他们不仅要有丰富的知识储备和流畅的讲解能力，还要有高度的责任心和细致入微的关怀能力。在研学旅行过程中，他们需要全程陪护学生，确保学生的安全和健康，同时还需要根据学生的实际情况，灵活调整教学计划和活动安排，以确保研学旅行的教育效果。因此，研学指导师的职业素质对于研学旅行的成功实施具有至关重要的作用，他们需要不断提升自己的专业素养和教育能力，以更好地服务于学生的成长和发展。

二、研学旅行的基本特征

1. 校外活动的独特魅力：研学旅行的开放性与实践性

研学旅行作为一种突破传统校园围墙的教育方式，其核心在于让学生走出封闭的学习环境，亲身踏上自然与社会的广阔舞台。与校内丰富多彩的兴趣小组、俱乐部活动相比，研学旅行提供的是一种更为深远、更为直观的学习体验。它不仅仅是对课本知识的简单延伸，更是一种"行走中的课堂"，让学生在移动中感受知识的力量、体验生活的多彩。在研学旅行的过程中，学生们能够亲眼见证书本上的知识如何在现实世界中生动展现，从而激发他们探索未知、追求真理的热情。

2. 主体固定的教育针对性：青少年学生的专属舞台

在教育旅游的广阔天地里，虽然任何渴望学习的人都能找到属于自己的旅程，但研学旅行独特地聚焦于青少年学生这一特定群体，这一设定使得研学旅行在内容设计、活动安排、安全保障等方面都需紧密围绕青少年的身心特点与成长需求。从选择富有教育意义的研学主题到开发符合学生兴趣的课程，从挑选专业的服务机构到规划安全、适宜的研学基地与营地，每一步都需精心筹备，旨在通过研学旅行这一特殊的教育形式，促进青少年的全面发展，激发他们的潜能与创造力。

3. 目的明确的育人导向：立德树人与人才培养的核心价值

研学旅行的根本目的在于通过实地体验与学习，实现立德树人、培养人才的教育目标，它超越了简单出游的层面，成为一场有目的、有计划的教育活动。学校在设计研学旅行时，会围绕明确的主题与目的，开发富有教育意义的课程与活动。这些课程与活动旨在通过实践探索，培养学生的社会责任感、创新精神与实践能力，同时提升学生的核心素养与综合素质。研学旅行不仅关注学生的知识学习，更重视他们的情感、态度与价值观的培养，为学生的全面发展奠定坚实基础。

4. 学校组织的严谨性与集体性：确保研学旅行的顺利进行

研学旅行作为学校精心组织策划的集体教育活动，具有鲜明的教育目的与严谨的组织流程。学校会制定详细的活动方案，明确活动的各个环节与要素，确保活动的统一性与协调性。同时，学校还会充分考虑学生的安全需求，制定应急预案与安全保障措施，确保学生在研学旅行中的安全与健康。在研学过程中，学生在研学指导师的引导下共同活动、相互研讨，这种集体参与的方式不仅有助于培养学生的团队协作精神与沟通能力，而且能够让学生在相互学习中共同成长、共同进步。

5. 产品多样的选择与创新：满足学生多元化需求

随着研学旅行的不断发展与完善，研学产品的种类日益丰富多样，满足了学生多元化的学习需求与兴趣爱好。从传统的知识科普、自然观赏等主题研学产品，到现代动漫、影视、体育等特色研学产品，每一种都蕴含着独特的教育价值与学习体验。这些多样化的研学产品不仅让学生在实践中感受到学习的乐趣与成就感，还激发了他们的创新思维与探索精神。同时，这些特色研学产品也成为研学旅行的亮点与吸引力所在，吸引越来越多的学生积极参与其中，共同探索知识的奥秘与生活的美好。

6. 深化互动体验：研学旅行的核心价值

研学旅行作为一种新颖且富有成效的学习方式，其精髓在于深度体验与积极互动，它超越了传统旅行的观光模式，转而成为一个集学习、探索、实践于一体的综合性旅程。为了确保学生能够从中获得更为深刻且有意义的学习体验，活动设计必须精心策划，充分融入互动与参与元素。

具体而言，可以巧妙设置一系列实践性任务与挑战，鼓励学生亲自动手、团队合作，从而在完成任务的过程中锻炼他们的实操能力，增强团队协作精神。同时，还可以通过小组讨论、角色扮演、情景模拟等多样化的互动环节，激发学生的思维碰撞，促进他们对于知识的深度理解和内化。这样的设计既保证了学习的趣味性，又确保了教育的实效性。

教师在这一过程中扮演着至关重要的角色。他们不仅是知识的传播者，更是学生体验的引导者和互动的组织者。因此，教师需要不断提升自身的专业素养和实践能力，灵活运用各种教学方法和手段，以激发学生的学习兴趣，提高他们的参与度。同时，良好的沟通能力和组织协调能力也是必不可少的，以便及时有效地解决学生在活动中遇到的各种问题和挑战。

7. 推动跨界融合：研学旅行的新趋势

研学旅行的发展正逐步呈现出跨界融合的新趋势，这一趋势要求学校、培训机构、旅行社、基地营地以及研学旅行服务机构等多个领域和机构之间实现深度整合与协作。通过跨界融合，可以充分发挥各方资源的优势，实现资源的优化配置和共享，从而推动研学旅行朝着更高质量、更快速发展的方向迈进。

以科技与研学的融合为例，各类展馆、科技园区等可以被打造成为科技体验研学基地，让学生在亲身体验中领略科技的魅力，激发他们对科学的兴趣和热爱。同样，农业与研学的结合也能创造出独特的研学体验，如将现代化农业示范区转化为研究型或体验类农业研学基地，让学生在实践中深入了解农业知识，培养他们对大自然的敬畏之心和热爱之情。

此外，研学旅行还可以与文学、历史、艺术等多个领域进行跨界融合，打造出丰富多样的研学产品和线路。这些产品和线路不仅能够满足学生多样化的兴趣爱好和学习需求，还能在实践中拓宽学生的视野，培养他们的跨学科综合素养和创新能力。

8. 构建多方联动机制：研学旅行的实施保障

研学旅行工作的顺利推进需要构建一个完善的多方联动机制，这一机制包括政府宏观层面的政策支持、学校与行业的中观层面支持以及专业服务机构与企业的微观层面支持。只有形成政府统筹协调、社会多方支持、各行各业联动的良性互动格局，才能确保学生研学旅行的全面实施和持续发展。

在宏观层面，政府应出台更加明确和具体的政策文件，为研学旅行的发展提供坚实的政策保障。同时，政府还应加强对研学旅行市场的监管力度，确保市场的规范有序和健康发展。在中观层面，学校和行业应积极响应政府号召，对研学旅行给以必要的支持和配合。学校可以结合自身实际情况和学生需求，制定科学合理的研学旅行计划；行业则可以发挥自身优势，为研学旅行提供优质的服务和资源。在微观层面，专业服务机构和企业应积极参与研学旅行的设计和实施过程，为学生提供更加丰富多样的研学产品和线路选择。

三、研学旅行与其他校外教育活动的区别

1. 研学旅行与传统春游、秋游的差异化定位

在我国的教育体系中，春游与秋游作为历史悠久的校外活动，承载着让学生亲近自然、增进友谊、拓宽视野的美好愿景。这些活动都源自民间传统习俗，如"踏青""踏霜"，在春秋两季的美丽时光里，学校会组织学生走出校园，享受大自然的馈赠。

与近年来国家大力推行的研学旅行相比，春游、秋游在诸多方面存在显著差异。春游、秋游通常局限于城市周边近郊，时间短暂，以一日游为主，交通方式相对简单。更重要的是，这些活动往往缺乏明确的教育目标和系统化的课程方案，难以全面承载道德养成、社会教育、国情教育等多重教育任务。相比之下，研学旅行则是一种更加系统化、目的明确的教育活动，它要求结合学生

身心特点，设计有针对性的课程方案，旨在通过实地考察、亲身体验等方式，培养学生的综合素质和实践能力。

2. 研学旅行与游学：传统与现代教育的融合与区别

游学作为一种古老而深远的学习教育形式，其历史可追溯至孔子周游列国的时代。而在现代教育背景下，游学逐渐演变为一种国际性的跨文化体验式教育模式，成为素质教育的重要组成部分。

在我国"研学旅行"概念正式确立之前，游学多指由校外机构或私立学校组织的、以个性化教育需求为导向的非官方活动。而国家推行的研学旅行，则在组织形式、活动体验及教育目标上提出了更高的要求，不仅要求活动具有更强的目的性和教育性，还强调活动的规范性和系统性。与游学相比，研学旅行更加注重结合国家教育政策和学生实际需求，设计科学合理的课程方案，以确保学生在活动中能够获得全面而深入的学习体验。

3. 研学旅行与夏令营、冬令营：教育形式与目标的深度辨析

自 20 世纪 90 年代初营地教育在我国兴起以来，夏令营、冬令营等营地活动逐渐成为学生寒暑假期间的重要选择。这些活动以军事、拓展、英语、艺术、科技等为主题，旨在通过集中训练和实践体验，提升学生的知识和技能水平。

与研学旅行相比，夏令营、冬令营在性质和目标上均存在差异。首先，营地活动通常具有市场化特征，费用相对较高，且并非所有学生都会参与。其次，营地活动的时间安排通常会避开上学期间，缺乏强制性和义务性。最重要的是，虽然营地活动在知识传授、能力培养等方面与研学旅行有相似之处，但研学旅行在教育目标的明确性、教育内容的系统性以及教育效果的评估方面更为严格和全面。因此，研学旅行作为一种新型的教育形式，能够为学生提供更加科学、系统、全面的学习体验。

第四节　研学旅行的目标、原则和意义

一、研学旅行的目标

1. 研学旅行的根本目的：立德树人、全面育人

研学旅行的根本目的在于立德树人、全面育人，这一核心理念可以从以下四个维度进行深入解读。

（1）立德树人是党的教育方针的核心要求。

教育是国家之大计、党之大计。优先发展教育事业，全面贯彻党的教育方针，落实立德树人根本任务，是培养德智体美劳全面发展的社会主义建设者和接班人的必由之路。作为教育的一种创新形式，研学旅行必须紧密围绕立德树人这一核心要求，通过实践活动，引导学生树立正确的道德观念，形成良好的道德品质，为成为有用之才奠定坚实基础。

立德树人不仅是对学生个人品德的培养，更是对整个社会道德风尚的引领。研学旅行通过让学生亲身体验、亲身感受，将道德教育融入实践之中，使学生在实践中领悟道德的真谛，从而自觉践行社会主义核心价值观，成为有担当、有责任感的新时代青年。

（2）立德树人是基础教育改革的内在需求。

随着基础教育改革的不断深入，新课程的培养目标更加注重学生的全面发展。研学旅行作为一种新型的教育方式，能够全方位地体现基础教育改革的要求。通过研学旅行，学生可以亲身体验社会、自然和文化的魅力，增强爱国主义、集体主义精神，培养社会主义民主法治意识，逐步形成正确的世界观、人生观、价值观。

同时，研学旅行还能有效提升学生的社会责任感、创新精神、实践能力和科学素养，使学生具备适应终身学习的基础知识、基本技能和方法。这种以实

践为导向的教育方式，不仅符合基础教育改革的方向，也为学生未来的全面发展奠定了坚实基础。

（3）立德树人是素质教育的核心任务。

素质教育强调以学生为本，注重学生的全面发展。研学旅行作为素质教育的重要组成部分，通过与学生日常生活不同的体验，可以拓宽学生的视野，丰富学生的知识，加深学生对自然和文化的理解。在研学旅行中，学生需要自己动手、动脑，学会生存生活，学会做人做事，这不仅能够提升学生的自理能力和创新精神，还能培养学生的团队协作能力和社交能力。

此外，研学旅行还能有效提升学生的身体素质和心理素质，使学生养成健康的审美情趣和生活方式。这种以实践为载体的教育方式，既符合素质教育的理念，也为学生提供了更加广阔的成长空间。

（4）立德树人是社会主义核心价值观教育的必然要求。

社会主义核心价值观是当代中国精神的集中体现，是凝聚中国力量的思想道德基础。开展研学旅行，必须以社会主义核心价值观为引领，坚持从学校抓起，积极稳妥地推进素质教育。通过研学旅行，学生可以深刻领悟社会主义核心价值观的精髓，增强对中国特色社会主义道路、理论、制度、文化的自信与认同。

同时，研学旅行还能引导学生将社会主义核心价值观内化于心、外化于行，成为学生的行为准则和价值取向。这种以实践为基础的教育方式，不仅有助于培育学生的社会主义核心价值观，还能为学生的全面发展提供强大的精神动力。

2. 研学旅行的工作目标：全面培养、持续发展

开展研学旅行，旨在让广大学生走出课堂、走出校门，走进自然、走进社会，对学生的思想、知识、素养、能力等进行全面培养。具体而言，研学旅行的工作目标可以概括为以下几个方面。

（1）"四个感受"。

通过研学旅行，让学生深刻感受祖国的大好河山、中华的传统美德、革命的光荣历史以及改革开放的伟大成就，增强学生的国家认同感和民族自豪感。

（2）"四个自信"。

在研学旅行中，通过亲身体验和深入了解，增强学生对中国特色社会主义道路、理论、制度、文化的理解与认同，坚定学生的"四个自信"。

（3）"三个学会"。

研学旅行注重培养学生的实践能力和生存能力，通过动手动脑、生存生活、做人做事的实践活动，让学生学会如何更好地适应自然、学会如何更好地适应社会、学会如何更好地适应生活。

（4）"两个促进"。

研学旅行不仅关注学生的知识学习，更注重学生的身心健康和品格塑造。通过研学旅行，促进学生的身心健康、体魄强健、意志坚强，同时促进其形成正确的世界观、人生观、价值观。

（5）"一个培养"。

研学旅行的最终目标在于培养学生成为德智体美劳全面发展的社会主义建设者和接班人，为国家的繁荣富强和民族的伟大复兴贡献力量。

此外，研学旅行的工作目标还包括开发一批具有育人效果的研学旅行活动课程，建设一批具有示范作用的研学旅行基地，打造一批具有影响力的研学旅行精品线路，同时建立一套规范管理、责任清晰、多元筹资、保障安全的研学旅行工作机制，探索形成学生广泛参与、活动品质持续提升、组织管理规范有序、基础条件保障有力、安全责任落实到位、文化氛围健康向上的研学旅行发展体系。这些目标的实现，将为研学旅行的持续发展提供有力保障。

二、研学旅行的原则

1. 教育性原则：深化体验，促进全面发展

研学旅行作为一种寓教于游、学以致用的新型教育模式，其核心教育性原则体现在将知识的学习与生活的体验紧密结合，通过直观感受与亲身体验，使学生在愉悦的氛围中达成教育目标。在策划研学旅行活动时，我们必须细致考虑学生的年龄特征、认知水平及实际需求，力求活动既富含教育深意，又能有

效激发学生的探索热情与学习动力。

教育内容的规划需紧密联系社会热点、学生生活实际及各学科知识体系，旨在让学生在真实情境中领悟知识的真谛与价值。例如，通过参观科技馆，学生不仅能亲眼见证科技的奇迹，还能深入理解科学原理，培养科学思维；历史遗迹的探访，可以让学生穿越时空，感受历史的厚重，激发对民族文化的自豪感；生态考察、社区服务等活动，则能让学生在实践中锻炼问题解决能力，增强社会责任感与环保意识，实现知识与技能的双重提升。

同时，研学旅行应着重培养学生的自主学习与团队协作能力。教师应鼓励学生主动探索，勇于质疑，通过小组讨论、项目合作等形式，促进学生之间的思想碰撞与知识共享。设置具有挑战性的任务，如环境调查、文化研究项目等，不仅能激发学生的求知欲，还能在共同解决问题的过程中培养他们的沟通协调能力和团队精神。

教育性原则是研学旅行的精髓所在。坚持这一原则，意味着我们要不断探索创新，使研学旅行成为连接知识与实践、学习与成长的桥梁，真正促进学生的全面发展。

2. 实践性原则：亲身体验，强化实践能力

实践性是研学旅行不可或缺的属性，它要求我们将这一活动融入学生综合实践课程体系，通过实地探访与亲身体验，帮助学生拓宽视野、增长见识、深化对自然与社会的理解。在实施过程中，我们应充分挖掘并利用当地独特的自然、人文资源，设计具有地域特色的研学课程，如乡村农耕体验、工业生产线参观等，让学生在亲身体验中感受家乡的魅力，增强对本土文化的认同与传承意识。

实践性原则还强调学生的深度参与与真实体验。教师应鼓励学生全程参与活动规划、执行与总结，通过动手操作、实地观察、数据分析等方式，将理论知识转化为实践能力。同时，引入互动游戏、角色扮演等趣味性元素，不仅能增加活动的吸引力，还能在轻松愉快的氛围中促进学生对知识的吸收与内化。

总之，实践性原则是研学旅行取得实效的关键。只有让学生真正走进生活、融入社会，才能在实践中学习，在学习中成长，最终实现知识与能力的双重飞跃。

3. 安全性原则：确保安全，守护成长之路

安全是研学旅行顺利进行的基石，也是我们必须坚守的底线。鉴于研学旅行多在校外进行，且可能涉及集体住宿与长途旅行，因此必须将安全工作贯穿于活动的每一个环节，确保学生的身心健康。

为了确保安全，应事先对活动地点进行全面考察与风险评估，排除一切安全隐患。制定详尽的安全预案与应急预案，明确责任分工与应对措施，确保在紧急情况下能够迅速、有效地采取行动。同时，加强对学生的安全教育，提高他们的自我保护意识与应对突发事件的能力。此外，保持与家长、学校的密切沟通，及时通报活动进展与安全状况，共同构建安全防护网。在遭遇恶劣天气或其他不可抗力因素时，应坚决暂停或取消活动，确保学生的绝对安全。

总之，安全性原则是研学旅行不可动摇的底线，只有确保安全，才能让学生无忧地探索、快乐地成长。

4. 公益性原则：普惠共享，促进教育公平

研学旅行作为教育的延伸与补充，应秉持公益性原则，确保活动的普及性、公平性与可持续性。在费用管理上，应严格控制成本，避免向学生收取不合理费用，确保所有学生都能平等参与。对于经济困难家庭的学生，应制定减免政策与资助措施，减轻他们的经济负担，保障其受教育权利。

学校作为研学旅行的组织者，应明确教育使命，杜绝以营利为目的的商业行为，保持活动的非营利性质。政府应加大对研学旅行的支持力度，逐步将相关费用纳入教育经费预算，为更多的学生创造参与机会。同时，鼓励社会各界参与研学旅行的建设与推广，形成政府主导、学校组织、社会参与的多元化发展模式。

坚持公益性原则，不仅有助于提升学生的综合素质与实践能力，还能促进

教育资源的均衡分配，缩小城乡、区域间的教育差距，推动教育公平与社会进步。因此，公益性原则是研学旅行持续健康发展、惠及广大青少年的重要保障。

三、研学旅行的意义

1. 教育视野下研学旅行的深远意义

国家积极倡导研学旅行，其核心宗旨在于立德树人、培育人才。这一举措的深远意义在于，它有力地促进了学生社会主义核心价值观的培育与实践，激发了学生内心深处对党、对国家、对人民的深厚情感。通过研学旅行，学生能够更加直观地理解社会现实，从而加深对社会主义核心价值观的认知与认同，形成积极向上的价值观念。同时，研学旅行作为素质教育的重要组成部分，创新了人才培养模式，鼓励学生主动走出校园，融入社会，实现了书本知识与生活实践的有机结合，为学生的全面发展奠定了坚实基础。此外，研学旅行还满足了学生日益增长的旅游需求，从小培养他们的文明旅游意识，养成良好的旅游行为习惯，为提升国民整体素质、加快提高人民生活质量做出了积极贡献。

2. 文化旅游视野下研学旅行的多重价值

从文化旅游的广阔视角来看，研学旅行不仅具有显著的经济效应，更在文化传承、教育普及、产品创新与区域发展等多个方面展现出深远的意义。

一是经济层面，研学旅行作为新兴的旅游形态，能够直接拉动内需，促进旅游消费，带动旅游产业链上下游的全面发展，实现旅游经济的综合效益提升。同时，通过培养潜在旅游客户，为旅游业的长期稳定发展奠定了坚实基础。

二是产品与服务创新层面，研学旅行的兴起促使旅游行业不断研发、升级旅游产品，以满足不同年龄段学生的需求。这不仅有利于旅游资源的整合与优化，还推动了旅游产品的创新与升级，为区域旅游经济发展模式的创新提供了新思路。

三是文化交流与传播层面，研学旅行是文化、教育与旅游三者融合的典范，它充分展现了文化旅游的内涵与魅力，实现了旅游的户外教育功能。通过研学旅行，学生可以深入了解并传承本土文化，促进各地各民族及国际间的文化交流与融合，从而树立区域独特的文化旅游形象，提升文化旅游的吸引力和影响力。

第二章

研学旅行活动课程资源开发的探究

第一节　研学旅行资源概述

一、研学旅行资源的相关概念

1. 研学旅行

（1）研学：从传统到创新的转变。

研学，全称为研究性学习，亦被称为探究式学习、探究式科学教育或以学生为中心的教学法等，它标志着教育模式从传统向现代的深刻转型。与传统教学中以教师为主导、侧重于课堂讲授和书本知识传授的方式截然不同，研学倡导的是一种以学生为中心，强调主动性、创造性与实践性的学习模式。在研学活动中，学生们不再被局限于教室的四方墙内，而是被鼓励走出校园，通过实地考察、实验操作、社会调查等多种实践方式，主动探索知识，构建新的科学概念，优化已有的知识体系，并在此过程中培养起探究精神和科学态度。

研学的核心在于激发学生的内在动力，鼓励他们成为学习过程的主体，而非被动接受者。相较于传统学习模式中学生对知识的单向接收，研学更注重知识的双向互动与深度加工，从而有效提升学生的自主学习能力、问题解决能力和创新思维。这种学习方式的转变，不仅丰富了学习的形式和内容，更从根本上改变了学生对知识的认知方式和学习态度，为他们的终身学习奠定了坚实的基础。

（2）旅行：超越休闲的深层意义。

"旅行"一词虽常与"旅游"混用，但在本质上蕴含着更深层的意义。旅游作为一种社会经济现象，主要侧重于休闲、消费和短暂逃离日常生活的体验，它强调的是目的地、活动以及由此产生的各种社会经济关系，是人们在特定条件下追求精神享受和身心放松的一种方式。

而旅行包含的意义则更加宽泛且深刻。在英文语境中，"travel"一词更多地指向空间上的移动和经历本身，它不仅仅是一种身体上的迁徙，更是一种心灵的探索和自我发现的过程。旅行强调的是"行"的过程，是人在空间中的流动和体验，它可以是为了特定的目的，如探亲访友、学术考察、探险探索等，也可以是为了纯粹的体验和感受。旅行与旅游的对立统一关系，体现了人类对于出行活动不同层次的需求和追求。旅行作为旅游得以实现的基础运动方式，为旅游提供了无限的可能性和深度，而旅游则是旅行在特定目的和情境下的具体表现。

（3）研学旅行的概念深化与实践探索。

研学旅行作为研究性学习和旅行体验相结合的校外实践活动，其内涵丰富且多维。这一概念不仅指涉了学生集体参与的有组织、有计划、有目的的校外参观体验活动，更蕴含了教育理念的深刻变革和教育实践的全新探索。

从广义上来说，研学旅行是一种非静态、不断演化的文化传播活动，它超越了传统旅游的休闲属性，将学习置于旅行的核心位置。无论是出国留学、校园间的文化交流，还是特殊兴趣的学习游，研学旅行都以文化求知为驱动力，鼓励旅行者在移动中学习，在学习中体验，从而实现知识的增长、视野的拓宽和人格的塑造。

狭义的研学旅行则更加聚焦于学校教育的延伸和补充，它是由教育部指导、学校具体组织的校外实践活动，旨在通过精心设计的旅行体验，促进学生的研究性学习，提升他们的综合素质。这类活动通常具有明确的教育目标、详细的计划和专业的指导，确保学生在安全、有序的环境中，通过亲身体验和实践操作，深化对学科知识的理解，培养批判性思维、团队合作和社会责任感。

研学旅行是一个多维度、多层次的概念，它既包含了狭义上学校组织的校外实践活动，也涵盖了广义上所有以学习为目的的旅行活动。无论是从教育的角度，还是从文化、社会的视角，研学旅行都展现出了其独特的魅力和深远的意义，为青少年的全面发展提供了广阔的平台和无限的可能。

2. 研学旅行资源

（1）旅行资源的定义与特性。

旅行资源泛指那些能够激发旅游者兴趣、吸引其前往，并为旅游业开发利用以产生经济效益、社会效益、环境效益乃至文化效益的各种自然因素、社会现象或人工创造物。这些资源不仅限于传统的自然景观和历史遗迹，还包括了为旅游目的而特别设计的人工设施、优质的服务体验以及便捷的交通条件等。旅行资源的特性可归纳为以下四点。

一是组合性。单一的旅游要素往往难以构成足够的吸引力，而多个相互关联、相互补充的要素组合在一起，则能形成强大的旅游"磁力"，吸引游客远道而来。

二是多样性。我国作为旅游资源丰富的国家，资源类型繁多、各具特色，如民族文化、地文景观等，为游客提供了多样化的旅游体验。

三是时间性。自然环境的变化使得同一地点在不同季节展现出不同的风貌，为游客带来独特的季节体验，如冬季的冰雪旅游、雾凇观赏等。

四是不可转移性。旅行资源的独特性在于其地域性，它们无法像商品那样被运输到游客所在地，而是需要游客亲自前往体验，这种"无形贸易"正是旅游业的魅力所在。

（2）研学旅行资源的概念阐释。

研学旅行资源是在研学旅行与旅行资源两个概念基础上融合而成的特定概念，特指位于学校范围之外，能够满足学生研究性学习需求和旅行体验目的的所有资源。关于这一概念，有以下四点需要明确。

一是地域指向性。由于旅行的本质在于异地探索，因此学校内部的资源不被纳入研学旅行资源的范畴。

二是功能多样性。研学旅行资源不仅服务于学生的学习需求，还注重提供丰富的旅行体验，实现学习与游乐的双重目标。

三是目标群体特定性。以学生为主体的研学旅行，决定了其资源的选择应紧密围绕学生的兴趣和认知特点，同时也不排斥其他对文化有需求的旅行者。

四是效益平衡性。在研学旅行资源的开发中，除了考虑经济效益外，更重视社会效益、环境效益和文化效益，尤其是像博物馆、美术馆、红色革命基地等，其文化价值往往超越了经济收益，成为研学旅行的重要目的地。广义而言，研学旅行资源是自然界与人类社会中所有能满足旅行者文化需求、激发其探索欲望的资源总和。

二、研学旅行资源的特征

1. 研学旅行资源的教育性：深化学习体验的核心要素

研学旅行作为一种融合了研究与旅行的教育模式，其核心目的在于通过亲身体验和实地考察，深化学生的知识理解，培养其综合素质。而这一切教育功能的实现，都离不开具有丰富教育价值的研学旅行资源。这些资源，如国内外名校体验游、历史文化遗址探访、自然生态考察等，都是研学旅行中不可或缺的教育载体。

政策层面对于研学旅行教育功能的重视，也促使研学旅行资源的教育价值与课程设计紧密结合。通过精心挑选和整合各类资源，设计出既符合学生认知规律，又能激发学生兴趣的研学课程，从而确保研学旅行教育目标的顺利实现。

2. 研学旅行资源的广域性：跨越地域与领域的无限可能

研学旅行资源的广域性体现在其分布之广、种类之多。无论是地上的山川湖泊、人文景观，还是地下的溶洞暗河、温泉地热，无论是天上的天象气象，还是海洋的礁岛生物，无论是城市的现代科技、工业文明，还是乡村的田园风光、乡土文化，都是研学旅行资源的宝贵组成部分。

这种广域性不仅体现在地理空间的分布上，更体现在资源类型的多样性上。从自然景观到人文景观，从物质文化到非物质文化，研学旅行资源几乎涵盖了人类文明的所有领域。而且，随着科技的进步和社会的发展，新的研学旅行资源也在不断涌现，如虚拟现实技术下的历史场景重现、太空探索等，为研学旅行提供了更加广阔的空间和无限的可能。

3. 研学旅行资源的多样性：内容与价值的双重丰富

研学旅行资源的多样性是其吸引力和教育价值的重要体现。从内容上来看，研学旅行资源可以根据不同的分类标准划分为多种类型，如自然与人文、国家级与地方级、观赏与体验等，每种类型都有其独特的魅力和教育意义。而从价值上来看，研学旅行资源更是集艺术欣赏、历史文化、科学研究等多重价值于一身，为旅行者提供了全方位、多层次的学习体验。

这种多样性不仅满足了不同学生群体的学习需求，也为研学旅行的课程设计提供了丰富的素材和灵感。通过巧妙组合不同类型的资源，可以设计出既有趣味性又有深度的研学课程，让学生在旅行中既能享受美的熏陶，又能获得知识的滋养。

4. 研学旅行资源的文化性：深化文化交流与理解的桥梁

研学旅行不仅仅是一种简单的旅行活动，更是一种深层次的文化交流活动。在这个过程中，旅行者通过参观历史遗迹、博物馆、传统建筑等具有文化内涵的研学旅行资源，不仅能够增长历史文化知识，还能深刻感受到不同文化的魅力和差异，从而激发他们探索自然奥秘、理解人类文明的激情。

因此，在研学旅行资源的开发和利用过程中，必须深入挖掘其文化内涵，通过生动有趣的讲解和互动体验，将蕴含于景观中的文化故事和人文精神传递给旅行者。同时，还应注重文化的传承与创新，鼓励旅行者在尊重和保护传统文化的基础上，积极探索和创造新的文化形式和内容，使研学旅行成为深化文化交流与理解的重要桥梁。

三、研学旅行资源分类

1. 研学旅行资源分类的核心原则

研学旅行资源的分类需遵循科学且实用的准则，以确保分类体系的合理性与有效性。这些核心原则主要包括逐级性、全面性和系统性。

（1）逐级性原则。

逐级性原则强调在分类过程中将分级与分类相结合。研学旅行资源作为一个复杂多变的系统，其内部包含多个层级和子系统，因此，在分类时应严格按照层级关系逐级展开，避免逻辑上的越级划分错误。这一原则有助于构建清晰、有序的分类体系，便于资源的有效管理和利用。

（2）全面性原则。

全面性原则要求分类时既要考虑资源范围的全面性，也要确保分类标准的全面性。首先，必须将所有类型的研学旅行资源全部纳入分类体系，确保无一遗漏。其次，由于研学旅行资源内容的广泛性和复杂性，分类时应综合考虑资源的景观属性、成因、等级、功能等多重因素，以确保分类的准确性和细致性。这一原则有助于全面反映研学旅行资源的多样性和丰富性。

（3）系统性原则。

系统性原则强调在分类过程中要充分考虑资源之间的差异性和相似性，通过区分和合并来实现分类的系统化。首先，应将具有相同属性的研学旅行资源归为一类，确保同一级别和类型的资源具有相似性。其次，对于较大类别的资源，应根据其差异性进行进一步划分，以体现不同类型之间的区别。最后，通过集合归类，使每一种研学旅行资源在分类表中占据准确位置，从而形成一个具有明确从属关系、层级分明的系统。这一原则有助于实现研学旅行资源分类的系统化、规范化和科学化。

2. 参照国家标准划分

参照旅游资源基本类型的划分，结合研学旅行资源的特点，可以将研学旅行资源划分为 8 个主类、23 个亚类和 110 个基本类型，如表 2-1 所示。

表 2-1 研学旅行资源分类

主类	亚类	基本类型
A 地文景观	AA 自然景观综合体	AAA 山丘型景观；AAB 台地型景观；AAC 沟谷型景观；AAD 滩地型景观
	AB 地质与构造形迹	ABA 断层景观；ABB 褶曲景观；ABC 地层剖面；ABD 生物化石点
	AC 地表形态	ACA 台丘状地景；ACB 峰柱状地景；ACC 垄岗状地景；ACD 沟壑与洞穴；ACE 奇特与象形山石；ACF 岩土圈灾变遗迹
	AD 自然标记与自然现象	ADA 奇异自然现象；ADB 自然标志地；ADC 垂直自然带
B 水域风光	BA 河系	BAA 游憩河段；BAB 瀑布；BAC 古河道段落
	BB 湖沼	BBA 游憩湖区；BBB 潭池；BBC 湿地
	BC 地下水	BCA 泉；BCB 埋藏水体
	BD 冰雪地	BDA 积雪地；BDB 现代冰川
	BE 海面	BEA 游憩海域；BEB 涌潮与击浪现象；BEC 小型岛礁
C 生物景观	CA 植被景观	CAA 林地；CAB 独树与丛树；CAC 草地；CAD 花卉地
	CB 野生动物栖息地	CBA 水生动物栖息地；CBB 陆地动物栖息地；CBC 鸟类栖息地；CBD 蝶类栖息地
D 天象与气候景观	DA 天象景观	DAA 太空景象观赏地；DAB 地表光现象
	DB 天气与气候现象	DBA 云雾多发区；DBB 极端与特殊气候显示地；DBC 物候景观

续表

主类	亚类	基本类型
E 建筑与设施	EA 人文景观综合体	EAA 社会与商贸活动场所；EAB 军事遗址与古战场；EAC 教学科研实验场所；EAD 建设工程与生产地；EAE 文化活动场所；EAF 康体游乐休闲度假地；EAG 宗教与祭祀活动场所；EAH 交通运输场站；EAI 纪念地与纪念活动场所
	EB 实用建筑与核心设施	EBA 特色街区；EBB 特色屋舍；EBC 独立厅、室、馆；EBD 独立场所；EBE 桥梁；EBF 渠道、运河段落；EBG 堤坝段落；EBH 港口、渡口与码头；EBI 洞窟；EBJ 陵墓；EBK 景观农田；EBL 景观牧场；EBM 景观林场；EBN 景观养殖场；EBO 特色店铺；EBP 特色市场
	EC 景观与小品建筑	ECA 形象标志物；ECB 观景点；ECC 亭、台、楼、阁；ECD 书画作品；ECE 雕塑；ECF 碑碣、碑林、经幢；ECG 牌坊牌楼、影壁；ECH 门廊、廊道；ECI 塔形建筑；ECJ 景观步道、甬道；ECK 花草坪；ECL 水井；ECM 喷泉；ECN 堆石
F 历史遗迹	FA 物质文化遗产	FAA 建筑遗迹；FAB 可移动文物
	FB 非物质文化遗产	FBA 民间文学艺术；FBB 地方习俗；FBC 传统服饰装饰；FBD 传统演艺；FBE 传统医药；FBF 传统体育赛事
G 旅游购品	GA 农业产品	GAA 种植业产品及制品；GAB 林业产品与制品；GAC 畜牧业产品与制品；GAD 水产品与制品；GAE 养殖业产品与制品
	GB 工业产品	GBA 日用工业品；GBB 旅游装备产品
	GC 手工工艺品	GCA 文房用品；GCB 织品、染织；GCC 家具；GCD 陶瓷；GCE 金石雕刻、雕塑制品；GCF 金石器；GCG 纸艺与灯艺；GCH 画作
H 人文活动	HA 人事活动记录	HAA 地方人物；HAB 地方事件
	HB 岁时节令	HBA 宗教活动与庙会；HBB 农时节日；HBC 现代节庆

3. 按照资源成因划分

（1）自然研学旅行资源的深度探索。

自然研学旅行资源作为连接学生与大自然的桥梁，其内涵丰富、形态多样。从狭义上来讲，它特指那些位于学校之外，能够激发学生研究性学习兴趣并满足其旅行体验需求的自然景观资源。而从更广阔的视角来看，自然界中任何能够吸引旅行者目光，满足其文化探索欲望的资源，皆可归入此列。

以地貌景观为例，山地、喀斯特、丹霞等地貌不仅展示了大自然的鬼斧神工，也是地质学、生态学等学科知识的生动教材。水体景观如海洋、河流、湖泊等，则是水循环、生物多样性研究的绝佳场所。生物景观中的森林、草原、野生动植物，则是生物学、生态学学习的直观对象。此外，自然地带性景观、气候与天气气象资源，以及特殊自然现象，都为学生提供了探索自然奥秘、理解地球科学的广阔舞台。

在山地景观型研学旅行项目设计中，我们注重将素质教育理念融入其中。通过动植物观察、地质考察、体能挑战、野外生存技能学习以及户外露营等活动，学生不仅能在亲近自然的过程中拓宽视野、增长知识，还能在实践中锻炼自理能力、团队合作精神和创新思维。这种集生活教育、社会认知、自然探索、艺术体验于一体的研学模式，旨在让学生在与日常不同的生活体验中，实现全面发展。

（2）人文研学旅行资源的文化沉浸。

人文研学旅行资源则是学生了解历史、感受文化、传承文明的重要途径。从狭义上来讲，它指的是学校范围之外，能够激发学生研究性学习兴趣并满足其旅行体验需求的人文景观资源。而从广义上来看，人类社会中的历史遗迹、古建筑、古代陵墓、城镇风貌、古典园林、社会风情以及音乐戏剧等，都是人文研学旅行资源宝贵的组成部分。

历史遗迹类资源，如古人类遗址、古都古城、名人故居等，是学生了解历史、感受文化传承的生动课堂；古建筑类资源，如长城、宫殿、民居等，是建筑学、历史学研究的实物教材；古代陵墓类资源，如帝王陵寝、纪念性陵墓等，承载着丰富的历史信息和丧葬文化；城镇类资源则展示了不同地域的文化特色和社会发展变迁。

在人文研学旅行活动的设计中，我们充分利用这些丰富的文化资源，结合学生的假期时间，开发出非遗传承、民俗体验等特色课程。学生通过游览历史遗迹、参与民俗活动、制作传统美食等方式，可以亲身体验国家的民族精神，感受历史文化的魅力。这种沉浸式的文化体验，不仅激发了学生对历史文化的兴趣，也促进了他们对传统文化的传承与创新。

4. 按照资源级别划分

（1）世界级研学旅行资源。

世界级研学旅行资源主要聚焦于世界遗产范畴，包括世界文化遗产、世界自然遗产以及世界文化与自然双重遗产。

世界文化遗产：涵盖具有历史、艺术和科学价值的物质文化遗产如古迹、建筑群等，以及非物质文化遗产如传统艺术、民俗活动等。

世界自然遗产：指那些从美学、科学或保护角度具有突出普遍价值的自然地貌、地质结构和生物多样性区域。

世界文化与自然双重遗产：这类遗产同时融合自然美景与文化价值，是自然与文化遗产的完美结合。

（2）国家级研学旅行资源。

国家级研学旅行资源涵盖多个方面，包括但不限于以下几种。

国家级风景名胜区：这些区域以自然景观和人文景观的集中展示为特色，如北京的故宫博物院、颐和园等，提供丰富的游览和科学文化活动体验。

国家历史文化名城：指那些保存了大量文物，具有重大历史文化价值和革命意义的城市或地区。

全国重点文物保护单位：由国务院核定的最高保护级别的不可移动文物，具有重大的历史、艺术和科学价值。

国家级森林公园：以保护自然环境和自然资源为目的，同时提供游憩、文化娱乐和科学研究功能的区域，如著名的张家界国家森林公园。

国家级地质公园：以具有特殊地质科学意义和美学观赏价值的地质遗迹为

主体的自然区域。

国家级自然保护区：为保护具有代表性的自然生态系统、珍稀濒危物种和特殊自然遗迹而划定的特殊保护区域。

（3）省级研学旅行资源。

省级研学旅行资源主要包括省级风景名胜区、历史文化名城、文物保护单位以及自然保护区和森林公园。这些资源在地域特色和文化内涵上更加具体和丰富，如慕田峪长城风景名胜区等，为研学旅行提供了多样化的选择。

（4）市（县）级研学旅行资源。

市（县）级研学旅行资源以市（县）级风景名胜区和文物保护单位为主。这些资源虽然规模可能较小，但往往更具地域特色，能够为学生提供近距离的研学体验，加深对本地文化和自然环境的了解。

5. 按照资源功能划分

（1）自然观赏类研学旅行资源。

自然观赏类研学旅行资源以其广袤无垠的山川江湖、郁郁葱葱的森林草原、神秘莫测的沙漠等自然景观为核心，涵盖了世界自然遗产、国家公园、国家级风景名胜区、国家级自然保护区等众多珍贵资源。这些资源不仅为研学旅行者提供了视觉上的盛宴，更是生活素质教育、社会认知教育、体验教育、自然教育、艺术教育的生动教材。在壮丽的自然风光中，学生们可以近距离观察动植物，了解地质构造，参与体能拓展，学习野外生存技能，甚至亲手搭建帐篷、烹饪美食，体验野外生活的乐趣。随着"健康中国"战略的深入实施和素质教育的持续推进，自然观赏类研学旅行以其独特的魅力，成为青少年感受自然、增强体质、提升综合素质的重要方式。这类资源具体可细分为山川类如巍峨的山脉、险峻的峡谷，江湖海类如浩渺的湖泊、奔腾的江河、广袤的海洋，以及森林草原沙漠类如茂密的森林、辽阔的草原、荒凉的沙漠等，每一类都蕴含着丰富的研学价值。

（2）科普教育类研学旅行资源。

科普教育类研学旅行资源则聚焦于各类博物馆、科技馆、主题展览、动物园、植物园、历史文化遗产、工业项目、科研场所等，这些场所不仅是知识的宝库，更是科普教育的绝佳平台。依托这些资源打造的研学旅行产品，以其专业性、可控性和互动性著称，成为学校组织研学旅行的首选。在这些场馆中，学生们不再只是被动的接受者，而是通过参与各种趣味性、体验性的活动，如动手实验、模拟操作、角色扮演等，将所学知识运用到实践中，实现知识的内化和创新。同时，结合国家文化战略，博物馆研学旅行作为一种新兴的文化传播方式，正受到越来越多的关注和重视。科普教育类资源具体可分为五大类，每一类都承载着不同的科普教育使命，为学生们打开了一扇扇通往科学世界的大门。

（3）体验考察类研学旅行资源。

体验考察类研学旅行资源则更加注重实践性和体验性，以农庄、研学旅行实践基地、冬夏令营营地、团队拓展训练基地等为主要载体。这类资源通过提供固定空间内的针对性或复合型拓展学习、训练，旨在锻炼学生的自理能力、自立能力和团队协作能力。在农庄，学生们可以亲手种植作物、喂养动物，体验农耕文化的魅力；在研学旅行实践基地，学生们可以参与各种科学实验、手工制作等活动，培养创新思维和实践能力；在冬夏令营营地和团队拓展训练基地，学生们则可以通过团队合作、挑战自我等方式，提升综合素质和领导力。体验考察类资源具体分为四大类，每一类都为学生们提供了不同的体验和学习机会。

（4）励志拓展类研学旅行资源。

励志拓展类研学旅行资源则以"励志"为核心，旨在通过红色教育基地、大学校园、国防教育基地、军营基地等资源，激发学生的爱国情怀、奋斗精神和责任感。在红色教育基地，学生们可以重温革命历史、缅怀先烈事迹，接受红色文化的熏陶；在大学校园，学生们可以参加专业体验课程、在实验室进行简单试验等，感受高等教育的氛围和魅力；在国防教育基地和军营基地，学生们则可以接受军事训练、了解国防知识等，增强国防观念和国家安全意识。励志拓展类资源具体分为四大类，每一类都承载着不同的励志教育使命，为学生们提供了广阔的成长空间和锻炼机会。

（5）文化康乐类研学旅行资源。

文化康乐类研学旅行资源则更加注重文化的体验和康乐的结合，以主题公园、演艺影视城等为主要载体。这类资源通过提供丰富多样的文化活动和娱乐项目，旨在提高学生的文化素养、审美能力和社会责任感。在主题公园，学生们可以参与各种游乐项目、观赏精彩表演等，感受欢乐的氛围和文化的魅力；在演艺影视城，学生们则可以参加"影视演艺鉴赏""央视小课堂"等创新课程，了解影视制作的奥秘和传统文化的精髓。文化康乐类研学旅行活动通过现场教学、亲身体验等方式，使学生们在轻松愉快的氛围中学习新知识、拓展新视野、培养新兴趣。具体可分为主题公园和演艺影视城两大类，每一类都为学生们提供了独特的文化体验和康乐享受。

第二节　研学旅行活动课程资源的设计与开发

一、研学旅行课程资源的概念

研学旅行课程资源的概念在教育领域具有广泛而深刻的内涵，可以从广义和狭义两个维度进行阐述。

广义上的研学旅行课程资源是一个涵盖广泛、内涵丰富的概念，指的是能够帮助实现研学旅行课程目标的各种因素和资源。这些资源并非凭空产生，而是客观存在于我们的生活和自然环境之中，它们可能是某种物质的天然来源，也可能是某种文化、历史或社会现象的体现。研学旅行作为一种特殊的教育形式，其课程目标指向学生的全面发展，课程内容富含教育性，因此，广义的研学旅行课程资源必须能够服务于这一教育目的，为研学旅行课程的实施和教育目标的实现提供有力支持。这包括但不限于各种自然景观、文化遗产、历史遗迹、科技馆、博物馆等实体资源，以及与之相关的知识、信息、技能等非物质资源。

而狭义的研学旅行课程资源则更加聚焦于研学旅行课程形成的直接来源，特指那些直接用于构建研学旅行课程内容、支撑课程实施的具体资源和材料。然而，在现代教育理念下，我们更倡导的是广义的研学旅行课程资源观，即不仅要关注那些直接的课程资源，更要重视那些能够间接影响课程实施和效果的因素，如课程资源包和参考资料的丰富性、研学旅行基地的建设和运营情况，以及学科专业背景、教师队伍的素质、学生的参与度和兴趣、导游的专业知识和服务水平等人力资源因素。

在研学旅行课程资源的开发与利用过程中，我们必须秉持全面、科学的态度。这意味着我们要深入挖掘和整合各种资源，确保它们能够紧密围绕研学旅行课程目标，为课程的实施提供有力支撑。同时，我们还要注重资源的优化配置和高效利用，避免资源的浪费和重复建设。只有这样，我们才能确保研学旅行课程资源真正发挥其应有的作用，促使研学旅行课程目标的有效实现，为学生的全面发展奠定坚实基础。

二、研学旅行课程资源的类型

1. 物质资源

（1）自然资源。

自然资源是研学旅行不可或缺的重要组成部分，它涵盖了广泛的自然现象和自然条件，如四季更迭的气候变化、动物迁徙的壮丽景象、大气循环的微妙机制等，这些都为学生提供了丰富的研究素材。以气象研学为例，我国首批四家"气象研学旅游营地"的成立，标志着气象科学与旅游教育的深度融合。茂名市气象局通过打造气象发展历史、气象知识百科、气象灾害大事记及防灾减灾体验等研学内容，不仅让学生亲手触摸气象仪器、操作人工增雨设备，还让他们体验气象播报，通过模拟场景和互动体验，引导学生深入探索气象科学的奥秘。这种将自然资源与科普教育相结合的研学方式，不仅增强了学生对自然现象的认识，还提高了他们的科学素养和防灾减灾意识。

（2）社会资源。

社会资源在研学旅行中同样占据重要地位，它包括了工厂、农业基地、高等院校、博物馆、工业旧址、福利院等多种场所。这些资源为学生提供了丰富的社会实践机会，使他们能够深入社会、了解社会，并在此过程中发现问题、解决问题。以贵州省黔南布依族苗族自治州三都水族自治县的水族文化博物馆为例，该博物馆作为我国首个展示水族历史与文化的民族类专题博物馆，通过图片、文字、实物等多种形式，全面展示了水族的文化内涵和民族特色。学生在这里可以深入了解水族的历史、文化、习俗和节日，从而丰富对不同事物的认知，提升文化素养。同时，加强研学旅行基地建设，依托自然和文化遗产资源、红色教育资源和综合实践基地等，遴选建设一批安全适宜的学生研学旅行基地，也是提升研学旅行质量的重要途径。

2. 文化资源

文化资源是研学旅行中不可或缺的精神食粮，它包括了民族文化、文化遗产、现代信息技术、社会文化等多个方面。我国悠久的历史文化和多样的民族文化为研学旅行提供了丰富的课程资源。以文化遗产为例，各类文化馆、博物馆、非物质文化传承场所等都是宝贵的研学资源。像草编这种传统的编织手工艺品，在我国岭南地区有着悠久的历史和独特的编织手法，学生可以通过参观草编工艺品的制作过程，了解草编的历史渊源、文化内涵和编织技巧，从而感受传统文化的魅力，增强对传统文化的认同感和自豪感。

3. 人力资源

人力资源是研学旅行课程实施的关键要素，它包括了校内和校外两部分。校内人力资源主要由学生、校长、教师以及学校内的其他工作人员组成，他们是研学旅行课程的主要参与者和实施者。校外人力资源则包括学生家长、研学旅行指导教师或辅导员、与研学课程内容有关的专家和社会相关人员等，这些人员具备丰富的专业知识和实践经验，能够为研学旅行提供有力的支持和指导。在人力资源开发上，我们不仅要关注具有某方面技能的专业人员，还要充分利用社会相关人员这一庞大的人力资源库。同时，学校教师要承担起指导学生开展研学活动的责任，各学科教师要发挥专业优势，共同参与到研学旅行的指导和管理中来。只有学校教师全员参与、全程指导，才能确保研学旅行课程的实施质量，让学生在研学旅行中收获满满的知识和体验。

研学旅行课程资源的开发利用是一个系统工程，需要我们从物质资源、文化资源和人力资源等多个方面入手，深入挖掘和整合各类资源，为研学旅行课程的实施提供有力的支撑和保障。同时，我们也要明确人、物质和文化是难以分开研究的，研学旅行课程资源的每一项内容都是综合的、相互关联的，只有将它们有机结合起来，才能发挥出最大的教育价值。

三、研学旅行课程资源的特点

1. 课程资源的多样性

研学旅行课程资源展现出极高的多样性，其范畴远远超出了传统的文本资源和学校内部资源。这些资源广泛分布于学生的学习与生活环境中，涵盖所有能助力研学旅行课程实施和目标达成的教育资源。它们不仅类型丰富、数量庞大，而且因地域、学校、文化背景及主体差异而各具特色。在不同的地区和学校，可开发的课程资源各不相同，其构成和表现形态也千差万别。文化背景的差异更是使得课程资源的认定充满多样性，不同主体因其人生经验、受教育水平和价值观的不同，对课程资源的筛选和评价也各具特色，进一步丰富了课程资源的开发利用形态。

2. 课程资源的间接性与转化性

研学旅行课程资源具有显著的间接性特点。许多资源在研学旅行课程设计之前就已存在，它们虽然具备转化为研学旅行课程或支持课程实施的潜力，但并非现成的课程或已具备实施条件。这些资源的教育性往往不如标准学科课程那样直接明显，有时教育性因素与非教育性因素相互交织。因此，研学旅行课程资源需要经过精心的筛选和转化，才能成为课程实施的基本条件，进而推动课程的顺利进行。

3. 课程资源的潜在性与开发性

研学旅行课程资源蕴含着巨大的潜在价值。它们如同其他功能性资源一样，无论其存在形态、结构、功能还是价值，都需经过开发主体的挖掘和利用才能得以显现。这种潜在性意味着，只有通过研学旅行课程实施主体的开发利用和赋值，课程资源才能转化为现实的、具有教育意义的资源。同时，研学旅行课程资源具有可开发性，它们虽然不一定是系统的、规范的，但可以根据特定的目的进行选择、改造和利用。不同主体因其课程观、知识能力水平和实践经验的不同，在开发的广度和深度以及达成课程目标的效果上会有显著差异。

4. 课程资源的动态性与情境性

研学旅行课程资源在人为选择上具有不确定性，这种不确定性源于不同区域的区位条件、自然环境、经济水平、民族文化和社会条件等多种因素的影响。这些因素共同作用于课程资源的客观存在和动态发展，使得研学旅行课程资源的内涵、内容及外延在不同发展阶段都有所不同。课程资源本身也是一个不断发展和更新的过程，需要被持续考察和审核。因此，研学旅行课程资源是动态的、开放的，并且具有强烈的情境性。在开发利用时，必须紧密结合具体的时空条件和情境进行选择设计，以确保课程资源的有效性和针对性。

四、研学旅行课程资源的基本要求

1. 有研学价值

研学旅行作为一门课程，其核心在于通过实地考察和体验，让学生在真实的环境中学习、探索和成长。因此，研学旅行课程资源必须具备教育意义，能够直接或间接地促进教学目标的实现。这意味着，课程资源不仅要包含丰富的知识和信息，还要能够激发学生的思考，培养他们的实践能力。例如，民族文化古村落不仅展示了传统的建筑风貌和民俗风情，还蕴含着深厚的历史文化底蕴，学生可以通过参观、交流等方式，深入了解民族文化，增强文化自信，这样的资源就具有很高的研学价值。

2. 能对研学人员产生吸引力

研学旅行课程资源的吸引力是确保其被有效利用的关键。只有那些能够引起学生兴趣、激发他们探索欲望的资源，才能真正成为研学旅行的一部分。因此，在选择和开发课程资源时，必须充分考虑学生的年龄、兴趣、认知水平等因素，确保资源能够与学生产生共鸣。同时，资源还要符合研学旅行的课程要求，能够帮助学生实现课程目标，如提升观察力、思考力、创新力等。此外，课程资源还应具备一定的新颖性和独特性，以吸引学校和研学旅行机构的关注，从而被纳入研学旅行计划。

3. 能被相关产业和机构开发利用

研学旅行课程资源的可开发性和可利用性是其实施的基础。这意味着资源不仅要具备教育价值，还要便于组织和管理，能够满足学生的基本生活需求。因此，在选择课程资源时，必须考虑其交通、住宿、餐饮等配套设施的完善程度，确保学生能够安全、舒适地参与研学活动。同时，资源还应具备一定的可扩展性和可创新性，以便根据不同的教学需求和学生特点进行灵活调整和优化。

五、研学旅行课程资源开发原则

1. 教育性原则

教育性是研学旅行课程资源开发的首要原则。在设计和开发课程资源时，必须明确其教育目标，深入挖掘资源的教育价值，确保所有内容都符合教育要求。这意味着，我们不能简单地将旅游资源转化为研学旅行课程资源，而是要根据学生的年龄、认知水平和发展需求，对资源进行筛选、整合和再创造。同时，我们还要注重培养学生正确的世界观、人生观、价值观，确保研学旅行课程在促进学生全面发展的同时，也能够传承和弘扬优秀的传统文化和时代精神。

2. 实践性原则

实践性是研学旅行课程资源开发的核心原则。研学旅行作为一种综合实践活动课程，必须让学生亲身参与、亲身体验，才能使其在实践中增长见识、提升能力。因此，在开发课程资源时，我们要注重设计各种实践活动，如参观考察、实验操作、设计创作等，让学生在实践中发现问题、解决问题，感受生活、体悟社会。同时，我们还要鼓励学生自主探究、合作交流，培养他们的创新意识和团队协作能力。

3. 开放性原则

开放性是研学旅行课程资源开发的重要原则。我们要以开放的心态对待各种资源，充分利用自然资源、社会资源、文化资源等一切有益于教育教学活动的资源。这意味着，我们不仅要关注学校内的资源，还要关注学校外的资源；不仅要关注城市资源，还要关注农村资源；不仅要关注传统资源，还要关注新兴资源。同时，我们还要探索多样的课程资源开发与利用途径，如校企合作、社区参与等，以丰富研学旅行课程的内容形式。

4. 科学性原则

科学性是研学旅行课程资源开发的基本原则。我们要根据学生的认知特点和学习能力，合理选择和开发课程资源，确保其内容既符合学生的发展水平，又能够激发学生的学习兴趣。这意味着，我们要注重课程资源的层次性和递进性，从简单到复杂、从易到难地引导学生逐步深入探究。同时，我们还要注重课程资源的系统性和整合性，将不同资源有机地衔接和整合起来，形成完整的知识体系和实践体系。

5. 多样性原则

多样性是研学旅行课程资源开发的关键原则。我们要注重课程资源的地域差异化、城乡差异化和学校差异化，充分利用各地的特色资源和优势资源。这意味着，我们要因地制宜地开发课程资源，体现地域特色和文化内涵。同时，我们还要注重课程资源的多元化和丰富性，提供多种选择和实践机会，以满足不同学生的需求和兴趣。

6. 兴趣性原则

兴趣性是研学旅行课程资源开发的必要原则。我们要根据学生的兴趣和需求来选择和开发课程资源，确保学生能够积极参与并享受研学旅行的过程。这意味着，我们要关注学生的兴趣爱好和个性特点，设计具有吸引力和趣味性的活动内容和形式。同时，我们还要注重激发学生的内在动力和探究欲望，引导他们主动探索、自主学习。

7. 经济性原则

经济性是研学旅行课程资源开发不可忽视的原则。我们要在保证教育质量和效果的前提下，合理控制课程资源开发的成本，实现资源的效益最大化。这意味着，我们要充分利用现有资源和条件，避免浪费和重复建设。同时，我们还要注重资源的可持续利用和循环利用，降低研学旅行的成本和环境负担。在课程实施过程中，我们还要树立节约意识，培养学生的环保意识和节约习惯。

六、研学旅行课程资源设计与开发主体

1. 课程资源开发的主体——教师

在研学旅行课程中，教师不仅是知识的传授者，更是课程资源开发的引领者和创新者。他们身兼多职，既是研学旅行课程资源的组织者，负责规划资源布局，又是管理者，确保资源使用的有序进行，同时还是指导者，为学生提供资源开发的方向和方法，更是参与者，与学生共同探索、实践课程资源。这种多重角色的融合，使得教师在研学旅行课程资源开发中发挥着至关重要的作用，为了充分发挥教师的主体作用，必须重视教师的培养和提升。

首先，要增强教师自主开发研学旅行课程资源的意识，打破传统教材依赖的束缚，让其认识到课程资源无处不在，需要主动去寻找、鉴别和利用。这要

求教师树立正确的课程资源观，认识到课程资源对于课程实施的重要性，以及自身在资源开发中的关键作用。

其次，提高教师研学旅行课程资源的整合能力至关重要。面对丰富多样的课程资源，教师需要具备敏锐的洞察力和判断力，根据课程目标和教学需求，将各种资源进行有效整合，形成具有针对性和实效性的课程资源体系。这要求教师不仅要有深厚的专业知识，还要具备跨学科的综合素养和创新能力。

最后，培养教师开发课程资源的能力是研学旅行课程成功实施的关键。教师需要具备捕捉资源、转化资源、创新资源的能力，将课程资源转化为教学过程中的生动素材和有效工具，激发学生的学习兴趣和探究欲望，促进学生的全面发展。

2. 课程资源开发的另一主体——学校

学校作为研学旅行课程资源开发的另一重要主体，承担着资源整合与拓展的重任。学校不仅要充分利用校内资源，如实验室、实训室等硬件设施，以及教师、学生等人力资源，还要积极拓展校外资源，如与企业、博物馆等机构的合作，为学生提供更广阔的学习空间和实践机会。

学校在资源整合过程中，应紧密结合自身传统和优势，以及学生的兴趣和需求，开发具有学校特色的研学旅行课程资源。同时，学校还应建立健全课程资源开发的管理机制，对课程资源进行总体规划、开发、指导、管理与监督，确保课程资源的有效利用和课程目标的顺利实现。

3. 课程资源开发的重要参与者——学生

学生是研学旅行课程的最终受益者，也是课程资源开发的重要参与者。在研学旅行课程资源开发中，应充分尊重学生的主体性，发挥学生的主动性和创造性。

一方面，学生作为课程活动的主体，其知识结构、人格品质、学习主动性等都是课程资源的重要组成部分。教师应关注学生的个体差异和潜能发展，利用学生的经验和兴趣作为教学的起点和动力，引导学生在课程活动中主动探索、实践和创新。

另一方面，在信息化时代，学生获取课程资源的途径更加多样和便捷。教师应鼓励学生自主探索开发课程资源，培养学生的自主学习能力和创新能力。同时，教师也要给予学生必要的指导和鼓励，帮助学生正确识别和利用课程资源，避免盲目性和随意性。

研学旅行课程资源开发的主体是多元的，包括教师、学校和学生等，这些主体之间相互联系、相互作用，共同构成一个完整的研学旅行课程资源开发系统。为了实现共同的目标，各个主体需要形成良性的运作机制，不断汲取新鲜资源作为补充，推动整个系统朝着良性、有序、开放的方向发展。

七、研学旅行课程开发的步骤

1. 构建研学课程体系

根据研学旅行课程开发的基本原则以及国家相关政策的指导要求，我们需要依托地域特色，同时紧密结合学校的实际情况，来逐步构建一套覆盖不同学段，且层层递进的研学旅行活动课程体系。

2. 明确研学课程目标

（1）研学课程总目标。

研学课程总目标是所有研学旅行课程开发的基石，对课程内容的选择、课程标准的制定具有根本性的指导作用。这一总目标的实现需要经由多次研学旅行活动的实践积累，而非一两次简单的研学所能达成。总目标应围绕使学生亲近自然、深入探究，接触并融入社会，关注并反省自我，以及体验和感受集体生活等核心方向，旨在通过研学旅行培养学生的价值认同、实践内化、身心健康、责任担当等综合素养和能力。

（2）主题课程目标。

为实现总体目标，我们需要围绕总体目标精心设计一系列主题课程。每一条研学路线都应对应一个明确的课程主题，而主题课程目标则应根据具体学习资源的特性来制定，确保目标的科学性、合理性和可行性。同时，每个主题课程目标都应具有高远立意和明确指向，这是研学旅行能够区别于普通游览观光，进而取得显著课程教育效果的重要基石。

（3）课程项目目标。

课程项目目标是对主题课程目标的进一步细化和具体化，旨在促进主题课程目标的达成。主题课程通常由多个与主题紧密相关的项目组合而成，根据国家对研学课程项目类别的划分，我们可以将这些项目分为旨在培养学生生存能力和适应能力的健身项目、以培养学生自立能力和动手能力为目标的手工项目，以及旨在提升学生情感能力和践行能力的健心项目等。

3. 线路考察与规划

（1）前期调研。

前期调研是研学旅行课程设计的重要基础，主要包括对学校课程开发需求的深入了解和研学资源条件的全面摸底。通过调研学校特色发展需求和学生学情，包括学生的知识基础、知识结构、生活经验、学习特点与方式、兴趣爱好等，我们可以开发出更加符合学生发展需求的研学课程。同时，对可能作为研学课程开发资源的地点进行初步调查和分析，为后续的实地考察和课程设计提供有力支撑。

（2）实地考察与规划。

在前期调研的基础上，我们对研学旅游资源有了初步的了解。实地考察阶段，我们需要对安全、环境、成本、距离等多方面因素进行综合考量，筛选出符合要求的地点。在实地考察过程中，我们需要完成一系列任务，包括准确界定景区或研学实践教育基地的资源属性、确保资源的安全性、确定课程实施的时间长度和物质条件、规划各单元之间的交通保障、确定最佳路线和实施方式、考察拟入住的酒店、规划旅行饮食、与地接导游及景点讲解员进行课程实施方面的深入交流等。同时，我们还需要收集丰富的图文信息，为后续的课程设计和研学手册制作提供素材。考察结束后，应形成详细的考察报告，全面总结考察成果和课程设计思路。

4. 课程开发的细致设计

（1）分析取舍与内容精选。

通过对前期调研和实地考察收集到的信息进行深入分析，我们需要根据课程主题精心选择合适的内容，剔除与项目无关或不符合学生需求的部分。在内容选择过程中，我们应充分考虑学生的兴趣、爱好以及学习状况，确保所选内容能够激发学生的研学热情。同时，在综合考虑距离和项目安全性的基础上，对研学目的地和内容进行科学取舍。

（2）编排线路与优化设计。

根据分析整理后的内容和项目，我们需要设计一条完整且合理的研学线路。线路编排过程中，应注重科学性和合理性的结合，确保线路既丰富多样又紧凑有序。具体来说，我们应注重资源的丰富性，选择包含多种类型资源的线路，让学生能够全面体验和学习，同时应选择成熟且稳定的路线，确保学生的安全和课程实施的顺利，此外，线路还应具有鲜明的特色，结合地域文化和资源特点，发挥出独特的教育功能。

（3）项目设计的深化与细化。

第一，确定项目目标。根据新课标改革的三维目标要求，可以将研学旅行课程项目目标细化为知识与技能、过程与方法、情感态度与价值观三个方面。这三个方面相互依存、相互促进，共同构成了一个有机的整体。在知识与技能方面，要注重学生通过研学活动掌握的知识和技能；在过程与方法方面，要强调学生获得新知识的载体和方法的科学性、合理性；在情感态度与价值观方面，要注重通过研学活动潜移默化地影响学生的世界观、人生观和价值观。

第二，项目内容设计的创新与实践。项目内容设计是课程主题特色的具体体现，也是研学旅行活动成功的关键。在设计过程中，我们应明确重点难点，把握课程的核心内容，同时要确保学生的广泛参与，做到全员参与、全程参与、全身心投入，此外还要突出探究性，引导学生通过研学活动自主发现问题、解决问题，最后要注重项目导入的形式创新，以吸引学生的注意力并激发他们的学习兴趣。

在研学手册的编制过程中，我们应结合学生的年龄特点、心理特征和审美偏好，设计出既有趣又实用的手册内容。同时，为确保研学旅行课程的顺利开展和学生的安全健康，我们还需要制定详细的安全保障方案和安全预案。

（4）项目评价的实施与反馈。

研学旅行的目的不仅在于旅游本身，更在于通过研究性学习提升学生的综合素质和能力，因此，项目评价是研学旅行活动中不可或缺的一环。我们应设计科学合理的评价标准体系和评价方式，对学生在研学过程中的表现进行全面客观的评价。通过评价结果的反馈和分析，我们可以及时了解学生在研学过程中的学习情况和存在的问题，为后续的课程修改和完善提供有力的依据。

（5）课程审定的严谨与规范

研学旅行课程开发完成后，学校应组织专家团队进行严格的审定工作。审定过程中，我们应根据国家和地方的相关政策要求，对课程设计的可行性、科学性和合理性进行全面评估。审定结束后，课程开发组应根据专家意见对课程进行必要的修改和完善，并报请行政主管部门审批通过后方可正式实施。

八、研学旅行课程开发的途径

1. 立足特色，开发多维研学活动课程：深化体验与拓宽视野

研学旅行作为一种新型的教育方式，其核心在于通过丰富多样的实践活动，激发学生的自主学习兴趣，提升其综合素养。为了达成这一目标，研学旅行课程的开发必须紧密结合地方特色，构建多维度、深层次的课程体系。

在深入挖掘本地特色资源方面，不仅要关注自然景观和历史文化，还应将当地的民俗风情、现代科技成就等融入课程设计中，形成独特的研学体验。例如，通过组织学生进行生态农业考察，了解当地农作物种植技术，或参与传统手工艺品的制作，让学生亲身体验传统文化的魅力。

设计体验式研学活动是提升学生学习效果的关键。通过模拟历史场景、角色扮演等方式，让学生仿佛置身于历史事件之中，深刻感受历史文化的厚重。同时，鼓励学生参与生态保护、社区服务等实践活动，培养他们的社会责任感和环保意识。

多元化研学主题的开设，能够满足不同学生的兴趣和需求。自然科学、人文艺术、社会学等多个领域都应得到涵盖，以拓宽学生的知识视野。此外，还可以结合时事热点，如环保、科技创新等，设计具有时代感的研学主题，激发学生的创新思维。

新技术的引入为研学旅行带来了无限可能。利用虚拟现实技术，学生可以身临其境地探索遥远的地域或复杂的科学现象；智能设备的运用则让数据收集和分析变得更加便捷，助力学生开展科学研究。

跨界融合是研学旅行课程开发的新趋势。通过与红色旅游、农业科技、工业制造等领域的合作，打造具有鲜明特色的研学项目，不仅丰富了课程内容，还提升了课程的专业性和吸引力。

2. 创新形式，提升研学旅行吸引力：让学习变得生动有趣

面对传统研学旅行形式单一、缺乏互动的问题，创新成为提升研学吸引力的关键。通过角色扮演、团队竞赛等互动形式，能够让学生在轻松愉快的氛围中学习知识，提升能力。

商业模式上的创新同样重要。采用俱乐部服务模式，通过等级证书、联名卡等激励措施，能够激发学生的参与热情，同时实现研学旅行的持续传播和复游吸引。

科技手段的运用为研学旅行增添了新的亮点。利用虚拟现实、增强现实等技术，打造沉浸式的研学体验，能够让学生仿佛置身于一个充满奇幻色彩的世界之中。

艺术元素的融入则让研学旅行更加丰富多彩。通过音乐、舞蹈、戏剧等艺术形式，展现地方文化的独特魅力，能够大大提升学生的审美能力和文化素养。

探索新的主题和领域也是提升研学吸引力的有效途径。关注社会热点话题如环保、公益等，设计具有社会责任感和时代感的研学课程，能够让学生在学习知识的同时，培养正确的价值观和人生观。

3. 基于品牌，延伸文创产品开发：打造独特研学品牌

文创产品的开发是研学旅行品牌塑造和延伸的重要手段。通过深入挖掘研学旅行课程的文化内涵和特色元素，可以设计出一系列具有纪念意义和教育价值的文创产品，如手绘地图、文化衍生品等。

在确定品牌定位和特色的基础上，可以深入挖掘研学旅行课程的文化故事和元素，为文创产品的设计提供灵感和素材，同时，要注重产品的质量和原创性，确保每一件文创产品都能成为研学旅行品牌的代表。

宣传和推广文创产品也是品牌塑造的重要环节。可以通过线上线下相结合的方式，提高文创产品的知名度和认知度，吸引更多学生的关注和喜爱，同时，文创产品的销售也能为研学旅行课程带来额外的收益，助力课程的持续发展。

4. 重视新媒体，研学课程线上线下营销：拓宽宣传渠道

新媒体的快速发展为研学旅行课程的宣传和推广提供了新的契机。通过建立网站和社交媒体账号，可以展示研学旅行课程的特色和亮点，吸引潜在客户的关注，同时，利用新媒体平台发布研学动态、分享学生心得等方式，也可以增强与客户的互动和交流。

制作精美的线上宣传材料也是提升研学旅行课程吸引力的关键。通过图片、视频、文案等多种形式，可以全方位展示研学旅行课程的魅力和价值，同时，参加线上和线下展会，与潜在客户面对面交流，也可以进一步加深他们对研学旅行课程的了解和认可。

搭建线上直播平台是近年来兴起的一种新型宣传方式。通过直播展示研学旅行课程的实时场景和亮点特色，可以吸引更多观众的关注和参与，同时，直播过程中的互动环节也能增强观众的参与感和体验感。

5. 组建团队，培养高素质师资及管理队伍：确保课程质量

研学旅行课程的成功实施离不开一支专业、高素质的师资及管理队伍。通过明确团队结构和职责分工，可以确保每个成员都能发挥自己的专长和优势，同时要招聘具有相关教育、旅游、文化等背景和经验的人才，为团队注入新的

活力和智慧。

　　培训和提高师资素质是团队建设的重要环节。通过定期的内部培训、外部培训、交流学习等方式，可以不断提升师资人员的知识储备、教学设计能力和领导力，同时要建立有效的管理机制和绩效考核体系，激励团队成员积极工作、不断创新。

　　注重团队建设和文化塑造也是保持团队凝聚力和创造力的关键。通过团队活动、文化建设等方式，可以增强团队的凝聚力和向心力，形成积极向上的团队氛围，同时要注重文化塑造和品牌建设，为研学旅行课程的开发和实施提供坚实的保障和支撑。

第三章

研学旅行活动课程设计方法研究

第一节 研学旅行活动课程的内涵与主题设计

一、研学旅行活动课程的内涵

1. 研学旅行是综合实践活动课程的核心组成部分

研学旅行作为教育部门和学校有组织、有计划、有目的的一项校外教育活动，融合了研究性学习和旅行体验。它不仅是学校教育与校外教育相结合的创新模式，更是教育教学不可或缺的一环，为综合实践育人提供了有效路径。因此，可以将研学旅行界定为一种教育活动，这种活动课程旨在达成特定的教育目标，选取针对性的教育内容，并设计相应的活动形式。研学旅行的本质即为一门活动课程。

将研学旅行归入综合实践活动课程的考察探究类别，是因其与综合实践活动课程的核心理念相契合。综合实践活动课程立足于学生的真实生活和发展需求，从实际情境中提炼问题，并转化为活动主题。通过诸如探究、服务、制作、体验等多种方式，该课程致力于培养学生的综合素质，是一门跨学科的实践性课程。作为国家义务教育和普通高中课程方案中的必修内容，综合实践活动课程与学科课程并驾齐驱，共同构成了基础教育课程体系的重要支柱。

值得注意的是，综合实践活动方式的划分具有一定的相对性。虽然研学旅行被归入综合实践活动课程，并与野外考察、社会调查、公益活动、陶艺制作、学工、学农等实践活动并列提及，但这并不意味着研学旅行仅限于成为这些活动方式中的一个小类，或者采用其他实践活动形式就不能称之为研学旅行。实际上，研学旅行不仅与"探究考察"高度契合，还与其他活动方式存在着广泛的联系和融合空间。在设计研学旅行课程时，我们可以根据实际需要有所侧重，以某种活动方式为主，同时兼顾其他方式；更可以创造性地整合多种活动方式，使不同活动要素相互渗透、相互补充，形成融会贯通的整体设计，从而充分发挥研学旅行作为综合实践活动课程重要组成部分的独特价值和作用。

2. 研学旅行活动课程的属性

（1）活动课程的跨学科融合性。

研学旅行作为一门高度综合性的课程，其特点在于它不仅跨越了学科界限，更超越了领域与文理的分割。在研学路线的设计上，往往能够巧妙地融合科学教育与人文教育，将地理、生物、历史等多个学科的知识点有机串联起来。无论是单一主题的深入探索，还是综合性教育的全面展开，研学旅行都能根据目的地的资源特色，精准定位与各学科相关的知识点，进而设计出既具针对性又富有趣味性的学习主题和研学课题。这一过程从研学主题的明确，到学科教师间的合作设计，再到活动内容的整合实施与评价方式的创新，都体现了研学旅行活动课程跨学科融合的独特魅力。学生在这样的课程中不仅能够将课堂上学到的学科知识应用于实践，实现知识的活化与迁移，还能在实践中不断印证、拓宽和深化原有的学科知识，形成更加完整和系统的知识体系。

（2）活动课程的全方位综合性。

综合性是活动课程最为显著的基本特征，这一特征根源于学生所面对的生活世界的复杂性与多样性。学生的生活世界由个人、社会、自然等多个基本要素相互交织而成，构成了一个有机整体。研学实践活动正是立足于这一生活世界的综合性与学生的个性整体性，致力于促进学生的全面、健康发展。它打破了传统教材、课堂和学校的局限，将教育的触角延伸至自然环境、社会生活以及学生的日常活动之中，从而使得综合实践活动课程呈现出了鲜明的综合性特点。这种综合性不仅体现在课程内容与组织形式上，更渗透于教师的教学方法与学生的学习方式之中。课程内容紧密围绕学生的现实生活，实现了学科教育、社会教育、品德教育、艺术教育、劳动技术教育等多方面的有机融合；活动空间则以学生周边的自然环境、社会环境和人际环境为广阔舞台；课程目标则聚焦于学生的兴趣激发、态度培养、能力提升和知识积累等多方面的内在整合，旨在促进学生的全面发展；学习方式上则倡导观察、访问、调查、实验、制作等多种方式的综合运用，让学生在实践中学习，在学习中实践。

（3）活动课程的深度实践性。

研学旅行活动课程将学生的亲历实践与亲身体验置于核心地位。它鼓励学生通过生活实践、社会实践和科学实践等直接参与的方式，进行自主性和探究性学习。学生需要从实践活动中自主选题，设计研究内容，并通过专题讨论、课题研究、方案设计、模拟体验、实验操作、社会调查等多种形式，深入"考察""调查""实验""探究""设计""创作""想象""服务""劳动""反思""体验"等一系列实践活动，以发现和解决现实生活中的问题，体验和感悟生活真谛。这一过程不仅培养了学生的创新精神和实践能力，更实现了课程内容与学生实际生活以及学习活动与实践体验的紧密联系。

（4）活动课程的丰富活动性。

活动是研学旅行活动课程最为基本的实施方式。在考察探究、设计制作、职业体验等多样化的活动中，学生拥有大量动手实践、现场体验和角色扮演的机会。无论是亲手体验拓片制作于西安碑林，还是亲身参与瓷器制作于景德镇瓷都，抑或是沉浸于非遗基地的传统工艺制作，乃至挑战体力极限登临风景名山，学生都能在这些活动中充分运用触觉、嗅觉、味觉等多感官进行学习。同时，研学旅行中的听讲和阅读也不同于传统课堂，它们与现场生动的历史文化资源、科技创新设备、职业现场状况等紧密结合，是一种更为生动、直观的实践学习方式。

（5）活动课程的深刻体验性。

体验学习是研学旅行活动课程不可或缺的重要组成部分。它指的是学生在实践活动过程中，通过观察、实践、练习等方式，逐步了解知识、掌握技能、养成习惯，并形成正确的情感、态度和价值观。体验学习广泛应用于情感态度教育、技能学习以及与自然和社会紧密相关的学科教育活动中。研学旅行活动课程通过游走式的学习模式，为学生提供了随处可在的课堂、各学科的高度融合以及全方位的感悟成长空间。因此，在设计研学课程时，必须充分考虑体验学习的重要性，将其作为课程设计的一个核心着力点，以确保学生能够在亲身体验中不断成长和进步。

二、研学旅行活动课程的主题设计

1. 主题设计分类

研学旅行作为教育实践中的重要环节，其主题设计是活动的灵魂。由于研学旅行没有固定的课程标准和教材，因此，活动主题的选择与设定显得尤为重要，它直接决定了活动的整体内容、方向以及学习目标的达成。研学课程设计的首要步骤便是精心策划活动主题。根据主题的性质和内涵，我们可以将其划分为单一主题、综合主题和分类主题三大类别。

（1）单一主题设计。

单一主题研学旅行即围绕一个明确且具体的主题展开学习活动。这种主题设计的特点在于其鲜明的针对性、明确的内容导向以及强烈的目的性，它使得研究性学习在实践中具有极高的可操作性。单一主题研学旅行特别适合于短期、深入的科学探究或自然考察活动。例如，以"中草药"为主题的研学旅行，无论是参观医学研究院所、药用植物园，还是深入制药厂了解生产流程，抑或是对药用植物的生长环境进行实地考察，所有活动都紧密围绕"中草药"这一核心主题展开，旨在让学生全面、深入地了解中草药的相关知识。

（2）综合主题设计。

综合主题研学旅行是将多个单一主题有机融合，形成一个内容丰富、角度多元的学习体系。这些单一主题在综合主题下并列存在、各自独立，无严格的逻辑或顺序要求，活动内容的增减可根据实际时间安排灵活调整，而不影响整体研学效果的实现。综合主题设计往往依托地域特色进行构建，如陕西研学旅行活动。陕西作为地理南北的分界线——秦岭所在地，自然地理资源丰富，可作为自然地理类探究学习的绝佳场所；同时，作为秦汉文明的发源地，其多彩的民俗艺术为艺术赏析提供了丰富素材；而省会西安作为十三朝古都，更是历史人文考察的宝地。这种多角度、多方式、多内容的综合主题设计，使得研学旅行更加丰富多彩，能够满足学生多样化的学习需求。

（3）分类主题设计。

分类主题设计是在综合主题框架下进一步细分出不同类别，侧重某一方面内容的深入探究。这种设计方式便于学生根据自己的兴趣和专长选择适合的学习方向。从大的分类来看，研学旅行主题可分为历史文化类、科技创新类、自然教育类、艺术审美类、体育健康类、职业体验类以及可持续发展类等。不同类别的主题需要运用不同的学科知识和能力，如历史文化类主题的红色文化研学旅行，就要求学生通过亲临爱国主义教育基地，深入了解红色文化，感受革命先烈的英勇事迹，从而增强民族自信心和爱国热情。这类主题的学习形式多样，包括参观展览、实地观察、交流心得等，旨在通过亲身体验和深入思考，提升学生的综合素养。

2. 研学旅行活动课程主题设计原则

（1）源于生活。

研学旅行的主题设计应紧密贴近学生的生活实际，从他们身边的事物和现象中汲取灵感。这样的主题能够激发学生的学习兴趣，促使他们主动探索、发现和创新。同时，通过解决生活中的实际问题，学生能够感受到学习的价值和意义，从而增强学习的动力和责任感。

（2）指向现实。

研学旅行的主题应具有现实指向性，即能够对学生自身、家庭、社区乃至社会产生积极影响。在选择主题时，应关注其实际价值和可行性，确保活动能够真正落地实施，并产生实际的效果。例如，通过引导学生关注环境保护、社区服务等现实问题，可以培养他们的社会责任感和公民意识。

（3）活动可行。

研学旅行的主题设计应充分考虑活动的可行性和可操作性，包括活动所需的条件、经费、时间等因素的合理安排。同时，主题的选择应切口小、易操作，避免过于宏大或复杂，以确保学生能够真正参与进来并取得实效。教师在指导学生选题时，应引导他们关注身边的小事，从细节入手，深入挖掘其背后的价值和意义。

（4）立足特色。

研学旅行的主题设计应充分体现学校和地区的特色，反映其独特的文化和资源优势。每所学校都有其独特的办学理念和校园文化，而每个地区都有其独特的历史、地理和文化背景，因此，在研学旅行的主题设计中应深入挖掘这些特色和优势，将其融入活动之中，使学生在参与活动的同时，能够更加深入地了解和热爱自己的学校和家乡。这样的主题设计不仅能够增强学生的归属感和自豪感，还能够促进学校和地区文化的传承与发展。

第二节　研学旅行活动课程设计的原则与策略

一、研学旅行活动课程设计的原则

1.活动课程设计的教育性核心原则

研学旅行作为教育活动的重要组成部分，其课程设计必须牢牢把握教育性的核心原则。这一原则要求课程设计全面体现课程的四大基本要素：课程目标、课程内容、课程实施与课程评价。在课程目标的设定上，应严格遵循国家课程标准中关于研学旅行的相关规定，并结合具体研学资源的特性进行科学规划，确保目标既符合教育要求又贴近实际。课程内容的选择则需围绕明确的教育主题展开，内容的呈现方式应能激发学生深度思考与体验，研究问题或作业的设计应引导学生对旅行资源进行系统而深入的分析与认知，助力学生取得研究成果或获得预期的情感体验与价值认同。课程实施环节则是将精心设计的课程计划与教学方案付诸实践的关键过程，它是实现课程目标的重要途径。一般而言，课程设计得越完善，其实施过程就越顺畅，效果也就越显著。而课程评价则是对课程目标、内容、实施效果进行全面检查与评估的过程，通过评价可以准确判断课程设计是否达到了教育目的，以及实现的程度如何，从而为课程的持续改进提供有力依据。

2. 活动课程设计的安全性首要原则

在研学旅行的实施过程中，安全始终是第一位的。因此，课程设计之初就必须将安全性原则置于首要位置。旅游企业在设计推出研学旅行产品时，应始终坚持安全优先的原则，坚决杜绝过度降低成本、使用劣质要素产品等不当行为，切实做好研学旅行产品的安全风险评估与日常风险预防工作。在线路设计上，应尽量避免选择未开发的景点，以防止因安全设施不完善而引发意外；同时，也应合理规避人流量大的景区或道路，以减少因拥挤而导致的安全事故。对于涉及跨省等长线旅程的研学活动，应尽量减少换乘次数，降低旅途中的安全风险。此外，课程设计者还需充分考虑各种可能的安全问题，并制定相应的应急预案，确保学生在研学过程中安全无忧。

3. 活动课程设计的综合性融合原则

研学旅行作为一门多学科综合的跨学科课程，其课程设计应充分挖掘旅行资源的学科课程属性，让学生在研学实践中体验、巩固并深入理解学科知识，进而拓宽学科知识的广度与深度。通过让学生亲身体验现实问题的复杂性与综合性，培养其综合运用所学知识分析解决实际问题的能力，将书本知识转化为现实应用中的知识，将"死知识"变为"活知识"。这一过程不仅有助于学生形成解决问题的能力，更能激发其创新思维、提升其实践能力。

4. 活动课程设计的模块化构建原则

在研学旅行课程设计中，应明确总的研学主题，并围绕这一主题构建若干课程模块或单元。每个景点或活动都可视为一个独立的课程模块，它们共同组成完整的课程体系，共同表达完整的教育主题。各模块或单元应紧密围绕课程主题展开，突出体现主题的一部分或几部分内涵，相互之间形成有机联系，共同支撑起整个课程体系的框架。同时，景区或研学实践教育基地可基于自身资源打造特色课程模块，并结合周边区域的景区资源，设计出适合不同旅行线路主题的模块表达形式，以便灵活植入各类旅行线路中，实现课程设计的模块化与灵活性。

5. 活动课程设计的体验性主导原则

研学旅行作为一种通过旅行体验达成课程教学目标的特殊课程形式，其教学方式并非以传统的传授为主，而是强调学生在场景化、情境化的教学场景中通过亲身体验来自主完成课程目标。因此，在课程设计过程中，应充分考虑如何调动学生的多种感官综合运用，让学生在亲身体验中感受知识的魅力，形成正向的情感与正确的态度和价值观。通过设计丰富多样的体验活动，让学生在实践中学习、在体验中成长，真正实现研学旅行的教育价值与目标。

二、研学旅行活动课程设计的策略

1. 遵循我国学生发展核心素养的人才培养理念

我国学生发展核心素养以培养"全面发展的人"为核心理念，涵盖了文化基础、自主发展、社会参与3个方面，并进一步细化为人文底蕴、科学精神、学会学习、健康生活、责任担当、实践创新等6大素养，以及国家认同等18个基本要点。研学旅行作为一种创新的教育方式，其活动内容与形式高度契合学生核心素养的培育要求。因此，在开发设计研学旅行活动课程时，应深入渗透核心素养的理念、目标和要求，确保学生在参与研学旅行的过程中，能够全面提升自身的综合素质和能力。

2. 紧密结合省情、市情、乡情、校情特色

在开发设计研学旅行活动课程时，应充分考虑并凸显地域资源优势和文化特色，紧密结合省情、市情、乡情、校情的实际情况，通过深入挖掘当地的历史文化资源、自然风光、特色产业等，设计具有地方特色的研学旅行活动，让学生在亲身体验中激发爱国热情、求知欲望和劳动愿望。同时，将社会主义核心价值观教育融入其中，使学生在研学旅行的过程中真正感受到社会主义核心价值观的魅力和力量，从而更加自觉地践行社会主义核心价值观，为自身的全面发展奠定坚实的思想基础。

第三节 研学旅行活动课程的目标、内容与架构设计

一、研学旅行活动课程的目标设计

1. 研学旅行的培养目标：全面塑造学生核心素养

研学旅行的培养目标，其核心在于将培育学生核心素养作为活动的灵魂，贯穿于研学旅行的每一个环节，旨在培养全面发展、具备未来竞争力的新时代青少年。核心素养作为新时代教育目标的重新定位，深刻回答了教育应"立什么德、育什么人"的根本问题。为实现这一宏伟目标，课程建设和教学改革成为关键。课程化研学旅行作为一种创新性的综合实践活动课程，鼓励学生走出课堂，走进自然与社会之中，通过亲身探索、实践体验与深刻感悟，获取知识与经验，这与核心素养培育的核心理念不谋而合，成为提升学生核心素养的重要途径。

在研学旅行的实践中，学生们在自主学习与合作学习的氛围中，不仅掌握了知识，更学会了如何学习、如何与他人协作、如何面对挑战，从而培养出适应终身发展和社会发展所需的必备品格与关键能力。研学旅行从人文底蕴的积淀、科学精神的培育、学习能力的提升、健康生活的养成、责任担当的强化以

及实践创新的激发等六大维度，全面而深入地提升了学生的核心素养，为他们未来的成长奠定了坚实的基础。

2. 研学旅行活动课程的总目标：构建全面认知与实践能力

研学旅行活动课程的总体目标是无论研学线路如何变化、学习资源如何差异，都必须达成的教育目标。这一目标旨在通过研学旅行，使学生能够从个体生活、社会生活以及与大自然的亲密接触中，获得丰富而深刻的实践经验，进而形成并逐步深化对自然、社会与自我之间内在联系的整体认知。在这一过程中，培养出学生价值体认、责任担当、问题解决、创意物化等多方面的意识与能力，为他们的全面发展奠定坚实基础。

3. 研学旅行活动课程的三维目标：构建多元化教学评价体系

研学旅行活动课程的目标设计是确保活动效果的关键。课程目标应依据课程资源的独特属性进行精心设计，以确保每条线路、每个团队都能根据学生的实际情况与学习需求，达成特定的教育目标。在设定课程目标时，我们必须充分考虑到研学旅行学习资源的情境化与多元化特点，以及学生所存在的个体差异，避免制定僵化的具体目标。

课程目标通常采用三维目标进行表述，即知识与技能目标、过程与方法目标、情感态度与价值观目标。这三者相辅相成，共同构成了研学旅行活动课程的完整教学体系。知识与技能目标侧重于学生应掌握的知识内容与技能技巧；过程与方法目标则强调学生在学习过程中的体验与探索，以及学习方法的掌握与运用；情感态度与价值观目标则关注学生的情感发展、态度形成与价值观塑造，旨在培养学生的健全人格与高尚情操。

在落实三维目标的过程中，我们应坚持以知识与技能目标为主线，同时渗透情感态度与价值观教育，并将其充分融入学习探究的过程与方法之中。这样，我们不仅能够确保学生掌握扎实的知识与技能，还能够培养他们的情感态度与价值观，使他们在研学旅行的实践中不断成长与进步。

4. 活动目标：细化至每一个具体环节的教学指引

活动目标是指在研学旅行活动过程中，针对每一个具体活动所设定的教学目标。一次成功的研学活动，往往由多个紧密相连、相互支撑的小活动组成。因此，我们在设计研学旅行活动方案时，必须为每个小活动设定明确而具体的活动目标。这些活动目标可以理解为单元目标或子目标，它们共同构成了研学旅行活动的整体教学目标体系。

通过细化活动目标，我们能够更加清晰地指导学生在每个活动环节中的学习与实践，确保他们能够按照既定的目标要求，逐步深入探究、实践体验与感悟提升。同时，活动目标的明确与细化，也有助于我们对研学旅行活动的效果进行更加客观、全面的评价，从而不断优化活动设计，提升活动质量。

二、研学旅行活动课程的内容设计

1. 优秀传统文化类

优秀传统文化类研学旅行活动主要围绕文物保护单位、博物馆、非遗场所及优秀传统文化教育基地等核心场所展开。这些场所承载着丰富的中华优秀传统文化和美德，是培育学生文化自觉和文化自信的重要载体。各校应充分利用当地丰富的人文资源，如民俗文化、地域文化、历史文化、建筑文化等，设计多样化的研学活动。例如，组织学生参观历史博物馆，了解古代文明的辉煌成就；参与非遗手工艺品制作，亲身体验传统文化的魅力；走访古建筑群，感受传统建筑艺术的精妙绝伦。同时，通过举办文化讲座、诗词朗诵会等形式，加深学生对中华优秀传统文化的理解和认同。此外，学校还应积极寻求与市内外、省内外乃至国外友好学校的交流互访机会，让学生在跨文化交流中领略不同地方的文化特色，进一步开阔视野，提升文化修养。

2. 革命传统教育类

革命传统教育类研学旅行活动旨在通过爱国主义教育基地、革命历史类纪念设施和遗址等资源单位，引导学生深入了解革命历史，传承革命精神。各校应精心策划研学活动，如组织学生参观革命纪念馆，聆听革命先烈的光辉事迹；赴革命老区进行实地考察，感受革命斗争的艰辛与伟大；开展红色主题演讲、征文比赛等活动，激发学生的爱国情怀和革命斗志。同时，结合学生的年龄特点、学科特点和教育培养重点，设计不同主题的研学教育活动，如"缅怀革命先烈，传承红色基因"专题研学旅行，让学生在实践中体验革命精神，提升综合素质。

3. 国情教育类

国情教育类研学旅行活动主要围绕体现基本国情与成就的美丽乡村、传统村落、特色小镇、大型知名企业、大型公共设施及重大工程等单位进行。这些单位展示了我国改革开放的伟大成就和中国特色社会主义建设的丰硕成果，是引导学生了解国情、增强"四个自信"的重要途径。各校应组织学生进行实地考察和调研，如参观美丽乡村建设示范点，感受乡村振兴的蓬勃生机；走进大型企业，了解我国工业发展的辉煌历程；参观大型公共设施和重大工程，领略国家建设的雄伟壮观。通过研学活动，让学生深刻认识到我国取得的巨大成就，增强对党和国家的热爱之情，形成正确的世界观、人生观和价值观。

4. 国防科工类

国防科工类研学旅行活动旨在引导学生学习科学知识、培养科学兴趣、掌握科学方法、增强科学精神，并树立总体国家安全观和国防意识。各校应充分利用国家安全教育基地、国防教育基地、海洋教育基地、科技馆、科普教育基地、科技创新基地及高等学校和科研院所等资源单位，开展丰富多彩的研学活动。如组织学生参观军事博物馆，了解我国国防建设的发展历程；走进科技馆和科普教育基地，参与科学实验和互动体验，激发科学兴趣；赴高等学校和科研院所进行学术交流，拓宽科学视野。同时，通过军事训练、组织纪律教育等活动，培养学生的纪律性和团队协作精神，增强国防意识和国家安全意识。

5. 自然生态类

自然生态类研学旅行活动主要围绕自然景区、风景名胜区、世界自然遗产地、生态保护区及野生动物保护基地等资源单位进行。这些单位以其独特的自然风光和丰富的生态资源，为学生提供了感受自然、了解生态的绝佳平台。各校应组织学生进行实地考察和探究，如徒步穿越自然景区，领略大自然的鬼斧神工；在生态保护区进行生态观测和记录，了解生物多样性和生态平衡的重要性；参观野生动物保护基地，了解野生动物的生活习性和保护现状。通过研学活动，让学生深刻认识到保护自然环境和生态资源的重要性，树立爱护自然、保护生态环境的意识。

6. 劳动教育类

劳动教育类研学旅行活动旨在引导学生树立正确的劳动观，养成尊重劳动的情感，形成热爱劳动的良好习惯，并学习基本劳动技能。各校应充分利用具有农业生产、工业体验、商业和服务业实习等劳动实践功能的职业院校、高等学校、农业基地及企事业单位等资源单位，开展形式多样的劳动教育活动。如组织学生深入农村进行农事体验，了解农作物的生长过程和农民的辛勤劳动；在工业企业进行实习实训，学习工业生产的流程和技术；在商业和服务业单位进行社会实践，了解职业特点和劳动价值。通过研学旅行活动，让学生亲身体验劳动的艰辛与快乐，培养劳动意识和劳动技能，为未来的职业发展打下坚实的基础。

三、研学旅行活动课程的架构设计

研学旅行活动课程的设计虽无固定模板可循，但其核心要素不可或缺，构成了一个完整而系统的框架。在构思与规划时，主办方与承办方需细致考虑多个方面，以确保活动的顺利进行与目标的达成。

第一，课程名称应简洁明了，直接反映活动的核心内容与特色。

第二，研学时间的安排需兼顾学生的学业进度与活动筹备的实际情况，力求合理高效。

第三，研学对象的确定，意味着课程的设计需紧密贴合该年龄段学生的认知水平与兴趣点，以确保活动的针对性与吸引力。

第四，研学地点的选择至关重要，它不仅承载着活动主题的具体体现，更是学生亲身体验与探索的实地舞台。

第五，活动主题作为课程的灵魂，应紧扣教育目标，既体现时代特色，又富含教育意义，激发学生的参与热情与探索欲望。

第六，课程目标需明确具体，既要包括知识技能的掌握，也要涵盖情感态度、价值观的培养，确保学生在活动中获得全面而深刻的成长。

第七，课程内容的设计应围绕活动主题与目标展开，通过丰富多彩的活动形式，如实地考察、专家讲座、互动交流、实践操作等，让学生在轻松愉快的氛围中学习新知，提升能力。

第八，课程实施阶段需制定详细的行程安排与活动流程，确保每个环节的顺利进行与有效衔接。

第九，课程评价是检验活动成效的重要手段，应建立科学合理的评价体系，从多个维度对学生的表现与收获进行评估与反馈。

第十，安全保障是研学旅行活动中不可忽视的一环，主办方需制定严格的安全管理制度与应急预案，确保学生在活动中的安全与健康。

第十一，经费预算的合理规划是活动顺利进行的物质保障，需精打细算，确保每一分钱都用在刀刃上。

活动主题、活动对象、课程目标、课程内容、课程实施、课程评价以及安全保障等要素，共同构成了一个完整而系统的研学旅行课程设计框架，是主办方与承办方在设计课程时必须全面考虑与精心策划的关键所在。

第四节　研学旅行活动课程的评价

一、研学旅行活动课程评价的意义

1. 对学生的激励作用

研学旅行活动课程的评价机制是激发学生积极参与、持续探索的重要动力源泉。通过构建全面、科学的评价体系，教师能够精准地捕捉学生在研学过程中的闪光点与成长点，进而给予及时且具体的反馈。这种正面评价不仅能够有效提升学生的自信心与成就感，还能极大地激发他们对研学旅行活动的浓厚兴趣，促使学生从"被动参与"转变为"主动探索"。教师应当深刻理解评价在激励学生兴趣方面的关键作用，巧妙运用评价手段，使原本由教师主导的活动逐渐转化为学生自主喜爱并积极参与的宝贵经历。

2. 对学生的引导作用

每个学生都是独一无二的个体，蕴藏着无限的潜能与广阔的发展空间。在研学旅行活动中，教师应秉持"每个学生都有其独特发展潜力"的信念，通过评价来发掘并引导学生认识并发挥自身潜能。评价不应仅仅是简单的成绩评判，而应成为一种具有前瞻性和导向性的工具，帮助学生明确个人发展方向，树立远大目标。教师应根据学生的个性化表现，提出建设性意见与期望，鼓励学生扬长避短，不断挑战自我，从而在学生心中种下自我成长与进步的种子，为他们的终身发展奠定坚实基础。

3. 对学生的自我警示作用

采用"自我参照"标准的评价方式，鼓励学生进行自我反思与同伴互评，是研学旅行活动课程评价的一大特色。通过引导学生回顾研学过程中的行为表现、情感体验与收获成长，进行自我反思性评价，学生能够更加清晰地认识自我，发现自身不足，同时学会欣赏他人的优点与成就。这一过程不仅促进了学生自我认知能力的提升，还培养了他们的批判性思维与团队协作能力，使学生在相互学习与借鉴中共同成长，形成一种积极向上的学习氛围。

二、研学旅行活动课程评价的对象

1. 对学生的评价

学生是研学旅行活动课程的直接参与者与受益者，因此，对学生进行评价是课程评价的首要任务。评价旨在全面评估学生在研学旅行中的学习成果与行为变化，包括知识掌握、技能提升、思维拓展、情感态度与价值观的转变等。通过设定多元化的评价指标，如学生在实践活动中的参与度、问题解决能力、团队协作能力、创新思维以及对待传统文化的态度等，可以全面而准确地反映学生在研学旅行中的成长与进步，为后续的个性化教学与指导提供有力依据。

2. 对课程本身的评价

对研学旅行活动课程本身的评价，是确保课程设计科学合理、实施效果显著的必要环节。评价内容涵盖课程理念的前瞻性、课程结构的系统性、课程目标的明确性、课程内容的选择是否贴近学生实际与时代发展需求、课程实施计划的可行性与规范性等。通过对学生学习结果的深入分析，可以判断课程目标与实际学习成果之间的吻合程度，即目标达成度。当发现目标达成度不理想时，需进一步分析是课程实施过程中的执行问题，还是课程目标设定本身的问题，以便及时调整优化，确保课程目标更加精准、课程计划更加高效地实施。

3. 对课程实施者的评价

研学旅行活动课程的成功实施，离不开主办方带队教师与承办方研学导师的紧密合作与共同努力。对这两类课程实施者的评价，是确保课程质量与效果的关键。主办方的带队教师作为学校与承办方之间的桥梁，需承担监督课程实施、反馈学生需求等职责，其评价主要由学生与学校主管部门进行，侧重于其责任心、沟通协调能力及对学生安全的保障情况。而承办方的研学导师则是课程执行的核心力量，其专业素养、教学技巧、应急处理能力等直接影响课程效果，应由主办方带队教师及学生共同评价，以确保课程实施的专业性与服务质量。通过全面评价课程实施者，可以及时发现并解决存在的问题，不断提升研学旅行活动课程的整体质量。

三、研学旅行活动课程评价的原则

1. 主体性原则

主体性原则在研学旅行活动课程评价中占据核心地位，它强调以学生为评价的中心，确保学生在评价过程中的主体地位得到充分体现。这一原则要求评价活动应始终围绕学生的实际需求和发展进行，鼓励学生主动参与到评价中来，通过自我评价来反思和审视自己在研学旅行中的表现。学生是研学旅行的直接参与者和体验者，他们对自己在活动中的表现有着最直观的感受和最深刻的理解。因此，在评价过程中，必须充分尊重学生的意见和看法，让学生成为评价的主体，从而激发他们的自我意识，提升他们的主体性。通过自我评价，学生可以更加清晰地认识自己的优势和不足，进而在未来的学习和生活中进行有针对性的改进和提升。同时，主体性原则也要求评价者与被评价者之间建立一种新型的关系，即平等、互动、合作的关系，以确保评价结果的客观性和公正性，进而被学生所认同和接受，真正促进学生的全面发展。

2. 发展性原则

发展性原则是研学旅行活动课程评价的重要导向，它强调评价的目的在于促进学生的全面发展，而非仅仅是对学生过去表现的简单评判。这一原则要求评价者关注学生在研学旅行活动中的成长和进步，通过对比学生过去和现在的表现，来评估学生在知识、技能、情感态度等方面的提升。发展性原则鼓励学生发挥自己的潜能，探索自己的兴趣爱好，从而在研学旅行中找到自己的发展方向。通过评价，学生可以清晰地看到自己的进步和成就，从而增强自信心和动力，为未来的学习和生活奠定坚实的基础。同时，评价者也应根据学生的个性差异，为学生提供个性化的评价和发展建议，帮助学生更好地认识自己，明确自己的发展方向，实现个性化发展。

3. 过程性原则

过程性原则强调评价应贯穿研学旅行活动的整个过程，而不仅仅是对最终成果的简单评判。这一原则要求评价者关注学生的参与态度、解决问题的能力、创造力以及获得的直接经验和教训等方面，从而全面评估学生在研学旅行中的表现。过程性原则认为，研学旅行活动的价值不仅在于最终的成果，更在于学生参与活动的过程和体验。因此，评价者应在活动的各个阶段都对学生进行评价，及时发现学生的问题和不足，并给予指导和帮助。通过全程评价，学生可以更加深入地了解自己的学习过程，反思自己的学习方法和策略，从而在未来的学习中更加有效地提升自己的学习能力和综合素质。

4. 综合性原则

综合性原则要求研学旅行活动课程的评价应全面、综合地考虑学生的认知、情感、动作技能等各个方面，以及各评价主体的需求和各种评价方法的综合运用。这一原则强调评价的全面性和整体性，要求评价者不仅关注学生的知识技能习得和智力发展，还关注学生的情感体验、态度养成和价值观确立等方面。同时，综合性原则也要求评价者打破学科界限，注重学科间的联系和知识的综合运用，以及学生综合能力的培养。在评价过程中，应采用多种评价方法和手段，如观察、记录、问卷、访谈等，以全面、客观地反映学生在研学旅行中的表现。通过综合性评价，学生可以更加全面地了解自己的优势和不足，为未来的学习和生活提供更加全面的指导和帮助。

5. 真实性原则

真实性原则要求研学旅行活动课程的评价应基于学生在真实情境中的真实

表现进行，以确保评价结果的客观性和有效性。这一原则强调评价的真实性和预见性，要求评价者通过设置真实的评价情境和全面把握学生的真实性表现，来对学生的实际情况进行精细的分析和评估。真实性原则认为，只有在真实情境中才能真实地反映学生的能力和素质，才能对未来的学习和生活具有预见价值。因此，在评价过程中，应注重学生在研学旅行中的实际表现和行为举止，以及他们在面对问题和挑战时的反应和应对策略。通过真实性评价，学生可以更加清晰地认识自己的真实水平和能力，为未来的学习和生活提供更加真实、有效的指导和帮助。同时，真实性评价也有助于教师更加深入地了解学生的实际情况和需求，从而为学生提供更加有针对性的指导和帮助。

四、研学旅行活动课程评价的标准

1. 学生参加研学旅行活动的态度

学生在研学旅行活动中的态度，是衡量其参与度和投入程度的重要指标。这一标准不仅关注学生是否能够积极、主动地参与每一次课题组活动，努力完成个人任务，还注重他们在面对困难和挑战时的态度。具体来说，评价时应考虑学生是否能够认真地进行资料收集与分析，是否敢于提出创新性的活动设想和建议，以及在团队合作中是否展现出积极的合作精神和乐于助人的态度。此外，学生在活动中的坚持性、对细节的关注度以及面对挫折时的韧性，也是评价其态度的重要方面。通过这些外显行为的观察，可以全面了解学生在研学旅行中的学习态度和情感投入。

2. 学生创新精神和实践能力的发展

研学旅行活动旨在培养学生的创新精神和实践能力，因此，这一标准在评价体系中占据核心地位。评价时，应重点关注学生在发现问题、分析问题和解决问题的过程中所展现出的探究精神和实践能力。具体来说，可以观察学生是否能够敏锐地捕捉问题，提出有深度的疑问；是否能够通过独立思考和团队合作，设计并实施有效的解决方案；是否能够在实践中灵活运用所学知识，展现出较强的动手能力和问题解决能力。同时，学生在活动中的创新思维、批判性思维以及跨学科整合能力的发展，也是评价其创新精神和实践能力的重要依据。

3. 学生对学习方法和研究方法的掌握情况

在研学旅行活动中，学生掌握有效的学习方法和研究方法至关重要。这一标准主要考察学生在查阅文献资料、实地观察记录、调查研究以及整理材料和处理数据等方面的能力。评价时，可以关注学生是否能够高效地利用图书馆、互联网等资源，快速找到并准确理解相关信息；是否能够细致入微地观察现象，准确记录数据；是否能够设计合理的问卷、进行深入的访谈，并有效地分析调查结果；是否能够熟练运用各种学习工具和软件，高效地整理和处理数据。此外，学生在活动中的自主学习能力和合作学习能力的表现，也是评价其学习方法和研究方法掌握情况的重要方面。

五、研学旅行活动课程评价的方法

1. 自我评价

自我评价是研学旅行活动课程评价中不可或缺的一环，它不仅能够帮助学生清晰地认识自己在活动中的表现，还能够促进他们的自我反思和自我提升。为了引导学生进行有效的自我评价，教师可以采用多种评价方式，如设置评价量表、撰写学习日志、进行口头汇报以及制作成果展示等。这些评价方式能够让学生从不同的角度审视自己的学习过程，全面了解自己的优势和不足。同时，教师还可以引导学生将自我评价与活动目标相结合，明确自己在活动中的定位，以及为了达到目标需要付出的努力。通过自我评价，学生能够逐渐掌握学习的主动权，增强学习的自信和责任感，为终身学习打下坚实的基础。

2. 小组评价

研学旅行活动强调团队合作，因此小组评价在评价体系中占据重要地位，能够客观地反映每个小组在活动中的整体表现和协作能力，促进学生之间的相互学习和相互支持。在进行小组评价时，各评价项目应首先由小组内部根据评价原则进行自评，明确各自的职责和贡献，发现小组在合作中存在的问题和不足。自评结束后，小组之间可以进行互评，通过比较和借鉴，进一步提升小组的整体水平。小组评价应注重过程的评价，关注学生在合作中的表现，如沟通能力、协调能力、领导能力以及团队协作能力等。通过小组评价，学生能够学会如何与他人有效沟通、如何协调不同意见、如何共同制定计划并付诸实施，这些能力对于他们的个人成长和未来职业生涯都至关重要。

3. 教师或研学辅导员评价

在研学旅行活动中，教师或研学辅导员的评价对于学生的成长和进步具有不可忽视的影响，作为活动的引导者和监督者，他们能够从专业的角度对学生的表现进行全面、客观的评价。评价过程中，教师或研学辅导员应遵循发展性评价原则，关注学生的全面发展，而非仅仅聚焦于某一方面的表现。在评价方式上，除了正式的量化或分数评价外，更应注重非正式评价的运用，如口头表扬、鼓励性的话语、肯定的手势等，这些都能够成为学生前进的动力。教师或研学辅导员的评价应当基于学生的实际情况，既要指出学生的优点和进步，也要诚恳地提出改进建议，帮助学生更好地认识自己，明确努力方向。同时，教师或研学辅导员的评价还应注重连接理论与实践、知识与能力，提升学生的综合素质。

4. 家长和社会评价

家长和社会人士的评价是研学旅行活动课程评价中不可或缺的一部分，他们能够从不同的角度为活动提供更加深入、客观的观察视角，为后续的活动设计和实施提供宝贵的指导建议。家长作为孩子的监护人和教育者，他们对孩子在研学旅行中的表现有着独特的观察和理解，能够评价孩子在活动中的成长和变化。社会人士则能够从更广阔的视角评价活动的社会价值和影响力。在评价过程中，应充分尊重家长和社会人士的意见和建议，积极与他们沟通交流，共同推动研学旅行活动的持续优化和提升。同时，也可以邀请家长和社会人士参与活动的监督和评估工作，确保活动的公正性和透明度。

5. 研学旅行手册记录评价

研学旅行手册是研学旅行活动课程的重要组成部分，也是评价学生表现的重要依据之一。手册应该详细记录学生在活动中的学习过程、研究成果、心得体会以及评价反馈等内容。通过手册的记录和评价，可以全面了解学生在研学旅行中的表现和发展状况。在记录评价时，应注重客观性和真实性，确保记录的内容能够真实反映学生在活动中的表现。同时，也要注重评价的全面性和多样性，从多个角度对学生的表现进行评价。手册记录评价可以作为学生自我评价、同伴互评、教师评价的重要依据，也可以作为综合评价的重要参考。通过手册的记录和评价，可以激励学生积极参与活动，促进他们的全面发展。

在划分出评价的各种类别后，要根据评价的重点和实际情况，赋予不同评价项目不同的权重系数，综合评价学生在研学旅行活动课程实施过程中的发展状况，为后续的教育教学提供有力的支持和指导。

第四章

研学旅行产品主题设计与实施策略

第一节 研学旅行产品主题设计原则与方法

一、研学旅行产品主题设计原则

1. 教育性原则

研学旅行产品主题设计必须紧密结合学生的身心特点、认知能力和实际需求,确保内容的系统性、知识性、科学性与趣味性并重。在设计中,应着重培养学生的社会责任感、创新精神及实践能力,将教育性原则置于首位,避免产品过于偏向娱乐性而忽视教育目的。这意味着,每个主题都应蕴含明确的教育目标,如通过历史遗迹的探访培养学生的历史意识,或通过科学实验提升学生的动手能力,确保学生在旅行中既能享受乐趣,又能获得知识与技能的成长。

2. 实践性原则

在设计研学旅行产品主题时,需充分考虑如何促进学生理论知识与实践活动的有机结合,鼓励学生动手操作、动脑思考,将书本知识与现实生活经验紧密相连。这要求产品主题打破传统教学的时空限制,延伸至自然环境、社会生活等广阔领域，让学生在亲身体验中增长见识，提升实践能力。例如，通过组织农业体验活动，让学生亲手种植农作物、了解农作物生长周期，从而将生物课本上的知识转化为实际经验。

3. 整合性原则

研学旅行产品主题的设计需遵循整合性原则，即围绕立德树人、全面育人的核心目标，统筹协调各类教育资源，实现资源的优化配置。这包括深入挖掘自然文化遗产、红色文化资源、民族文化资源以及博物馆、科技馆等公共资源的教育价值，将其融入产品主题中，形成具有深度和广度的研学体验。同时，需综合考虑地区特色、学校特色及学生特点，打造既符合教育要求又具有地方特色的研学旅行产品。

4. 操作性原则

为确保研学旅行产品主题的可实施性，设计时应注重操作的简便性、材料的易获取性以及成本的合理性。主题选择应倾向于小而精、近而实，便于组织与管理。此外，还需充分考虑实施过程中的具体细节，如研学形式的选择、活动内容的安排、所需资源的获取等，确保每个环节都能顺利执行，提高产品的可操作性和实效性。

二、研学旅行产品主题设计方法

1. 整合学科资源的方法

研学旅行产品主题设计应充分利用各学科之间的内在联系，通过主题整合不同学科的知识点，形成跨学科的综合学习体验。例如，在"跟着课本游燕赵"活动中，不仅涉及历史、地理等学科知识，还可融入文学、艺术等多领域内容，让学生在游览过程中全方位感受燕赵文化的魅力。这种整合不仅丰富了研学内容，还促进了学生综合素养的提升。

2. 融合学校活动的方法

将研学旅行产品主题与学校日常教育活动相结合，是提升主题吸引力和教育效果的有效途径。如结合植树节开展生态环保主题的研学活动，或利用劳动节组织学生参与农耕体验，既丰富了学校活动的形式，又增强了研学旅行的教育意义。此外，通过邀请专家进校园、组织学生参观科研院所等方式，可以将校内外教育资源有效融合，为研学旅行提供更为丰富的主题来源。

3. 教育目标达成的方法

研学旅行产品主题设计应紧密围绕教育目标展开，确保每项活动都能有效地促进学生核心素养的培育。例如，通过设计"创新设计夯实学生文化基础"的主题，引导学生参观博物馆、古镇等文化景点，让学生在历史文化的熏陶中提升人文素养和审美能力。同时，弘扬爱国主义精神也是研学旅行的重要主题之一，可通过参观红色教育基地、历史遗址等方式，激发学生的爱国情感和国家认同感。

4. 依托重要资源的方法

学校周边和地方教育资源是研学旅行产品主题设计的重要基础。在设计过程中，应充分挖掘这些资源的潜力，结合学校实际情况开发具有地方特色的研学主题。例如，利用学校周边的历史文化古迹设计历史文化主题的研学活动，或依托当地的自然环境资源开展生态环保主题的研学旅行。此外，还可利用高校、科研院所等机构的资源和平台，设计以科学探索、技术创新为主题的研学产品，为学生提供更为广阔的学习空间和实践机会。

5. 运用社会热点，创新研学旅行主题

研学旅行活动以其开放性和动态性，紧密连接着学生的日常生活与广阔的社会舞台。在这个日新月异的时代，社会热点层出不穷，为研学旅行提供了丰富的主题资源。从节能环保的污水处理、垃圾分类，到农业科技的温室种植与农产品深加工，从高科技工业的机器人智能车间、新能源工厂，到新兴产业的

无人机应用、AR（增强现实）/VR（虚拟现实）体验、数字工厂探索，再到服务业的餐饮文化、旅店管理、家政服务实践等，这些社会热点不仅反映了时代的进步，也为学生提供了贴近实际、贴近生活的学习机会。

在设计研学旅行产品时，我们需巧妙融合这些热点资源，构建既具有知识性、科学性，又富含文化性和趣味性的活动主题。通过实地考察、专家讲座、互动体验等多种形式，让学生在亲身体验中感受社会热点，理解时代脉搏，同时促进知识能力的发展和文化素养的提升。研学导师应精心策划，将自然、社会与学校文化有机融合，让学生在轻松愉悦的氛围中拓宽视野，增强实践能力，使核心素养在不知不觉中得到升华。这样的研学旅行，不仅让学生走出教室，更让他们走进社会，感受时代的最新进展，为教育目标的实践达成奠定坚实基础。

6. 生活与职业体验，丰富研学旅行内涵

生活是多姿多彩的，职业世界更是五花八门。在研学旅行产品的设计中，我们应充分利用这一特点，将生活中的实际问题和职业类型巧妙地融入活动主题中。

这种生活与职业体验的方法，不仅能够让学生更加深入地了解社会职业，也激发了他们对未来职业的憧憬和规划。通过模拟职场环境，学生可以提前感受职业氛围，培养职业素养，为未来的职业生涯打下坚实的基础。

7. 研学导师经验提炼，提升活动质量

在研学旅行产品的主题设计过程中，研学导师的经验、爱好和特长是不可忽视的重要资源。每位研学导师都有自己独特的经历和专长，这些都可以成为设计活动主题的灵感来源。因此，要鼓励研学导师从个人经验出发，结合自身的兴趣和爱好，设计出既符合学生特点又富有创意的研学旅行主题。

研学导师的参与不仅能让活动更加贴近实际、贴近生活，还能充分发挥其特长和潜力，使活动效果更加显著。同时，研学导师的亲身示范和指导，也能为学生树立榜样，激发他们的学习兴趣和探究欲望。

8. 学生自主选题，激发创造潜能

在研学旅行主题的设计过程中，充分发挥学生的自主性是至关重要的。研学导师应鼓励学生独立自主地发现和寻找问题，通过师生共同筛选，将问题转化为活动主题。为了激发学生的创造性思维，研学导师可以创设多样化的情境，引导学生从多方面、多角度去发现和寻找问题。

无论是学科教学中的实践内容，还是学生个人生活和学习中遇到的问题，无论是学校、家庭、社区生活中的有趣现象，还是科技与社会热点问题，都可以成为研学旅行产品的主题选择。让学生自主选择主题，不仅能提高他们的参与积极性和活动效果，还能培养他们的自主意识和创新能力。通过自主选题和实践活动，学生可以更加深入地了解自己感兴趣的问题或课题，为未来的学习和生活奠定坚实的基础。

第二节　研学旅行产品主题设计要素与过程

一、研学旅行产品主题设计要素

1. 主题命名：精炼与特色并重

在研学旅行产品的开发初期，主题命名是至关重要的一环，它不仅关乎产品的吸引力，更是产品特性和个性的直接体现。为确保主题名称既具有鲜明的地方特色，又能准确传达研学旅行的核心目的，应遵循以下原则进行命名。

一是表述准确而简洁。主题名称应使用陈述性语言，避免抒情或议论性表达，以确保信息的直观性和准确性。例如，"探索古村落，传承非遗文化"就比"古韵悠长，非遗传承之旅"更直接地传达了研学旅行的主题和内容。同时，主题名称应避免使用疑问句，以免产生歧义，让受众感到困惑。

二是融入行为动词。研学旅行强调"做中学"，因此主题名称中应包含行为动词，以体现活动的实践性和动态性。例如，"行走丝绸之路，探寻历史足迹"

中的"行走"和"探寻"就生动地描绘了研学旅行的过程。

三是突出地方特色。主题名称应紧密结合旅游地的文化形态和资源特色，以凸显其独特性和本土化特点。例如，针对江南水乡的研学旅行，可以命名为"水乡探秘，领略江南风情"，既体现了地域特色，又突出了研学旅行的探究性。

2. 主题目标定位：明确与全面兼顾

研学旅行产品的主题目标定位是确保活动有效性的关键，应紧紧围绕研学旅行的总体目标，即让学生在校园以外的环境中了解社会、培养人格、全面发展。具体来说，主题目标应涵盖以下三个方面。

一是知识目标。通过研学活动，使学生深入了解与主题相关的基础知识和文化内涵，拓宽视野，增长见识。

二是情感目标。培养学生对主题文化的认同感和归属感，激发其对社会现象的关注和对社会责任的认识。

三是素养目标。通过实践活动，提升学生的动手能力、团队协作能力、创新思维等基本素养，促进其全面发展。

3. 主题活动类型：多样与深入并存

研学旅行产品的主题活动类型应根据文化特征和学生参与实践的特点进行细分，以满足不同层次和需求的学生。一般可分为以下三种类型。

一是观赏型。通过视觉感知主题文化的美学价值，如参观艺术展览、观赏民俗表演等。

二是参与体验型。围绕学生与文化活动的互动设计考察体验型活动，如亲手制作非遗工艺品、参与传统农耕体验等。

三是探究型。以研讨、探究等形式深入了解和认识主题文化，如进行历史文化调研、生态环境考察等。通过这类活动，可以激发学生的文化自觉意识和责任感。

4. 研学导师匹配：专业与责任并重

研学导师是研学旅行活动成功开展的重要保障。为确保活动的顺利进行和学生的安全成长，应配备具有教育背景和经验的研学导师。

一是随队教师。负责教育学生、指导学生并带领学生展开研学行动。他们应具备教育管理和带队能力，全程跟踪辅助学生完成研学旅行，并做好应急准备。

二是主题活动研学辅导员。负责传授主题文化知识，通过口传心授指导学生深入理解主题内涵。他们应具备深厚的专业素养和教学经验，能够提高学生的综合素养和探究能力。

5. 研学场所（馆）安排：安全与适宜兼顾

研学旅行产品的主题活动需要依托于相关的研学场所（馆）进行。为确保活动的顺利进行和学生的安全成长，政府应根据研学旅行的育人目标和地区公共设施、场馆情况，积极遴选建设一批安全适宜的学生主题研学旅行基地。这些基地应具备完善的安全设施、丰富的教育资源和专业的服务人员，能够为研学旅行提供有力的支持和保障。同时，学校也应根据研学活动的具体内容选择相应的场所（馆），确保活动的针对性和有效性。

二、研学旅行产品主题设计过程

1. 研学旅行产品系列主题设计

（1）主题确立与启动阶段：构建研学旅行的宏伟蓝图。

在研学旅行的起始阶段，主题的确立与启动是整个活动的灵魂所在。这一过程不仅要求教育者具备敏锐的洞察力，还需学生积极参与，共同探索未知领域。

一是发现问题并提炼主题：从生活细微处寻找灵感。问题的发现源于对生活的细致观察和深刻思考。教育者应鼓励学生保持对世界的好奇心，从社会现象、日常生活以及自然界的奥秘中捕捉那些引人入胜、值得深入探讨的问题。

随后，结合学生的知识结构、兴趣点以及教育目标，对这些原始问题进行提炼和聚焦，形成既具有吸引力又符合教育意义的研学主题。高质量的研学主题往往具备以下特质：能够激发学生的探索欲；紧密关联现实生活；学生已具备一定的基础认知；便于开展实地探究；鼓励学生独立思考，减少对书本和成人的依赖；能够引发连锁思考，衍生出更多相关问题；易于获得家长的专业支持；具有延展性，能激发新的研究议题，并引导学生走出校园，寻找外部资源。

二是提出假设并确定方法和工具：绘制实施路径。主题确定后，接下来是制定详细的实施方案。这一步骤包括提出研究假设，即基于现有信息对问题可能答案的初步猜测，以及选择适合的探究方法和工具。重要的是，不仅要规划好研究路径，还要预见可能遇到的挑战，并提前设计解决方案。研究方法和工具的选择应基于主题特性和研究需求，如实地考察、深度访谈、科学实验、问卷调查等，确保研究过程既科学又高效。

（2）主题实施阶段：探索与实践的交响曲。

随着研学旅行活动的正式启动，学生将踏入一段充满探索与实践的旅程。

一是多方求证，获取证据：在实践中寻找答案。学生带着问题和假设，踏入精心挑选的研学基地、营地或景区，通过一系列精心设计的研学活动，如观察记录、专家访谈、实验操作、社会调查等，积极收集第一手资料。这一过程不仅是对预设问题的探索，也是对新问题的发现与解决，鼓励学生不断拓宽视野，深化理解。

二是得出结论，提炼观点：从数据中提炼智慧。收集到的资料需要经过系统的整理与分析，通过编码、分类、归档等步骤，使信息条理化、系统化。利用文字、图表、照片、思维导图等多种形式呈现研究成果，帮助学生更直观地理解数据，形成个人见解。对于预设问题，通过资料分析进行验证，若预设成立，则固化为结论；若不成立，则需调整假设，基于新证据提出新观点，并通过进一步的研究加以证实。

（3）主题总结与展示阶段：收获与成长的见证。

研学旅行的尾声，是总结与展示的舞台，也是反思与成长的契机。

一是交流与评价：分享成果，促进成长。通过海报展览、口头报告、艺术创作、多媒体展示等多种形式，学生将自己的研究成果、学习心得公之于众，接受来自教师、同学、家长乃至社会各界的评价与反馈。这种多元化的展示不仅增强了学生的自信心和表达能力，也促进了知识与经验的共享。同时，要建立全面的评价体系，从知识掌握、技能提升、研究方法、情感态度等多个维度对学生的研学成果进行客观评价，为活动的持续改进提供依据。

二是反思与改进：在回顾中前行。研学旅行的最终目的是促进学生的全面发展，因此，活动结束后，组织学生进行深入的自我反思至关重要。反思内容涵盖活动的各个方面，从主题选择的恰当性到研究方案的完善度，从团队合作的默契度到研究方法的适用性，从资料收集的全面性到分析的科学性，乃至最终结论的合理性。通过反思，学生不仅能认识到自身的不足，还能提出具体的改进措施，为未来的研学活动积累宝贵经验，实现螺旋式上升的成长。

2. 研学旅行产品单一主题设计

（1）背景知识学习和技能准备阶段：夯实基础，蓄势待发。

在研学旅行产品的单一主题设计中，背景知识学习和技能准备是不可或缺的起始环节。这一阶段的目标是确保每位参与者都能对即将探究的主题有充分的了解和准备，为后续的研学活动打下坚实的基础。

学生需通过多种渠道，如图书馆查阅相关书籍、网络资源搜索、参加专题讲座或访谈行业专家等，全面而深入地了解研学主题的背景知识，不仅包括主题的基本概念、发展历程，还涉及与之相关的社会、文化、科学等多方面的知识。通过这样的学习，学生能够在脑海中构建起关于研学主题的初步框架，为后续的实践探究提供理论支撑。

同时，针对研学活动中可能涉及的操作性环节，学生还需提前进行技能准备，包括但不限于简单绘图技巧、基础软件操作、实验设备使用等。通过预先的练习和模拟，学生能够熟练掌握这些技能，从而在研学过程中更加游刃有余，提高活动效率和成果质量。

此外，这一阶段还应注重培养学生的自主学习能力和信息筛选能力。在海量信息中筛选出有价值的内容，对于研学活动的深入开展至关重要。因此，教师应引导学生学会如何高效地获取、整理和分析信息，为后续的研学活动做好充分准备。

（2）主题活动开展与任务完成阶段：实践探究，团队协作。

在背景知识学习和技能准备的基础上，学生将进入主题活动开展与任务完成阶段。这一阶段是研学旅行的核心部分，学生将在特定的研学基地、营地或景区进行实地探究和体验。

通过观察、访谈、实验、调查、考察等多种方式，学生将深入接触和了解研学主题，不断收集相关资料和信息。这些活动不仅有助于加深学生对主题的理解，还能培养他们的观察力、思考力和实践能力。

在任务完成过程中，小组合作是不可或缺的一环。学生需根据任务清单中的要求，明确分工，相互协作，共同完成各项体验与探究任务。这样的合作模式不仅能够提高工作效率，还能培养学生的团队协作能力和沟通能力。

同时，教师在此阶段应扮演好引导者和辅助者的角色，适时给予学生指导和帮助，确保他们能够顺利完成任务，并且鼓励学生勇于尝试、敢于创新，不断挑战自我，实现自我提升。

（3）成果展示与交流阶段：分享收获，碰撞思想。

经过前一阶段的实践探究和任务完成，学生将进入成果展示与交流阶段。这一阶段是研学旅行活动的收尾部分，也是学生展示自我、分享收获的重要时刻。

各小组需以团队为单位，对研学过程中的体验与探究过程及其最终成果进行展示。展示内容可以采用研究报告、实验数据、照片视频、创意作品等多种形式。通过这样的展示，学生不仅能够将自己的学习成果呈现出来，还能感受到成功的喜悦和成就感。

同时，成果展示与交流也是促进学生之间经验分享与交流的重要途径。不同小组在研学过程中可能会有不同的思考方式和解决方案，通过展示与交流，学生可以相互学习、取长补短，共同提高。此外，这样的交流还能激发学生的创新思维和批判性思维，促使他们在碰撞中产生新的思想火花和灵感。

研学旅行产品单一主题设计的三个阶段相互衔接、相辅相成，共同构成了一个完整而系统的研学过程。通过这样的设计,学生能够更加深入地了解研学主题,提升自我能力和素养,实现全面发展。

第三节　研学旅行产品主题实施策略

一、行前准备

1. 教师准备

(1)研读课程标准,确定活动主题与目标:精准定位,明确方向。

在研学旅行活动的筹备阶段,教师首先需要深入研读相关的课程标准,这是设计活动的基石。课程标准不仅规定了教学内容的深度和广度,还体现了教育理念和教学目标。教师需要仔细分析课程标准中的每一项要求,理解其背后的教育意图,从而确保研学活动能够紧密贴合教学需求。

在确定活动主题时,教师应充分考虑学生的年龄特征、认知水平和兴趣爱好。一个既符合课程标准要求又能激发学生探索欲望的主题,是研学活动成功的关键。主题的选择应兼具教育性、实践性和趣味性,旨在通过亲身体验和探究,帮助学生深化对知识的理解,培养解决问题的能力,同时激发他们对未知世界的好奇心和探索欲。

活动目标的设定应具体、明确且可衡量。知识目标应清晰地指出学生在活动中需要掌握的核心知识点;能力目标则应关注学生的观察、分析、解决问题等综合能力的提升;情感态度与价值观目标则旨在培养学生的团队合作精神、社会责任感以及对自然和社会的敬畏之心。这些目标的设定,将为整个研学活动提供明确的方向和指引。

(2)确定研学活动地点:精挑细选,确保质量。

研学活动地点的选择是活动成功的关键之一。教师应根据课程标准的要求,结合学生的学情和兴趣,对潜在的地点进行细致的分析和筛选。在选择过程中,教育资源的丰富性、安全性、交通便利性以及文化特色都是重要的考量因素。

教育资源的丰富性意味着活动地点能够提供多样化的学习机会和体验，支持活动目标的实现。安全性则是活动顺利进行的前提，教师必须确保该地点没有安全隐患，能够保障学生的人身安全。交通便利性则能够减少旅途的劳累，让学生有更多的时间和精力投入研学活动中。而文化特色则能够增强学生的文化体验和审美感受，让研学活动更加丰富多彩。

在确定地点后，教师还需进一步深入了解其历史背景、文化特色、教育资源等详细信息。这些信息将为后续的活动设计和实施提供宝贵的参考和依据。

（3）实地考察与研学线路设计：亲临其境，精益求精。

为了确保研学活动的顺利进行和教育效果的最大化，教师必须对选定的活动地点进行实地考察。通过实地考察，教师可以更加直观地了解地点的实际情况，包括教育资源的分布、可考察点的选择、安全状况等。

在实地考察过程中，教师应重点关注考察点的确定和研学线路的设计。考察点应紧密围绕活动主题和目标，具有教育意义和探究价值。同时，研学线路的设计应合理高效，确保学生在有限的时间内能够充分体验和学习。此外，教师还需对地点的安全性进行全面评估，确保学生在活动过程中的人身安全。

基于实地考察的结果，教师可以制定详细的研学线路和活动流程。研学线路应清晰明了，便于学生跟随；活动流程则应紧凑有序，确保每个环节都能顺利进行。同时，教师还需考虑可能出现的突发情况，制定相应的应急预案以确保活动的顺利进行。

（4）编写研学课程手册与方案制定：细致入微，全面规划。

在实地考察的基础上，教师需要编写研学课程手册和制定研学方案。研学课程手册是指导学生进行研学活动的重要工具，它应包含活动背景、目标、流程、任务、评估标准等全面而详细的信息。手册的语言应简洁明了，易于学生理解；内容则应丰富多样，以激发学生的学习兴趣和探究欲望。研学方案则是教师组织和管理研学活动的总体计划，它应包括活动的时间安排、人员分工、物资准备、应急预案等各个方面。方案应具体可行，确保活动的顺利进行，同时还应具有一定的灵活性，以便根据实际情况进行调整和优化。在制定方案的过程中，教师应充分考虑各种可能的情况和变化，以确保活动的顺利进行和学生的安全。

在编写手册和制定方案的过程中，教师应积极寻求经验丰富的课程教师的指导和建议。特别是那些具有研学旅行活动经验的教师，他们的经验和建议对于提高活动质量和效果具有不可估量的价值。同时，教师还应通过线上和线下的方式与其他教师进行交流和学习，不断汲取新的灵感和思路以完善自己的研学课程设计和实施方案。

（5）开展动员大会与明确活动要求：凝聚人心，明确方向。

在确定活动时间后，教师需要组织一次动员大会以向学生明确告知研学活动的相关信息和要求。动员大会是激发学生兴趣、明确活动目标、凝聚团队力量的重要环节。在大会上，教师应详细介绍活动的主题、目的、时间、地点等基本信息，同时强调活动的要求和注意事项如安全规定、物品准备等，以确保学生在活动过程中能够遵守纪律、保障安全。

在动员大会上，教师还需特别强调"安全第一"的意识。研学旅行活动涉及学生的出行和体验，安全问题是首要考虑的因素。教师应向学生详细介绍安全协议书的内容和要求，并要求学生购买旅行保险以增加安全保障。同时，教师还需与家长进行充分的沟通，以确保家长了解活动的具体情况并同意学生参加。在获得家长的支持和签字确认后，学生方可正式参加研学旅行活动。

为了方便行前、行中、行后师生之间的交流与联系，教师还应建立研学旅行交流平台。这个平台可以是微信群、QQ群等在线交流工具，也可以是其他形式的沟通渠道。通过交流平台，教师可以及时发布活动信息、解答学生疑问、收集学生反馈等，学生也可以随时与教师沟通交流、分享学习心得和体验感受，从而增强团队的凝聚力和向心力。

（6）监督并检验学生的准备情况：严谨细致，确保万无一失。

在研学活动开始前，教师需要对学生的准备情况进行严格的监督和检验，包括检查学生是否加入交流平台、是否及时接收通知、是否购买旅行保险、是否与家长确认并签订安全协议书等各项准备工作。这些准备工作是活动顺利进行的重要保障，教师必须确保每一项工作都落到实处。

在检验学生的准备情况时，教师应重点关注学生的参与度和积极性、对活动的了解和期待程度以及物质和心理上的准备情况。对于准备不充分或存在问题的学生，教师应及时给予指导和帮助以确保他们能够顺利参与活动。同时，对于表现优秀的学生，教师应给予表扬和鼓励以激发其他学生的积极性和参与度，从而营造积极向上的团队氛围。

此外，教师还需密切关注车辆和司机的安全状况。安全的车辆和车技娴熟的司机是保障师生往返途中安全的重要因素。在选择车辆和司机时，教师应进行严格的筛选和评估以确保其符合安全要求。在活动过程中，教师还应密切关注车辆的运行状况和司机的驾驶行为以确保师生的安全。同时，教师还需准备一些常用的急救药品和应急工具以应对可能出现的突发情况。

2. 学生准备

（1）明确学习目标与合理分组：构建研学旅行的学习框架。

在研学旅行活动正式拉开帷幕之前，明确学习目标与合理分组是确保活动成效的关键一步。学生需深刻理解此次研学旅行的核心目的，这些目标可能涵盖特定知识点的深化理解、实践技能的锻炼、团队合作精神的培养，以及情感态度与价值观的塑造等多个维度。明确目标后，学生应制定个人学习计划，规划如何有效利用研学时间达成既定目标，这将有助于他们在活动中保持清晰的方向感和持续的动力。

分组环节则需细致考量，确保每个小组都能成为一个高效协作的小团队。教师应综合考虑学生的兴趣爱好、学术能力、社交风格及领导力等多方面因素，力求组内成员能够相互补充，共同进步。分组过程中，要鼓励学生主动表达个人偏好与期望，同时，教师也需发挥引导作用，确保分组既公平又高效。通过小组讨论确定小组名称、口号及分工，增强团队凝聚力，为后续的研学活动打下良好的合作基础。

（2）复习理论知识与熟悉研学手册：理论与实践的双重准备。

理论知识是研学旅行的基石，学生在出发前应系统回顾与活动主题紧密相关的知识点。这不仅包括对基本概念、原理的温习，还应涵盖相关研究方法、案例分析等，以便在实地考察时能迅速将理论与实践相结合，深化理解。复习时，可利用网络资源、图书资料或向教师请教，确保知识体系的完整性和准确性。

同时，深入研读研学手册至关重要。手册不仅是活动的指南，更是学生了解活动全貌、明确任务分工的重要依据。学生应逐项阅读手册内容，包括活动日程安排、地点介绍、任务要求、安全须知等，确保对活动流程了然于胸。对于手册中的疑问或不明确之处，应及时与教师沟通，确保活动前无遗漏、无误解。

（3）物质准备与生活物品整理：细节决定研学之旅的舒适度。

物质准备是研学旅行不可忽视的一环。学生应根据活动性质，精心挑选并准备必要的工具和设备，如记录用的相机、笔记本，科学探索的测量工具，或是信息技术应用所需的电子设备。此外，考虑到户外活动的各种可能性，防晒霜、雨具、急救包等也应纳入准备清单，以应对突发状况。

生活物品的整理同样重要。学生需根据个人需求，合理打包衣物、食品、饮用水等生活必需品，确保旅途中的基本生活需求得到满足。同时，要注意物品的重量和体积，避免携带过多无用之物，影响行程的便捷性。良好的物品管理习惯，将让研学之旅更加轻松愉快。

（4）购买旅行保险与强化安全意识：为研学之旅保驾护航。

安全是研学旅行的首要原则。学生应按要求购买旅行保险，仔细阅读保险条款，了解保险覆盖的范围和理赔流程，确保在意外发生时能够得到及时有效的帮助。同时，要保留好保险单据，以备不时之需。

安全意识的培养同样不可或缺。学生应接受安全教育，了解基本的自救互救知识，熟悉紧急情况下的应对措施。在研学过程中，严格遵守活动规则，不擅自行动，不参与危险活动，时刻保持警惕，确保个人及团队的安全。

（5）与家长充分沟通和签字确认：建立家校共育的桥梁。

研学旅行不仅是学生的成长之旅，也是家校合作的重要体现。学生应与家长进行深入沟通，详细介绍活动的内容、目的、时间安排及安全措施，让家长了解并支持孩子的研学决定。通过沟通，家长可以给予孩子必要的鼓励和建议，同时，也能对孩子的安全和健康有更加全面的了解。

签字确认环节是正式参与活动的法律凭证。学生应认真阅读活动协议，明确双方的权利与义务，确保自己的权益得到保护。在家长的陪同下完成签字手续，不仅体现了对活动的尊重，也为可能出现的任何问题提供了法律上的解决方案。这一步骤的完成，标志着家校双方共同为孩子的研学之旅筑起了一道坚实的后盾。

通过上述全面而细致的准备工作，学生不仅能够在研学旅行中更加自信、从容地面对挑战，还能在实践中学习、在探索中成长，真正实现研学旅行的教育价值。

二、行中实施

在研学旅行的实施过程中，活动的有效推进和深入体验对于达成教育目标至关重要。

1. 协作意识的培养

在研学旅行的广阔舞台上，协作意识如同一条纽带，将学生们紧密相连，共同编织起知识的网。为了更有效地培养学生的协作意识，教师需要精心策划，将团队合作的精髓融入每一个活动环节。

（1）明确协作目标，激发共同愿景。

在活动启动之初，教师应清晰阐述协作的具体目标，这些目标不仅要与研学旅行的主题紧密相连，还要能够激发学生的共鸣，让他们认识到协作是实现共同目标的关键。例如，通过解决一个社区问题或完成一项科学研究，让学生明白每个人的贡献都是不可或缺的。

（2）科学分组与角色定位，促进个性化发展。

分组时，教师应综合考虑学生的性格特质、能力水平及兴趣爱好，力求组内成员互补互助。同时，为每位学生分配明确的角色，如协调员负责团队沟通、记录员负责资料整理，这样既能发挥个人特长，又能增强团队凝聚力。

（3）设计挑战性任务，激发潜能与创新。

协作任务应既具挑战性又贴近学生实际，如设计一项环保项目、进行一次历史文化调研等。任务应鼓励学生跳出舒适区，通过团队合作探索未知，激发创新思维和解决问题的能力。

（4）营造开放交流氛围，强化情感联结。

教师应鼓励学生之间的积极交流与分享，通过定期的小组会议、反思日志、同伴评价等形式，促进思想碰撞和情感交流。同时，给予正面反馈，认可每个成员的贡献，增强团队的归属感和自信心。

2. 小组合作学习的组织与实施

小组合作学习是研学旅行中深化学习、促进成长的有效途径。

（1）共同制定规则，奠定合作基础。

小组成立初期，教师应引导学生共同参与规则的制定，确保规则既公平又具操作性，如轮流发言、尊重差异、共同承担责任等，为小组成员顺利合作奠定坚实基础。

（2）精细任务分工，强化责任意识。

根据任务特性和成员能力，细致划分任务，确保每位成员都有明确的任务和责任区域。这不仅能提高工作效率，还能让学生在实践中学会如何高效协作和承担责任。

（3）实施"创意风暴"，激发团队智慧。

定期组织"创意风暴"会议，鼓励学生无拘无束地提出想法，无论多么新奇或大胆。这种自由开放的氛围，能够极大地激发学生的创造力和团队协作能力。

（4）融合信息技术，提升合作效能。

利用信息技术工具，如在线协作平台、云存储、视频会议等，打破时间和空间限制，实现资源的即时共享和高效协作。这些工具不仅让合作更加便捷，还能锻炼学生的数字化技能。

3. 借助信息技术提升活动效果

信息技术是研学旅行中不可或缺的力量，它能极大地丰富活动形式，提升学习效果。

（1）精选应用，助力活动实施。

根据活动需求，选择最适合的手机软件或应用，如使用 AR 技术增强历史遗址的学习体验，或利用健康监测 App 记录户外活动的身体数据，让信息技术成为活动的得力助手。

（2）深化交互，促进深度合作。

利用即时通信、在线协作平台等交互软件，实现团队成员间的无缝对接和高效沟通。无论是远程讨论、文件共享还是进度追踪，都能通过这些工具轻松实现，极大地提升了合作的深度和广度。

通过上述策略的实施，研学旅行不仅成为一次知识的学习之旅，更是一次团队协作、创新思维和信息技术应用能力全面提升之旅。

三、行后总结

在研学旅行活动圆满落幕之后，行后总结成为不可或缺的一环，它不仅是对学习成果的巩固，更是为未来研学积累的宝贵经验。为了促使学生深入反思、总结提升，需要精心规划一系列后续活动。

首先，给予学生充裕的时间进行最后的资料查阅、信息求证及内容整理，确保他们的总结报告内容丰富、准确无误。

其次，鼓励学生以 PPT 为媒介，生动展示研学主题内容的总结与汇报，不仅涵盖研学手册规定的任务完成情况，还可以纳入学生自主设计的探究任务，以此激发学生的创新思维和自主学习能力。在小组分享交流环节，让学生们热烈讨论，相互学习，形成良好的学术氛围。教师则适时给予肯定与鼓励，引导学生填写评价表，诚恳地提出研学过程中遇到的问题与改进建议，促使研学旅行方案不断优化与完善。活动尾声，通过播放精心制作的研学点滴小短片，师生共同回味旅途中的欢笑与汗水，从而加深彼此间的情谊，为本次研学之旅画上一个温馨而圆满的句号。

最后,针对研学活动中暴露的问题与不足,要及时组织反思会议,不仅解决当下问题,更注重总结经验教训,提炼研学旅行设计与实施的有效策略,为后续研学项目的成功开展奠定坚实基础。

通过这一系列精心设计的行后总结活动,学生不仅深化了对研学主题的理解,更在实践中学会了如何设计并实施高质量的研学旅行活动,实现了从理论到实践的飞跃。

第五章

研学旅行产品的方案设计策略

第一节　知识科普型研学旅行产品的方案设计策略

研学旅行产品的方案设计是一个全面而细致的过程，它涵盖了研学活动从策划到实施的每一个阶段和要素。这一方案不仅是教师对即将开展的研学活动进行的详尽规划，更是对研学旅行活动理念、目标、内容、方法、流程以及预期成果的全面阐述。其最终呈现和编制撰写，不仅体现了研学旅行的设计智慧，也是具体实施活动的蓝图和指南。

叙述式研学旅行产品方案根据详细程度，可分为详案和简案两种形式。详案细致入微，将研学旅行的每一个环节、每一项内容，甚至可能发生的师生对话、生生对话都按照时间顺序精心编排，为活动的顺利进行提供了详尽的脚本。而简案则更加注重简洁明了，以精炼的语言概括研学旅行的核心内容和开展顺序，同时附上关键的讲解词，为参与者提供清晰的指引。

在呈现形式上，表格式研学旅行产品方案因其直观、简洁、易读的特点而备受推崇。它将研学旅行的各组成要素以表格的形式清晰呈现，使得方案的结构更加清晰，内容更加有条理，便于参与者快速了解活动的全貌和细节。

一、博物馆研学旅行产品的方案设计策略

以广西民族博物馆为例,我们可以深入了解一下博物馆研学旅行产品的方案设计思路。

1. 博物馆研学旅行产品的方案认知

在旅游业蓬勃发展的今天,博物馆作为展示地区历史文化、提升旅游吸引力的重要载体,其教育功能日益凸显。博物馆青少年研学(游学)作为一种将"游"与"学"紧密结合的教育模式,旨在通过游览过程中的学习活动,让学生在轻松愉快的氛围中增长知识、拓宽视野、提升能力。这种教育模式不仅具有人数多、可参观、能体验、可带走、能分享等特点,更强调学生的主体性和自主性,鼓励他们在探究中学习,在学习中成长。

2. 博物馆研学旅行产品的方案设计

广西民族博物馆作为全国民族团结进步教育基地、首批全国中小学生研学实践教育基地、全国关心下一代党史国史教育基地、全国科普教育基地,一直致力于民族文化的专题教育,积极探索青少年利用博物馆学习的机制。广西民族博物馆持续开展民族文化宣传科普研学教育活动,大力推广中华优秀传统民族文化,为了构建高质量的博物馆青少年研学(游学)方案,广西民族博物馆遵循"先规范,再提升"的思路,逐步推进研学活动教育功能的提升。

第一,基础打牢。广西民族博物馆在现有青少年教育方案的基础上,根据青少年的学龄层次、兴趣爱好以及反馈意见,对方案进行进一步的规范和完善,确保活动的科学性和有效性。

第二,重点突破。从众多教育方案中遴选出具有博物馆特色、深受青少年喜爱且活动流程成熟规范的项目,结合研学(游学)的特点进行针对性的提升和优化,打造具有鲜明特色的研学产品。

第三,典型示范。对基础扎实、影响广泛的教育方案进行重点扶持和推广,

形成示范效应，带动其他方案的优化和提升。

第四，互动研发。结合研学（游学）的特点和博物馆的特色资源，研发具有参与性、体验性、可带走性和教育意义的研学产品，满足青少年的多元化需求。

第五，标准推广。通过理论与实践的结合，探索具有广西民族博物馆特色的青少年教育方案和研学旅行开发实施策略，形成经典案例并进行推广交流，为全广西博物馆的青少年教育功能提升提供有益借鉴。

在这一总体思路的指导下，根据广西民族博物馆丰富的藏品资源和地域特色，我们设计了主题鲜明、特色突出的青少年教育研学（游学）方案，如表5-1所示。

表 5-1　广西民族博物馆研学旅行方案

研学主题	寻历史印记，探民族风情
核心目标	（1）通过聆听扎草龙传承人的讲解，绘制草龙制作流程图，动手扎草龙，传承民族技艺 （2）通过学习拼布制作技艺，绘制拼布流程图，完成拼布作品，守护与传承传统工艺 （3）通过聆听竹编工匠的讲解，编织竹编作品，传承非遗技艺
研学的重点和难点	重点：熟悉制作拼布的工艺流程，绘制拼布流程图 难点：手动缝制拼布作品；编织竹编作品；动手扎草龙
安全隐患和防范方法	使用剪刀的过程中要小心；编织竹编作品时要小心竹子刺到自己的手
授课对象及师生比	初中二年级，1∶20
学生费用	299元/人
费用明细	包含	餐费90元/人；车费40元/人；门票15元/人；保险费10元/人；导游讲解费10元/人；住宿费100元/人；研学材料费19元/人（含竹编材料费4元/人、制作拼布材料费10元/人、研学手册费用5元/人）；瓶装水费用10元/人；应急药物费用5元/人
	不包含	行程中统一安排之外的个人消费

续表

	日期	时间段	地点	课程安排	内容简介	学时（分钟）	涉及学科	任务/问题
活动流程	第1天	7:30~8:00	学校	去往广西民族博物馆	从学校出发前往广西民族博物馆	30		
		8:00~8:30	广西民族博物馆	集合破冰	举行开营仪式；助教介绍行程和研学任务并分组；安全员讲解注意事项	30		
		8:30~10:00	广西民族博物馆	参观特色展览	参观民族博物馆主展馆，了解广西各民族的历史文化	90	语文	
		10:00~11:30	广西民族博物馆	学习演奏民族乐器	民乐师傅教授壮族铜鼓演奏技巧；尝试演奏简单的曲目	90	音乐、综合实践	绘制铜鼓装饰图案
		11:30~13:30	餐厅	午餐		120		
		13:30~16:30	广西民族博物馆	做草龙	参观博物馆，聆听扎草龙传承人讲解草龙的历史文化和制作流程；绘制草龙制作流程图；制作草龙	180	美术、综合实践	绘制草龙制作流程图
		16:30~18:30	餐厅	晚餐		120		
		18:30~20:00	广西民族博物馆	文艺表演	体验民族服饰，跳民族舞蹈，学唱民族歌曲	150	音乐	浅谈从文艺表演的活动中有何收获
		21:00以后	酒店	休息				

第五章 研学旅行产品的方案设计策略

续表

	日期	时间段	地点	课程安排	内容简介	学时（分钟）	涉及学科	任务/问题
活动流程	第2天	8:30～9:00	酒店	早餐		30		
		9:00～11:30	广西民族博物馆	绘制流程图，完成拼布作品	通过师傅的讲解，了解拼布的历史文化、拼布制作工艺流程与技艺，学习拼布制作技艺；完成缝制拼布作品	180	综合实践、美术	在研学手册上画出要缝制的拼布图样，并写上设计理念
		11:30～13:30	餐厅	午餐		120		
		13:30～16:30	广西民族博物馆	编织竹编作品	品尝民族美食	180	综合实践	创作竹编文化元素图案
		16:30～17:00	广西民族博物馆	闭营仪式	通过竹编工匠现场教学，学习了解竹编的基本知识与编织技巧；手动编织竹编作品	30		
		17:00～17:30	返回学校		导师对这次研学活动进行总结；布置课后延伸任务；颁发纪念品，合影留念	30		

/ 103 /

续表

	评价标准	合格	较好	优秀
评价表	草龙作品	在规定时间内通过老师的帮助扎好草龙	在规定时间内扎草龙，制作中分工明确、井井有条，扎的草龙结实	扎草龙用时短，小组分工明确，制作过程井井有条，扎出来的草龙栩栩如生，并且给草龙上了颜色
	制作拼布作品	在规定时间内通过老师的帮助完成拼布作品	在规定时间内完成拼布作品，且作品新颖	
	编织竹编作品	在规定时间通过老师的帮助编织好竹编作品	独自在规定时间内编织好竹编作品，但编织得不是很紧密	在规定时间内编织好竹编作品，作品编织紧密、表面光滑并做了装饰
拓展延伸	广度：列举类似竹编的另一种编织方法 深度：思考竹子除了能制作竹编作品外，还有什么其他的实际用途			

3. 博物馆研学旅行产品的方案总结与优化策略

博物馆青少年研学（游学）方案秉持"均等便利、机制创新"的核心原则，致力于通过"重参与、重过程、重体验"的教育理念，为青少年打造一场既富有教育意义又充满趣味性的研学之旅。该方案的操作程序严谨而系统，从设定基本目标出发，经过现状分析、方案确定、详细工作计划制定、方案实施、检测评估，直至持续改进，每一步都旨在确保教育方案的高质量与稳定性。

在方案的设计上，我们特别强调博物馆教育应成为连接学校课堂、博物馆实物与文化遗产实地的纽带。学校课堂为青少年打下坚实的知识基础，博物馆实物教育则通过直观的文物展示培养他们的观察力与理解力，而文化遗产实地教育则进一步地激发他们的情感共鸣与文化认同感。通过这三者的有机统一，我们力求将传统的博物馆参观转变为深度研学（游学）体验，让青少年在探索与发现中不断成长。

一个优秀的博物馆青少年研学（游学）方案应具备以下核心要素：一是主题必须鲜明且活动层次清晰，确保青少年能够围绕核心主题展开深入探究；二是方案应鼓励人人参与，避免任何青少年成为旁观者，让每个孩子都能在研学过程中找到属于自己的位置；三是注重体验与互动，通过多样化的互动环节激发青少年的学习兴趣与参与度；四是强调分享与资源利用，鼓励青少年在研学过程中相互学习、共同进步；五是依托博物馆丰富的文物资源，培养青少年的创意思维与批判性思考能力。

在博物馆青少年教育的实践中，我们还需特别注意以下几点：一是要充分发挥博物馆的资源与场馆优势，设计互动性强、参与度高的活动，让青少年在亲身体验中收获知识；二是坚持公益原则，确保所有青少年都能平等地享受博物馆教育资源，体现教育的公平性；三是关注教育的差异性，找到与学校教育的衔接点，实现馆内外教育的有效融合。

未来，博物馆青少年教育应持续保持开放的姿态，拥抱跨界思维。我们应主动融入学校教育体系，与文化旅游线路紧密结合，与学校、旅行社、社会文化教育机构等多元主体合作开发教育方案。通过延长方案的生命周期、丰富教育内涵，我们不仅能够提升博物馆教育的吸引力与影响力，更能有效地促进青少年的全面发展。博物馆教育虽不属于义务教育范畴，但其独特的魅力与价值在于能够满足青少年的兴趣爱好与个性需求，激发他们探索未知、追求真理的热情。只有做好馆内外教育的有效衔接，我们才能为青少年打造一个更加丰富多彩、充满无限可能的学习与成长环境。

二、科技馆研学旅行产品的方案设计策略

以四川科技馆为例，我们可以深入了解一下科技馆研学旅行产品的方案设计思路。

1. 科技馆的研学目标

四川科技馆的研学旅行产品以科技馆丰富的资源和优势方案为基石，旨在全面提升青少年的综合素质，其核心在于激发青少年的好奇心，培养他们勇于探究的精神，提升他们的创新与实践能力。通过这一研学项目，我们期望能够培训出一批善于利用科普场馆资源、开展多元化教学的学校教师，同时培养出一批主动学习、敢于实践、富有科学精神的青少年。

四川科技馆的馆校合作模式，充分利用科技馆的场馆环境、先进展品和丰富活动，通过导览、研学、科学课、科学表演、科学夏令营等多种互动形式，提升学校科技教师对校外资源的开发与应用能力。我们的长远目标是探索出一条科普场馆与学校之间可复制、可推广的合作新模式，共同开发出具有鲜明特色和实用价值的馆校合作课程，培训出具有科技创新能力的教师队伍，并培养出大批富有科学精神的青少年。我们希望通过这些努力，使科技馆不仅仅是一个亲子休闲的旅游景点，更成为学生们探索科学奥秘、实现梦想的"无边界"课堂。

四川科技馆研学旅行产品的具体目标可以细化为以下三点：首先，通过实地参观和互动体验，让学生亲身感受科技的魅力，走进科学的世界，从而激发他们对科学探索的热情；其次，在研学活动中，注重培养学生的动手实践能力、人际交往能力和团队合作精神，使他们能够在实践中学习、在合作中成长；最后，通过研学过程中的实践探索、问题解决等环节，突出科学态度的培养，激发学生对祖国的热爱、对科学的热爱，以及为科学献身的精神。

2. 科技馆的研学方案设计

为了更好地实现上述研学目标，四川科技馆在原有的"科学工作室""团队定制""科技馆进校园""科学训练营"四个子方案的基础上，新增了"科学研学"和"种子教师"两个子方案，以形成更加完善、系统的研学体系。

① "科学工作室"方案紧密结合学校科创活动的实际需求，开发出如"机器人竞赛"方案、"Scratch 编程"的启蒙和进阶方案、"大自然的科学"等多样化的校本课程，以满足不同学校、不同学生的科技学习需求。

②"团队定制"方案依托科技馆丰富的展品展项,针对不同学龄段的学生团队,设计出各具特色的科普套餐,包含主题导览、科学课、科学游戏、动手制作等多种体验形式,旨在让学生在轻松愉快的氛围中学习科学知识,提升科学素养。

③"科技馆进校园"方案以科学课程和科普大篷车为载体,将科技馆的优质资源和活动引入校园,与学校科学课程紧密结合,开展综合实践活动和研究性学习,为学生提供更加丰富的科学学习体验。

④"科学训练营"方案作为寒暑假特色课程,结合实际需求,提供定制化的冬夏令营服务。通过讲解训练营、表演训练营、创客训练营等多种形式的训练,精心培养学生的科学素养和创新能力。

⑤"科学研学"方案采用"一校一案"的定制化模式,以对接学校科学课标为宗旨,开展深入的馆校合作。科技馆将根据不同学校、不同学生的具体需求,量身设计研学课程。通过"前置性研究"和"多样化设计",利用科技馆的资源开展综合实践活动,实现探究式学习。这一方案将真正实现校内课程与校外课程的有机衔接,为学生的全面发展提供有力支持。

⑥"种子教师"方案拟招募对科学教学有热情、有能力的教学者或爱好者,共同规划馆校合作课程、共同实施科学活动。通过这一方案的实施,期望培养出一批能够主动使用科技馆资源、传播科技馆资源的教学者或爱好者,他们将成为科技馆与学校之间的桥梁和纽带,共同推动校内外优质科学教育资源的整合与共享。

三、主题展览研学旅行产品的方案设计策略

以济南市博物馆为例,我们可以深入了解一下主题展览研学旅行产品的方案设计思路。

1. 主题展览的研学目标

为庆祝中国共产党百年华诞,重温红色百年历程,济南市博物馆精心策划

了红色主题展览系列活动，旨在大力推进红色基因传承，弘扬共产党人在革命历程中坚定理想信念、不忘初心使命的伟大精神。此系列展览活动不仅加强了学生与社会的紧密联系，还通过实践体验促进了学生对知识技能的迁移运用，深化了学习感悟，开阔了视野，对学生的社会性发展起到了积极的指导作用。作为培养学生人格品质、道德修养与终身学习观念的重要途径，研学旅行以其探究性、实践性与开放性特点，打破了传统教学的空间限制，让学生在实际情境中探索与感知，向社会与自然迈进。

2. 主题展览的方案设计

（1）"百年风华初心永驻——庆祝中国共产党成立100周年馆藏革命文物展"。

济南市博物馆充分发挥馆藏革命文物资源优势，精心挑选并展示了包括战争武器、群众支前物品、立功奖状奖章、烈士遗物等在内的140余件珍贵文物，其中一级品6件。展览通过挖掘文物背后的故事，如邓恩铭家书、首版《共产党宣言》中文全译本等，按照历史发展脉络，生动展现了从1919年以来济南共产党人的奋斗历程，深刻诠释了他们在革命奋斗中的不变初心。此展览旨在更好地传承红色基因，加强革命传统教育和爱国主义教育，让革命精神代代相传。

（2）"济南红色街巷图片展"。

济南市博物馆承办的此展览，推选了济南27个鲜为人知的红色地址，涵盖中共济南党组织筹备、建立直至解放战争等各个历史时期。通过红色地址与红色人物的结合，在济南的老街老巷中植入红色元素，旨在弘扬本土红色文化，让人们在漫步济南街巷的同时，感受红色精神、传承红色基因。

（3）红色主题社教活动。

红色主题拓片：结合"百年风华初心永驻"展览，济南市博物馆开展了红色主题拓片活动。通过精选具有红色教育意义的图案样式，让青少年在学习传统拓片技艺的同时，传承红色基因，加深对党史的理解。

红色视频展播：在展览期间，济南市博物馆精心挑选了党史名家讲座视频、济南红色遗址短视频和红色题材纪录片进行展播。这些视频内容不仅丰富了展览形式，还可以让观众在观展过程中更加直观地了解红色文化，学习党史知识，激发爱党爱国情怀。

红色遗址研学：济南市博物馆组织了一系列红色遗址研学活动，带领青少年走进济南解放阁、济南铁路大厂厂史馆等具有革命传统教育意义的红色遗址。通过实地探访和现场教学，引导青少年重温建党百年的风雨之路，激励他们铭刻历史，从红色文化传承中汲取智慧和力量。

红色小讲解员培训：结合"百年风华初心永驻"展览，济南市博物馆开展了"红色基因代代传 争做新时代好少年"小小讲解员培训活动。通过专业培训和实践锻炼，帮助青少年在讲解过程中学习历史、思考历史、感悟历史，培养他们的语言表达能力和历史素养，争做时代新人。

（4）组织爱国主义学习教育。

济南市博物馆创新"线上+线下"学习教育模式，开展了以"振奋民族精神，汲取前行力量，让爱国主义成为青春底色"为主题的党史学习教育活动。通过组织在校学生和社会团体、企事业单位工作人员走进蔡公时纪念馆等红色教育基地，缅怀革命先烈，传承革命精神。同时，利用线上平台发布红色教育资源，扩大学习教育的覆盖面和影响力，让爱国主义精神在全社会蔚然成风。

四、动植物园研学旅行产品的方案设计策略

1. 动植物园的研学目标

开阔视野，增长知识，通过亲身体验走进动物、植物王国，深刻感受大自然的神奇魅力，认识并热爱各种动植物；在研学过程中突破自我极限，打破旧有的思维模式，树立勇于挑战的信心与决心，同时磨炼个人意志，培养全局观念；学会从容应对各种压力与挑战，提升领导能力，展现个人魅力；强化换位思考意识，促进个人及团队内部的顺畅沟通；增加团队有效沟通，营造积极协调的组织氛围；树立团队协作意识，增强相互支持与配合的精神。

2. 动植物园的研学特色

（1）综合性功能。

集科学研究、动植物保育、科学传播与动植物资源利用于一体，提供全方位的研学体验。

（2）自然亲近感。

提供贴近大自然的游玩场地，让学生在亲近自然、走近自然的过程中学会保护自然。

（3）多样化体验。

设计各种不同的拓展方案与体验活动，锻炼班级团队协作能力与思考能力，让学生在娱乐中感受团队力量，实现玩中学、学中玩的教育理念。

3. 动植物园的研学方案设计

（1）昆明植物园的研学方案设计。

昆明植物园作为中国科学院昆明植物研究所的重要组成部分，坐落于昆明北市区黑龙潭畔，是一个集科学研究、物种保存、科普教育与公众认知于一体的综合性植物园。依托昆明植物所在植物学领域的深厚科研积累和高端科普资源，昆明植物园致力于将科研成果转化为研学科普活动，为青少年提供丰富的研学体验。

在科学家团队的精心指导下，昆明植物园针对青少年群体，策划了涵盖不同季节、主题鲜明的植物学研学课程，注重科学性、互动性、体验性和探索性，其中包括已成功实施的"科学营"和"西部营"科研探究系列科普活动，以及"自然观察员——探索小蚂蚁与大百部的生态关系""小科学家之旅——揭秘生物的智慧""自然食客——探索植物与食物的联系""极小种群野生植物保护行动——金线莲组织培养实践""追枫者——探寻枫叶的奥秘""夜营植物园，聆听生命的乐章"等。

这些研学课程从提出问题、试验探索、推理归纳到成果汇报考核，全程激发学生探索的内驱力，拓宽学生的活动空间，促进学生综合素质的提升，培养学生解决实际问题的能力。这些活动不仅深受家长和学生的喜爱，也显著提升了昆明植物园在植物学领域的科研科普影响力,为云南省内外研学旅行的推广提供了良好平台,并培养了一批专业的科普研学人才和志愿者团队。

(2)广西药用植物园的研学方案设计。

广西药用植物园两天一晚的研学方案设计,如表5-2所示。

表5-2　广西药用植物园研学旅行方案

研学主题	走进百草园,探索植物奥秘
核心目标	(1)通过实地观察和识别药用植物,增强学生对中医药文化的兴趣 (2)通过实验探究药用植物的药理作用,培养学生的实验能力和科学探究精神 (3)通过制作药用植物标本,学习制作标本的技能,培养对自然的热爱与环保意识 (4)通过开展"药用植物炮制工作坊"活动,了解药用植物的炮制方法,体验传统炮制工艺
研学的重点和难点	重点:掌握药用植物的基本分类和识别方法;了解药理作用 难点:掌握药用植物的药理作用的实验方法、制作药用植物标本的技能以及药用植物的炮制方法
安全隐患和防范方法	在探究药用植物的药理作用前需穿戴好防护装备;使用道具需特别小心,避免伤到自己或他人;使用化学物品时要遵循正确的使用方法
授课对象及师生比	初中二年级,1∶20
学生费用	320元/人
费用明细	包含	餐费90元/人;车费40元/人;门票15元/人;保险费10元/人;导游讲解费10元/人;住宿费100元/人;研学材料费40元/人(含研学手册费用);瓶装水费用10元/人;应急药物费用5元/人
	不包含	行程中统一安排之外的个人消费

续表

日期	时间段	地点	课程安排	内容简介	学时（分钟）	涉及学科	任务/问题
活动流程 第1天	7:30~8:00	学校	去往广西药用植物园	从学校出发前往广西药用植物园	30		
	8:00~8:30	广西药用植物园	集合破冰	举行开营仪式；助教介绍行程和研学任务并分组；安全员讲解注意事项	30		
	8:30~10:00	本草纲目园区	参观本草纲目园区	通过老师讲解，了解药用植物的分类与特点	90	语文、生物	完成药用植物调查表
	10:00~11:30	本草纲目园区	识别药物	开展药物识别大赛，描述其特点及药用价值	90	生物、语文	评选"识药达人组"
	11:30~13:00	怡养园餐厅	午餐	品尝药膳	90		通过品尝药膳，辨别出药膳中有哪些中药材，写在研学手册上，并谈谈品尝的感受
	13:00~14:00	民族药物园区	参观民族药物园区	参观民族药物园区，按研学手册上的表格完成采摘要求	60	综合实践	完成研学手册上的中草药采摘任务
	14:00~16:30	广西药用植物园	药理作用实验	专业人员讲解实验室设备使用细则与方法；学生分组进行药用植物提取物的制备和药理实验	150	生物、化学、物理、综合实践	做一份壮药和瑶药的药理作用对比图（不低于3种）；观察并记录药理作用实验的实验结果
	16:30~18:30	怡养园餐厅	晚餐		120		
	18:30~20:00	广西药用植物园	夜观植物园	以小组为单位分发一台拍立得，观察药用植物在夜晚的生长状态并将有趣的画面拍摄下来；小组分享	150	生物、语文	写下夜观植物园的体验过程；将你认为夜观最有趣的一张药用植物照片贴在下方
	20:00以后	酒店	休息				

续表

日期	时间段	地点	课程安排	内容简介	学时（分钟）	涉及学科	任务/问题
活动流程 第2天	8:30～9:00	酒店	早餐		30		
	9:00～10:00	广西药用植物园	采摘中草药	园区专业人员说明中草药采摘的正确方法，然后进行采摘	60	生物、综合实践	写出采摘中草药需要注意的地方
	10:00～12:00	广西药用植物园	药用植物	老师讲解制作标本的步骤和方法，学生在研学手册上做记录；动手制作"桂十味"药用植物标本	120	综合实践、化学、生物	绘制药用植物标本制作步骤图
	12:00～13:30	怡养园餐厅	午餐		90		
	13:30～16:00	广西药用植物园	炮制药用植物	专业人员讲解炮制方法；学生学习并实践药用植物炮制	150	综合实践、化学	绘制药用植物炮制前后对比图
	16:00～16:30	广西药用植物园	闭营仪式	导师对这次研学活动进行总结；布置课后延伸任务；颁发纪念品，合影留念	30		
	16:30～17:00		返回学校		30		

/ 113 /

续表

	评价标准	合格	较好	优秀
评价表	"识药达人组"	能够识别2～4种常见的药用植物及其基本特征	能够识别4～6种常见的药用植物及其基本特征	能够识别9种以上常见或不常见的药用植物及其基本特征
	药理实验	能够正确执行基本的实验操作	能够正确执行基本的实验操作并准确记录实验数据	能够正确执行基本的实验操作，准确记录实验数据并进行简单的数据分析
	药用植物标本	能够正确按照制作标本的步骤进行操作但标签信息不完整	能够正确按照制作标本的步骤进行操作且标签信息完整	能够正确按照制作标本的步骤进行操作且标签信息完整，包含详细的药用信息和使用方法
	炮制药用植物	能够正确执行炮制药用植物的基本操作	能够正确执行炮制药用植物的基本操作并能够运用一定的炮制技巧	能够正确执行炮制药用植物的基本操作并能够运用一定的炮制技巧；能够对炮制过程中的问题进行深入分析，提出改进建议
拓展延伸	广度：思考如何加强与国际药用植物园的交流与合作，引入更多国际先进的研学理念和技术 深度：思考如何将研学成果转化为实际的社会应用，如开发新药、改善制药工艺等			

五、历史文化遗产研学旅行产品的方案设计策略

1. 开发原则

（1）非遗开发的教育性。

研学旅行作为教育旅游的一种形式，其核心在于教育。在非遗研学旅行产品的开发中，必须坚守"教育为先"的原则，注重提升青少年的核心素养，包括人文底蕴、科学精神、学习能力、健康生活、责任担当以及实践创新等六个方面。通过研学旅行，让青少年在室外广阔的空间中拓宽视野、增长见识，实现素质教育的目标。因此，与非遗相关的研学旅行产品相较于普通旅游产品，

应更加注重其教育性。

（2）非遗开发的体验性。

非物质文化遗产往往以无形的方式存在，为了将其内涵更好地传达给青少年，产品开发中应融入丰富的体验性活动。体验性是旅游的核心属性之一，对于非遗研学旅行产品而言尤为重要。通过设计体验性的旅游活动，可以使青少年在参与过程中获得精神上的满足和文化内涵上的深刻理解，将无形的非遗转化为可感知的体验。

（3）非遗开发的主题性。

非遗种类繁多，研学旅行产品开发时应围绕特定主题和线索进行，如工艺美术研学之旅、传统手作——非遗艺术学习之旅、国粹曲艺探访之旅等。通过明确的主题，配备相应的研修课程、活动设计和研修导师，开展探究性学习，避免泛泛而谈，确保研学旅行的专业性和教育性，同时使产品更加出彩。

（4）非遗开发的活态性。

活态性是非遗的本质属性，强调传承和流变。在非遗研学旅行产品设计过程中，应充分发挥非遗传承人的重要载体作用，设计具有参与性、互动性的活动，让青少年在亲身参与中感受非遗的魅力。要避免单纯的参观讲解，确保非遗文化的活态传承。

2. 开发思路

以江苏非遗研学资源和研学市场为例。

（1）初期立足于优势非遗资源。

江苏非遗资源丰富，但并非所有资源都适用于非遗研学开发，应选用优质、有特色的资源，特别是那些体验感好、互动性强、文化美学价值高的非遗项目，如古琴、昆曲、金陵刻经等。通过这些优势资源，打响江苏非遗研学的品牌，为学生提供优质的研学体验。同时，初期开发应聚焦有市场影响力和号召力的非遗资源，如昆曲，利用其在苏州一带的庞大受众群体，快速打开研学市场。

（2）整合研学资源，统筹开发。

非遗研学旅行产品的开发不仅依赖于优质的非遗资源，还需要整合提供空间载体的场所资源、提供优质师资力量的非遗传承人，以及研发相应的研学旅行手册和标准化的非遗研学课本。在产品设计过程中，应综合考虑各类资源的整合与利用。同时，江苏非遗研学旅行产品的开发应统筹考虑，分层次、有重点地进行。先开发优质非遗资源，打造两三个具有影响力和市场号召力的非遗研学目的地，逐步推动整个市场的成熟与发展。

（3）树立优质非遗研学品牌。

江苏作为非遗资源大省，具有显著的资源优势。在非遗研学旅行产品开发过程中，应树立品牌意识，通过打造优质非遗研学资源和产品，打开学生非遗研学旅行的市场。同时，要积极推广和宣传，打造国内知名的非遗研学品牌，进一步提升江苏非遗研学旅行的知名度和影响力。

3. 开发类型

（1）工艺美术研修类。

针对非遗中的传统美术和传统技艺类别，我们精心设计了工艺美术研修类的非遗研学旅行产品。这类产品旨在让青少年深入学习和体验那些技术含量高、文化底蕴深厚的传统技艺，从而激发他们对传统文化的热爱和传承意识。

【苏州传统服饰及织造技艺研学之旅】

场所依托：中国苏绣艺术博物馆、镇湖刺绣博物馆、镇湖刺绣产业基地、甪直古镇。

研学活动：青少年将参观中国苏绣艺术博物馆，深入了解苏绣的历史渊源和艺术特色。在镇湖刺绣产业基地，他们将亲眼见证非遗的产业化过程，感受传统技艺与现代市场的融合。此外，他们还将亲身体验缂丝工艺，亲手制作，深刻体会"一寸缂丝一寸金"的精湛技艺。同时，甪直古镇的探访将让他们更直观地了解水乡服饰的独特魅力。

适合人群：对传统文化有浓厚兴趣的中学生群体。

研学时间：三天两晚，确保学生有足够的时间深入学习和体验。

研学导师：由经验丰富的缂丝织造技艺传承人、苏绣非遗传承人等亲自授课，确保教学质量。

【扬州工艺美术研学之旅】

场所依托：扬州剪纸博物馆、扬州中国玉器博物馆、扬州漆器厂、扬州中国雕版印刷博物馆、扬州博物馆、扬州园林。

研学活动：青少年将全面领略扬州手工艺的博大精深。他们将在剪纸博物馆欣赏剪纸艺术的精妙，参加非遗大讲堂学习剪纸技巧并亲手制作剪纸作品；在玉器博物馆和漆器厂，他们将深入了解玉器雕刻和漆器制作的奥秘；雕版印刷博物馆的探访将让他们领略到古代印刷技术的魅力；游览扬州园林，则可以让他们欣赏到扬派盆景的独特风韵。

适合人群：对手工艺有浓厚兴趣的中学生群体。

研学时间：三天两晚或四天三晚，根据学生需求和课程安排灵活选择。

研学导师：由扬州剪纸传承人、扬州漆器传承人等资深专家担任，确保学生获得真知灼见。

【宜兴紫砂陶研学之旅】

场所依托：中国宜兴陶瓷博物馆、中国陶都陶瓷城、宜兴紫砂艺术研究院。

研学活动：青少年将走进宜兴这个"中国陶都"，深入了解紫砂陶的历史和文化。他们将参加紫砂陶非遗知识大讲堂，学习紫砂的人文历史和品鉴技巧，在紫砂大师的指导下亲手制作紫砂陶器，同时还将学习中国茶文化知识，了解茶与壶的完美结合。

适合人群：对陶艺和茶文化有浓厚兴趣的中学生群体。

研学时间：三天两晚或四天三晚，确保学生有足够的时间深入学习和创作。

研学导师：由宜兴紫砂陶传承人亲自授课，传授技艺和经验。

（2）民俗风情体验类。

针对非遗中的民俗、传统舞蹈、传统体育游艺与杂技等类别，我们设计了民俗风情体验类非遗研学旅行产品。这类产品旨在让青少年通过亲身体验和调查访问，深入了解各地民间传统习俗及其背后的文化内涵。

【溱潼会船体验研学之旅】

研学目标：通过实地调查和亲身体验，让青少年深入了解姜堰地区的民俗文化和溱潼会船的独特魅力，同时培养他们的交往能力、合作能力和主动探究精神。

研学活动：青少年将分组进行课题研究，如溱潼会船的来历与传说、会船的演变与种类等；在研学导师的带领下进行实地调研和访问；亲自参与溱潼会船的大型节庆活动，感受水上庙会的壮观场面。

适合人群：对民俗文化有浓厚兴趣的学生群体。

【秦淮灯会体验研学之旅】

研学目标：通过参观和体验活动，让青少年深入了解南京地区的传统民俗文化和秦淮灯会的独特魅力，培养他们的团队合作能力、独立自主能力和主动探究精神。

研学活动：青少年将参观民俗博物馆和南京民俗大讲堂，了解秦淮灯彩的传统习俗和文化内涵；在灯彩传承人的指导下学习制作灯彩；参与秦淮灯会的实际活动，感受灯会的热闹氛围和灯彩的璀璨夺目。

适合人群：对南京传统文化和灯会有浓厚兴趣的学生群体。

通过这些活动，他们不仅能够增长知识、开阔眼界，还能够深刻体会到传统文化的魅力和价值所在。

六、科研场所研学旅行产品的方案设计策略

1. 开发研学旅行的资源基础

研学旅行作为一种寓教于乐、融合学习与体验的新型教育模式，其成功开发与实施离不开丰富的资源支撑。这些资源不仅指自然景观与人文遗迹，更涵盖了科研、教育、文化等多个领域。其中，地方农业科研机构以其独特的资源禀赋，成为研学旅行开发的重要基石。科学、合理地利用这些资源，构建与之相匹配的研学旅行课程体系，并辅以市场导向的运营模式，是确保研学旅行基地建设取得成功的关键所在。

地方农业科研机构作为农业科技的前沿阵地，自中华人民共和国成立以来便逐步建立并发展壮大。它们不仅拥有一支高素质、专业化的农业技术团队，还承载着深厚的科研传统与文化积淀。在农业科技创新、技术推广服务以及农业科普教育等领域，这些机构发挥了不可替代的作用，为区域农业的持续健康发展提供了坚实的科技与人才支撑。

（1）优美的农业田园景观。

地方农业科研机构往往拥有广阔的试验基地，这些基地不仅科研管理规范、场地设施完善，而且动植物资源丰富、自然景观优美。以武汉市农业科学院为例，该机构不仅建设并运营着国家现代农业科技示范展示基地，还被武汉市教育局认定为首批全市研学实践教育基地。在这里，学生们可以亲身感受现代农业的魅力，领略田园风光的宁静与美好，从而激发起他们对自然与科学的热爱。

（2）丰富的研学实训资源。

地方农业科研机构在学科设置上通常具有专业化和特色化的特点，实验设备与实训资源也相应比较丰富。部分科研机构还积极拓展功能，开展青少年科普教育、市民休闲旅游等活动，为研学旅行提供了更多元化的选择。武汉市农业科学院就是一个典型例子，它设有多个涉农专业研究室和农业展示中心，拥有全国最大的水生蔬菜资源圃以及1万平方米的科普展示温室。此外，该机构还自主开发了上百部科普图书及相关挂图、展板、动漫、多媒体等科普制品，

为研学活动提供了丰富的素材和工具。

（3）丰硕的科研技术成果。

地方农业科研机构在科研领域取得的丰硕成果，是研学旅行课程设计的重要基础。这些成果包括特色品种、专利以及"四新"（新品种、新技术、新模式、新装备）技术成果等。武汉市农业科学院近年来就取得了各类科技成果奖70项，获得专利及品种审定250余件，发表科技论文近千篇，并且每年推广种植业、养殖业等"四新"技术100余项。这些成果不仅展示了农业科技的最新进展，也为研学旅行提供了生动、具体的案例和素材。

（4）健全的农业研发队伍。

地方农业科研机构拥有一支优秀的科技人才队伍，这是其区别于一般旅游景区或企业的显著优势。这些科技人员不仅具备深厚的专业素养和丰富的实践经验，还能够作为研学导师，为学生提供专业的指导和帮助。以武汉市农业科学院为例，该机构现有各类专业技术人员300余人，占武汉市农业专业技术人才的2/3以上，其中中高级职称科技人员占比超过80%。这样的师资力量，为研学旅行的深入开展提供了有力保障。

2. 重点内容设计

（1）精细编制建设规划。

为满足日益增长的研学旅行需求，必须严格按照相关规范和标准，精心编制研学基地的建设规划。规划过程中，应科学合理地布局教学区、活动区、体验区及休整区，确保各区域功能明确、相互衔接。同时，需配套完善的教学设施，如多媒体教室、实验器材等，以满足多样化的教学活动需求。此外，还应建立健全管理体系，包括明确的教学计划、精心设计的研学线路、系统化的课程体系以及完善的组织保障机制。以武汉市农业科学院为例，经过科学规划和精心建设，其研学基地已具备年接待至少5000名学生的能力，确保每位参与者都能获得丰富而深刻的研学体验。

（2）全面改善基础设施。

基础设施是研学旅行活动成功开展的基础和保障。在研学旅行开发过程中，应注重基础设施的完善和改造提升。第一，在基地规模上，应确保拥有足够的场地，满足学生学习、体验、休整的需求，武汉市农业科学院的研学基地面积应不低于500平方米。第二，在设施设备方面，应配备与研学课程紧密相关的器材设施，如实验工具、观测设备等，并安装监控、卫生、安全等必要设施，确保活动安全有序进行。第三，应深入挖掘周边资源，整合地域文化、教育资源及自然生态等多方面的优势，提升基地的吸引力和竞争力。第四，还应确保交通状况、餐饮服务等符合相关政策要求，为参与者提供便捷、舒适的研学环境。

（3）科学实施课程设计。

课程设计是研学旅行活动的核心和灵魂。在设计研学旅行课程时，应深入调研当地学生的实际需求，充分吸纳教育部门的专业意见，制定科学、合理、具有针对性的课程设计方案。首先，应对不同教育阶段的课程进行深入研究，结合农业科研院所的自身优势和特色，设置主题鲜明、内容丰富的研学旅行课程。其次，应结合基地的研学线路，完善课程设计体系，形成教学合力，确保课程之间的衔接和互补。最后，在课程设计和开发过程中，应注重教学与实践、理论与现实之间的紧密联系，增强教学活动的趣味性和教育性，让参与者在轻松愉快的氛围中学习成长。

（4）全面强化人员配备。

人员配备是研学旅行基地正常持续运营的关键要素。为确保基地的顺利运营和持续发展，应合理设置和配备人员。一方面，应配备专业的研学导师、导游、安全员等工作人员，他们应具备丰富的专业知识和实践经验，能够为参与者提供高质量的研学服务。另一方面，配备的工作人员应持有相应的资格证书，确保他们具备从事相关工作的资质和能力。同时，在研学基地运营过程中，应定期开展员工的业务培训和学习交流活动，不断提高员工的业务素养和能力水平。此外，还可以积极吸纳在校大学生、退休教师、干部等参与研学旅行志愿者服务活动，为基地的运营和发展注入新的活力和动力。

3. 研学开发对策

（1）确保各项安保措施落实到位，构建全方位安全防护网。

安全是研学旅行活动的生命线，地方农业科研机构在改造现有基地、发展研学旅行项目时，必须将安全工作放在首位。这要求机构不仅要做到预防为主，更要科学规划、合理布局，确保每一项安全措施都得到有效落实。建议机构加强与政府相关部门（如消防、旅游、交通等部门）的紧密合作，通过引入专业力量进行安全评估与指导，共同构建起一个全方位、多层次的安全防护网。同时，还应建立健全应急处理机制，确保在突发情况下能够迅速响应，有效保障师生安全。

（2）鼓励农业科技人员积极参与，形成研学旅行新动力。

地方农业科研机构在推进研学旅行项目时，往往会面临来自内部的管理者和科技人员的认知障碍。因此，机构需积极转变观念，充分认识到研学旅行的社会价值与教育意义，并以此为契机，开门办院，吸引更多外部资源。同时，应建立健全激励机制，鼓励一线科技人员主动参与到研学旅行的规划、设计与实施中来，将他们的专业知识与实践经验转化为研学旅行的生动教材，为研学活动注入新的活力与动力。以武汉市农业科学院为例，可以通过设立专项奖励基金、提供职业发展机会等方式，激发科技人员的参与热情。

（3）提升农业科研机构研学品质，打造特色研学课程体系。

地方农业科研机构拥有丰富的农业科技资源，但如何将这些资源有效转化为高质量的研学旅行产品，是机构面临的重要课题。这需要机构在研学课程的设计上注重科学性、系统性、知识性与趣味性的结合，确保课程内容既符合学段特色，又能寓教于乐，真正体现农业科研机构研学旅行的独特价值。对于武汉市农业科学院而言，可以充分利用其设施化立体种植、水肥一体化、智慧农业、数字农业等先进技术，以及种业博览会、节庆活动等特色资源，设计出一系列丰富多彩的研学活动。同时，还应注重课程的更新与迭代，根据时代发展与学生需求的变化，不断调整优化课程内容，确保研学旅行活动始终保持新鲜感和吸引力。

第二节　自然观赏型研学旅行产品的方案设计策略

一、地貌景观观赏研学旅行产品的方案设计策略

以江西省世界地质公园为例，我们可以深入了解一下地貌景观观赏研学旅行产品的方案设计思路。

1.江西省世界地质公园研学旅行产品开发可行性

（1）独特且丰富的旅游地学资源奠定坚实基础。

江西省位于中国东南部，其地貌以山地、丘陵为主，地层发育齐全，岩浆活动频繁，地质构造复杂，这些自然条件共同孕育了众多独特的地质遗址和丰富多彩的地质旅游景观。在江西省的三大世界地质公园中，庐山的地质构造景观以雄、险、奇、秀著称，被誉为"匡庐奇秀甲天下"；龙虎山的丹霞地貌景观则展示了中国丹霞地貌发育的极致之美；三清山的花岗岩景观更是世界罕见，拥有世界上花岗岩地貌分布最密集、形态最多样的峰林。这些地质景观不仅具有极高的科普价值，还极具观赏性，为研学旅行提供了得天独厚的资源条件。

此外，江西省的地质公园还蕴含着丰富的历史文化底蕴，如庐山上的名言名句、珍稀动植物以及让人陶醉的云雾景观，都是吸引青少年群体的重要元素。这些资源的独特性、多样性和丰富性，为江西省开发研学旅行产品提供了坚实的物质基础和无限可能。

（2）研学旅行政策春风助力产业发展。

近年来，随着国家对研学旅行的重视和推广，江西省积极响应国家号召，将研学旅行纳入教育范畴，为研学旅行市场的发展注入了新的活力。江西省政府明确提出"旅游强省、文化强省"的战略目标，并致力于打造"美丽中国"江西样板，这为研学旅行产品的开发提供了良好的政策环境和市场机遇。

在此背景下，地质公园应充分利用其独特的学科知识资源和科普教育优势，抓住国家政策支持的契机，积极开发具有地方特色的研学旅行产品，满足学生研学旅行的需求，推动研学旅行产业的健康快速发展。

2. 江西省世界地质公园研学旅行产品开发策略

（1）依托特色资源，打造地学研学旅行品牌。

地质公园的科普教育功能是其核心价值之一。为了充分发挥这一功能，江西省应深入挖掘地质公园的研学旅行资源潜力，依托其独特的地学资源和美学价值，打造以地学为特色的研学旅行品牌。

以三清山地质公园为例，可以设计一条从金沙索道到三清福地的花岗岩峰林地质地貌科普旅游线路。在这条线路上，可以重点介绍高空栈道、花岗岩地貌、花岗岩地质和花岗岩生态等科普知识。例如，在西海岸栈道上，可以讲解其作为世界上海拔最高、最壮观的步行栈道的历史和建造过程，以及它如何成为一个展示花岗岩地质地貌和生态现象的绝佳平台。同时，还可以结合地质公园的实际情况设计互动体验活动，如地质勘探、化石挖掘等，让学生在实践中学习地质知识，增强研学旅行的趣味性和参与度。

此外，还应注重旅游基础设施的科普化建设，如在景区的走廊、步道、台阶等地方融入科学、文化和知识普及的元素，使整个景区成为一个大型的科普教育基地。

（2）提升参与人员的科普讲解能力，确保教学质量。

研学旅行的核心在于教学价值的实现。为了确保学生能够在研学旅行中真正学到知识、提升能力，除了研学旅行产品本身的知识性外，带队教师的科普讲解能力也至关重要。

因此，江西省应加强对带队教师的培训和教育，通过举办专家讲座、组织实地考察等方式，提升他们的地质知识和科普讲解能力。同时，还应鼓励教师运用简单易懂的地理知识来解释复杂的地质景观，帮助学生更好地理解和吸收所学知识。此外，还可以建立研学旅行教师评价体系，对教师的科普讲解能力进行定期评估和反馈，以不断提升教学质量和效果。

（3）加快地学类研学旅行实践教育基地建设，完善服务体系。

江西省教育厅已经公示了首批学生研学实践教育基地评审结果，其中龙虎山风景名胜区作为地质公园的代表成功入选。这一荣誉不仅是对龙虎山风景名胜区研学旅行资源的认可，也为江西省加快研学实践教育基地建设提供了有力支撑。

江西省应充分利用这一优势，加快地学类研学旅行实践教育基地的建设步伐。具体来说，可以依托地质公园的地学资源优势，创新性地开发相关的地理研学课程；根据学生不同的年龄段和研学目的，设计出具有针对性和差异化的研学旅行产品；建立完善的景区旅游安全紧急救援机制，确保学生的安全；对研学旅行学生实行一定的优惠政策，降低他们的经济负担；加强与学校、旅行社等机构的合作与交流，共同推动研学旅行产业的繁荣发展。

（4）坚持开发与保护并重原则，实现可持续发展。

地质公园的建立旨在更好地利用和保护地质遗迹资源，促进区域经济的可持续发展。因此，在开发研学旅行产品的过程中，必须始终坚持开发与保护并重的原则。

首先，应加强对地质遗迹资源的保护力度，严格限制游客数量和服务设施的建设规模，避免对地质遗迹造成破坏。其次，应加强对游客的环保教育和引导，提高他们的环保意识和文明素养，确保他们在游览过程中不随意破坏景观和环境。再次，对于核心的地质遗迹地点应采取更为严格的保护措施，以保护为主、开发为辅为原则进行妥善开发。最后，还应加强对地质公园生态环境的监测和研究工作，及时掌握生态环境的变化情况并采取有效的保护措施。只有这样，才能确保地质公园的研学旅行产品在满足人们需求的同时实现可持续发展。

二、水体景观观赏研学旅行产品的方案设计策略

以武汉市蔡甸西湖流域水土保持科技示范园为例，我们可以深入了解一下水体景观观赏研学旅行产品的方案设计思路。

1. 研学资源概况

蔡甸西湖流域水土保持科技示范园坐落于湖北省武汉市蔡甸区玉贤街鸽翅岭村，依傍着风景秀丽的蔡甸区西湖水系，地理位置得天独厚。园区地处江汉平原东部的浅丘地带，东倚炎山，南临西湖，山峦叠翠，农田广袤，水域辽阔，构成了一幅美丽的自然画卷。长期以来，园区深耕水土保持领域，运用现代科技手段不断探索与创新水土保持的新路径，已建成包括水土保持监测室、人工降雨区、小型沟道观测站等多个研究项目，并划分为科研实践、科普教育、生态能源示范、生态修复等多个功能区，功能齐全，特色鲜明。凭借卓越的成就与贡献，园区荣获全国第三批水土保持科技示范园区的称号。当前，园区正积极探索将水土保持科技示范与研学旅行相结合，旨在打造国家级学生研学实践教育基地，通过研学旅行的方式，让学生近距离感受水土之美，领悟生态文明的重要性。

2. 园区研学旅行项目设计与开发

（1）水土生态之美与研学项目开发。

第一，欣赏水土之天然景观美。依托园区紧邻武汉西湖流域索子长河的地理优势，学生们可以亲眼目睹清澈见底的湖水与湿地景观，感受自然水土生态系统的多样性与和谐美。通过组织观鸟、湿地植物识别等活动，引导学生深入探索自然之美，增强生态保护意识。

第二，体验水土保持技术应用后的生态化景观。园区将工程治污与生态景观相结合，设计了一系列生态净化池湾，如无边泳池、垂钓池等，既展示了污水处理技术的成果，又为学生提供了亲水体验的机会。同时，通过等高耕作技术打造的农田景观，如梯田景观，不仅让学生直观了解水土保持技术，还能在壮美的梯田中感受技术带来的生态美，激发他们对生态文明建设的热情。

（2）水土科技之美与研学项目开发。

第一，应用水土保持工程技术设计科普研学项目。园区利用高科技手段，如三维模拟系统，生动展示水土流失的产生与治理过程，让学生身临其境地了解水土流失的成因与治理技术。此外，通过建设白湖小型水利工程模型，学生可以亲手操作，了解水利工程在防洪防涝、调节水量等方面的作用，感受工程技术的魅力。

第二，应用水土保持生物工程开展研学项目。园区规划建设 3D 动态模拟水土保持工程项目，通过模拟树木的水土保持作用，让学生直观了解生物工程在水土保持中的重要性。同时，结合育林育草和净化水体的实践，规划炎山西湖生态圈，让学生亲身体验生物工程的生态效应，感受生物工程技术的魅力。

第三，应用水土保持蓄水保土技术开展研学项目。园区设立蓄水保土 VR 展示厅，利用虚拟现实技术让学生身临其境地了解蓄水保土的过程和技术方法。通过互动体验，学生可以更加深入地理解蓄水保土技术的原理与应用，感受技术带来的生态美。

（3）水土知识之美与研学项目开发。

第一，生态思想与研学项目。园区以"土到农家"农家小院为载体，实践生态思想与理念。农家小院采用清洁能源、保土用土进行有机蔬菜种植，构建零污染的生态环境。通过组织学生参与有机蔬菜的种植与管理，让学生亲身体验生态技术的应用价值，深化对生态文明建设的认识。

第二，生态知识与研学项目。园区建设全自动监测径流小区项目，通过不同的水土保持措施进行水土流失监测试验。学生可以参与监测过程，了解水土流失的危害及防治措施。同时，设计护坡展示区，展示水土保持中工程技术的应用，通过牌示、语音解说等方式普及水土保持综合护坡生态知识。

第三，科普教育与研学项目。除了上述项目外，园区还建设了蔡甸西湖水土流失博物馆和科普知识长廊。博物馆通过丰富的展品和生动的解说，介绍蔡甸及江汉平原的水土保持工作，普及水土流失的相关知识。科普知识长廊则通过图文并茂的方式，让学生轻松掌握水土保持的基本概念和原理。通过这些科普设施，园区致力于培育学生的水土保持生态思想与理念，鼓励他们积极投身生态文明建设。

三、生物景观观赏研学旅行产品的方案设计策略

本研学旅行产品（见表5-3）以广西崇左白头叶猴国家级自然保护区为核心，面向中小学生及亲子家庭，为期两天一晚。通过实地观测、互动体验、科普讲座等形式，让学生近距离接触白头叶猴，深入了解其生活习性、生态环境及保护措施，同时感受喀斯特地貌的壮丽景观，培养生态环保意识。

表5-3 广西崇左白头叶猴国家级自然保护区研学旅行方案

活动名称		探秘喀斯特精灵，破解桂西南密码
核心目标		（1）通过揭秘白头叶猴习性并种植食物源，寻找白头叶猴，巧绘白头叶猴 （2）探索星空，跟随导师观星，体验浩瀚无穷的神秘宇宙，豁达宇宙观初养成 （3）让学生沉浸式体验，亲手体验古法红糖的制作，让学生感受到独具特色的非遗文化
研学的重点和难点		通过了解白头叶猴的习性和生活习惯，让学生画出心中的白头叶猴，从而更加了解濒危动物，爱护动物；通过亲手体验古法红糖的制作，让学生感受到独具特色的非遗文化
安全隐患和防范方法		小心白头叶猴伤人；防蚊虫叮咬；跟随队伍，防止走散；不要随意食用植物
授课对象		初中一年级，1∶15
学生费用		500元/人
费用明细	包含	餐费120元/人；住宿费150元/人；车费70元/人；门票40元/人；保险费10元/人；制作材料费80元/人；讲解费5元/人；瓶装水费用15元/人；应急药物费用10元/人
	不包含	学生自行购买纪念品等产生的费用

续表

日期	时间段	地点	课程安排	内容简介	学时(分钟)	涉及学科	任务/问题
活动流程 第1天	7:30~8:00	学校	出发	学校门口集合出发；助教介绍行程和研学任务；发放研学手册	30		
	8:00~8:30	基地门口	开营仪式	举行开营仪式、合照，验票进入景区；分组跟随导游进入	30		
	8:30~10:00	科普中心	参观国家动物博物馆——白头叶猴馆	参观白头叶猴馆，初步了解白头叶猴的分布、近亲、习性和伴生物等信息	90	生物、地理	分辨白头叶猴的特点
	10:00~11:30	基地	考察地质	跟随导师学习，进行喀斯特地貌构造考察	90分钟	地理、化学	进行喀斯特地貌构造考察
	11:30~13:30	基地餐厅	午餐		120分钟		
	13:30~17:30	基地观测点	室外观猴	徒步前往观猴点，使用望远镜观测白头叶猴；了解白头叶猴个体食性、形态、年龄、社会行为、社会结构及分工等信息并做记录；画出你心中的白头叶猴	240分钟	地理、美术	记录白头叶猴的基本信息，画出你心中的白头叶猴
	17:30~18:30	基地餐厅	晚餐		60分钟		
	18:30~20:30	基地	夜观天象	探索星空，跟随导师观星，体验浩瀚无穷的神秘宇宙，豁达宇宙观初养成	120分钟	地理	找出大熊座、小熊座、天蝎座、银河
	20:30以后	基地酒店	休息				

/ 129 /

续表

日期	时间段	地点	课程安排	内容简介	学时（分钟）	涉及学科	任务/问题
活动流程 第2天	8:00~8:30	基地餐厅	早餐		30分钟		
	8:30~10:00	食源植物园	寻找白头叶猴食源植物	了解白头叶猴的"正餐和零食"——白头叶猴的食源植物；植物知识学习；扮演一次白头叶猴，找到最美味的5种植物大餐	90分钟	生物	找出白头叶猴爱吃的5种美味植物
	10:00~11:30	食源植物园	亲手种植白头叶猴食源植物	亲手种植白头叶猴食源植物，为白头叶猴"餐厅"的发展壮大出一份力	90分钟	劳动	种植构树和木棉
	11:30~13:30	基地餐厅	午餐		120分钟		
	13:30~15:30	基地餐厅	学习古法红糖制作工艺，亲手制作红糖	了解糖文化，用甘蔗为原料，学习古法红糖制作工艺，亲手制作红糖	120分钟		亲手制作红糖
	15:30~16:00	基地门口	结营仪式	门口集合，颁奖合影	30分钟		
	16:00~17:00		返回学校		60分钟		

续表

	评价标准	合格	较好	优秀
评价表	寻找白头叶猴的要点	能记录下4个及以上要点	能完整记录下要点	能完整记录下要点并加以补充其他要点
	白头叶猴档案表和白头叶猴绘制	在规定时间内，基本完成白头叶猴的创作画	在规定时间内完成白头叶猴的创作画，形态动作绘画得非常生动	在规定时间内完成白头叶猴的创作画，形态动作绘画得非常生动，并呼吁大家爱护环境，保护珍稀动物白头叶猴
	对于白头叶猴数量稀少原因的结论	能写出3个原因（例如动物生存条件、栖息地被破坏、外来物种入侵、环境污染、其他原因等）	能写出5个原因	能写出5个以上原因
拓展延伸				

可任选其中一个单元进行课程设计，如表5-4所示。

表5-4 单元课程设计方案

单元课程名称	探寻白头叶猴，留下"珍稀"足迹		主题类型		自然类	
研学目标	（1）通过参观博物馆，认识白头叶猴的来源和处境，增强动物保护意识 （2）通过实地寻找，体验白头叶猴饲养员的工作，激发保护自然热情 （3）通过观察记录，熟悉动物习性特征，提高观察能力					
重点	观察记录白头叶猴，熟悉动物的习性特征					
难点	实地寻找白头叶猴，体验饲养员的工作					
安全隐患	小心白头叶猴伤人；防蚊虫叮咬；跟随队伍，防止走散；不要随意食用植物					
适宜季节	春季		活动时长		240分钟	
授课对象	☐小学4~6年级 ☐初一、初二 ☐高一、高二		扩展对象	☐学前 ☐小学1~3年级 ☐高三 ☐亲子	授课师生比	1:15
授课地点	广西崇左白头叶猴生态路旅游区					
教具自检清单	序号	教具名称	单位	数量	备注	
	1	望远镜	台	3	每组1台	
	2	扩音器	个	1		
	3	指挥旗	支	1		
	4	白头叶猴档案表	张	20		
	5	研学手册	本	20		
	6	笔	支	22	留2支备用	
活动流程提要（关键点、流程）	融入情景	所需教具	望远镜、扩音器、白头叶猴档案表、研学手册、笔			
		详细内容	听饲养员讲解如何快速寻找白头叶猴的要点，徒步前往观猴点，使用望远镜观测白头叶猴。了解白头叶猴个体食性、形态、年龄、社会行为、社会结构及分工等信息并做记录。画出你心中的白头叶猴			
	明确目标		认识白头叶猴的来源和处境，熟悉动物习性特征，增强动物保护意识			

续表

确认方案	主要成员	姓名	职责分配		姓名	职责分配		
		略	略		略	略		
	研究背景	白头叶猴是我国独有物种，被公认为最稀有的猴类之一。目前，白头叶猴在国外没有活体和标本，其存活数量比国家一级保护动物大熊猫更为稀少，仅有1000多只，且仅分布于广西左江和明江之间地带						
	研究内容	通过寻找观测白头叶猴，熟悉动物的习性特征，增强动物保护意识						
	研究假设	通过寻找观测白头叶猴，知晓白头叶猴数量稀少的原因，激发保护自然热情						
	关键步骤	时间	阶段目标	关键任务描述	研究形式	研究方法	教具	时长（分钟）
		13:30~14:00	了解寻找白头叶猴的方法	听饲养员讲解如何快速寻找白头叶猴，记录寻找白头叶猴的要点	讲授	讲授法	扩音器	30分钟
		14:00~14:30	寻找白头叶猴	徒步前往观猴点	实践探究	实践探究法	指挥旗	30分钟
		14:30~17:30	观测记录白头叶猴信息	以小组形式通过望远镜观测白头叶猴，填写白头叶猴档案表，并在研学手册上画出你心中的白头叶猴，最后总结白头叶猴数量稀少的原因	体验实践、合作探究、总结归纳	体验实践法、合作探究法、总结归纳法	望远镜、白头叶猴档案表、研学手册、笔	180分钟
	成果展示形式	白头叶猴档案表、研学手册、实操考察						
体验探究		追寻白头叶猴，观测记录白头叶猴信息，绘制白头叶猴图画						
展示成果	所需教具	白头叶猴档案表、研学手册、评价表						
	详细内容	以小组形式上台展示自己的白头叶猴档案表、绘制白头叶猴图画完成情况以及小组对于白头叶猴数量稀少原因的结论，同时老师对各小组的作品和结论进行评价						

续表

	所需教具	扩音器、评价表、笔			
	评价标准	评价等级			
		努力达成	合格	良好	优秀
复盘评价	寻找白头叶猴的要点	能记录下4个要点	能记录下4个及以上要点	能完整记录下要点	能完整记录下要点并加以补充其他要点
	白头叶猴档案表和白头叶猴绘制	在老师帮助下填写完白头叶猴档案表、未完成绘制	独立填写完白头叶猴档案表、未完成绘制	独立填写完白头叶猴档案表、完成白头叶猴绘制	独立填写完白头叶猴档案表且白头叶猴绘制完美
	对于白头叶猴数量稀少原因的结论	能写出1个原因（例如：动物生存条件、栖息地被破坏、外来物种入侵、环境污染、其他原因等）	能写出3个原因	能写出5个原因	能写出5个以上原因
拓展延伸	广度：应用同样的方法去观测探究其他珍稀动物 深度：掌握白头叶猴习性，寻找白头叶猴食源植物				

四、自然地带性景观观赏研学旅行产品的方案设计策略

以信阳市鸡公山为例，我们可以深入了解一下自然地带性景观观赏研学旅行产品的方案设计思路。

1.行前准备

地理教师作为研学旅行活动的核心指导者与带队者,其角色至关重要,不仅需引领学生们探索知识的海洋,更要确保活动的安全与顺利进行。因此,在研学旅行启程之前,地理教师的准备工作显得尤为重要。

首先,地理教师需精心制定活动方案,明确研学旅行的目的、内容、行程安排及预期成果,确保活动既有趣味性又有教育意义。同时,安全预案的制定也不可或缺,包括应对突发事件的措施、急救知识培训以及紧急联系方式预留等,以确保学生在活动中的安全。此外,活动方案还需向学校相关部门进行备案,以便获得支持与监督。

为了确保活动的顺利进行,地理教师还需亲自前往研学旅行目的地——信阳鸡公山进行实地考察。这一过程中,教师需要详细了解当地的自然环境、人文景观及交通状况,规划出既安全又便捷的旅行线路。同时,还需与交通部门协调,安排好出行车辆,确保学生在旅途中的舒适与安全。此外,考虑到野外活动的特殊性,地理教师还需准备充足的野外常用药品,以应对可能发生的意外情况。

而学生方面,也需做好充分的行前准备。首先,应认真研读地理教师提前发放的研学旅行活动指导纲要,明确活动的目标、内容及要求,以便更好地参与活动。其次,需按时完成地理教师布置的相关任务,如查阅信阳鸡公山的相关资料,了解其地理、生态及文化特色等,为活动做好知识储备。最后,还需注意身体健康,加强锻炼,确保在研学旅行活动中能够保持良好的身体状态,避免因身体不适而影响活动效果。

2."探索信阳鸡公山之神秘,领略南北过渡带之魅力"研学活动方案设计

(1)研学资源要点。

①信阳鸡公山公园基本概况。

鸡公山,这座巍峨挺拔的山峰,位于桐柏山脉的东端与大别山脉的最西端交汇处,地理位置得天独厚。作为我国四大避暑胜地之一,鸡公山以其奇花异

草、瀑布流泉、奇峰怪石等自然景观而闻名遐迩，更因其独特的生态价值而被列为国家级自然保护区。

②信阳鸡公山公园形成的地理因素。

地理位置优越：鸡公山地处亚热带向南温带的过渡地带，堪称中国南北的分水岭。这一特殊的地理位置使得鸡公山成为研究气候、植被等自然要素变化的宝贵场所。

地质构造奇特：从地质构造上来看，鸡公山位于秦岭褶皱系东段的桐柏山脉和大别山脉褶皱带之间，其地质结构以断裂为主，形成了众多独特的地质景观，为地质学研究提供了丰富的素材。

水文资源丰富：作为长江与淮河两大流域的分水岭，鸡公山区内雨量充沛，泉源众多，水源丰富。这些水资源不仅滋养了茂密的森林，也为促进生物多样性奠定了良好的环境基础。

动植物资源丰富：鸡公山森林茂密，生物资源丰富多样。其中，大鲵、长尾雉、香果树等珍稀动植物更是国家重点保护对象，为生物多样性研究提供了宝贵的资源。

③信阳鸡公山公园的保护建议。

为了保护好这一珍贵的自然资源，我们提出以下保护建议：首先，要树立保护自然、尊重自然的观念，让每一个人都能意识到自然环境对人类生存发展的重要性；其次，要保护植被、爱护动物，不破坏自然资源，节约用水，不乱砍滥伐；再次，要加强森林保护重要性的宣传，普及森林保护知识；最后，应制定相关法规，提高公众保护自然环境的意识，共同守护好这片美丽的土地。

（2）具体活动案例。

本次地理研学旅行活动旨在让学生在已有对信阳鸡公山感性认识的基础上，通过实地考察与亲身体验，进一步深入了解其地理、生态及文化特色。因此，在设计活动案例时，我们注重减少学生对目的地的陌生感与抵触情绪，通过一系列有趣且富有教育意义的活动，激发学生的学习兴趣与探索欲望，具体活动案例设计如表5-5所示。通过这些活动，学生将能够更深入地了解信阳鸡公山的神秘与魅力，领略南北过渡带的独特风光，从而在心中种下热爱自然、保护环境的种子。

表 5-5　"探索信阳鸡公山之神秘，领略南北过渡带之魅力"研学活动方案

主题	探索信阳鸡公山之神秘，领略南北过渡带之魅力		
研学旅行教学目标	综合思维	从自然和人类活动等不同角度，全面、系统、动态地分析和认识鸡公山所处的地理环境、形成过程及其与人类生活生产活动的关系	
^	地理实践能力	通过活动开展过程中师生间、小组间及与其他游客间的交流与合作，提高学生的交际与合作探究能力；通过对鸡公山真实情境的体验以及回学校后进行的实验，培养学生的动手能力	
^	人地协调观	通过对鸡公山形成过程及其对人类生产生活的影响，正确认识人与自然地理环境之间的关系，培养尊重环境、保护自然的环境意识，提出保护鸡公山的合理建议	
线路	学校—鸡公山—学校		
活动过程	第一步：带队教师与学生共同乘坐班级包车出发，前往鸡公山 第二步：利用 GPS 定位仪或手机等移动通信工具对鸡公山进行实时实地定位，并做好旅行记录 第三步：观察地形地貌。结合鸡公山地形图，观察鸡公山的地形、地势、地貌特征，以小组形式，利用相机和纸笔对鸡公山的地形、地势、地貌和其他景观进行记录 第四步：观测土壤土质。观察土壤的颜色及杂质类型。每个小组采集土壤样本，以供返校后使用 第五步：观察水文植被。主要观察鸡公山植被类型和山间河流，同时以小组为单位采集植物的根、茎、叶样本，以备后用 第六步：观察岩石。观察沿途岩石种类，并认真辨别岩石表面纹理等，利用硬度比测定岩石硬度。结合之前所学知识，将岩石进行分类并描述成岩过程 第七步：下山记录植物。下山过程中拍摄记录周围植物，并运用所学知识解释植物垂直梯度变化原理，在下山后进行总结 第八步：带队教师与学生共同乘坐班级包车返校 第九步：利用学校实验室使用第四步采集的土壤样本开展研究，主要研究土壤黏度、酸碱性、肥力并分析成因 第十步：利用学校实验室使用第五步采集的植被样本开展研究，主要观察植物的根、茎、叶的特点，制作植物标本 第十一步：回到课堂分组讨论。结合学案资料及旅行记录本，讨论总结鸡公山的地质地貌、气候水文、土壤植被、生物动物、矿藏矿产的种类和特征，重点讨论植被类型与地形、气候水文、土壤之间的关系，以提出保护鸡公山的合理化建议		

续表

成果展示	小组成果展：以"探索信阳鸡公山之神秘，领略南北过波带之魅力"为主题自行制作成果展，一周后各小组派代表在地理课堂上进行成果展示，成果展示形式由各小组讨论决定
	个人成果展：每个人独立完成研学旅行活动报告的撰写

评价	过程性评价	教师对照研学旅行过程性评分标准认真地对每个学生的表现进行评价，给出评价分数
	总结性评价	教师根据学生的成果展示汇报表现以及学生自评和小组互评进行总结性评价，最后给出总结性评价分数
	最终评价	教师依据"最终评分过程性评分×50%+总结性评分×50%"的评分方式给每个学生进行最终评分，并将此评分作为本次研学旅行考核成绩

五、天气气候类景观观赏研学旅行产品的方案设计策略

以九仙山雾凇现象为例，我们可以深入了解一下天气气候类景观观赏研学旅行产品的方案设计思路。

1. 天气气候景观的研学资源

九仙山坐落于福建省泉州市德化县西北部的亚热带山地，以其主峰高达1658米的雄伟姿态，成为自然景观与气象变化的融合之地。这里年均雾日多达300天，相对湿度达87%，这两项数据均位居全国第二，足见其气象条件的独特与罕见。九仙山的山顶设有福建省唯一的高山气象站——九仙山气象站，为科研与观测提供了得天独厚的条件。山间常年云雾缭绕，风云变幻莫测，云海、云瀑等气象景观屡见不鲜，为游客和学者带来了一场场视觉与心灵的盛宴。而到了冬季，九仙山更是银装素裹，成为闽南地区观赏雪景、领略雾凇奇观的绝佳去处。

2. 天气气候景观的研学目标

地理学作为一门实践性极强的学科，其核心素养之一便是"地理实践力"。

新课标对此进行了明确的强调，体现了地理学科在培养学生实践能力方面不可替代的作用。如何在高中地理课堂中有效落实对学生地理实践力的培养，是每一位地理教育者必须深入思考的问题。雾凇这一气象奇观，以其独特的形态和丰富的内涵，成为培养学生地理实践力的绝佳载体。通过研究雾凇现象、探究其形成过程以及开发雾凇资源，学生不仅能够更加深入地观察地理现象、思考地理问题，还能在整合地理知识的过程中，不断提升自己的地理实践能力。

3. 天气气候景观的研学实践活动设计

（1）细致观察雾凇特征，精准区分大气现象。

面对雾凇、雪、霜这三种在冬季常见的大气现象，很多高中生往往难以准确区分。为此，我们设计了观察与对比的活动。首先，通过展示雪、霜的照片，引导学生回顾它们的状态特征和形成过程。接着，带领学生实地观察九仙山的雾凇，通过肉眼观察和摄影记录，仔细比较这三者的异同。在教师的引导下，学生将逐渐发现：雪是空中凝结后落下的水或冰，属于降水的一种；霜是地面或近地面的水汽在夜间凝结形成的固态水；雾凇则是空气中过于饱和的水汽在遇冷物体上凝华而成的冰晶，俗称树挂。通过这一活动，学生的观察概括能力将得到显著提升。

（2）全面观察雾凇分布，深入归纳形成条件。

第一，宏观视角俯瞰全局。站在九仙山山顶，学生可以俯瞰整个山区的雾凇分布情况。利用GPS测量观测点的海拔高度，结合实地观测数据，学生将发现地势高低对雾凇凝结厚度有着显著影响。地势越高，气温越低，越有利于水汽凝结形成雾凇；而地势较低的地方，气温相对较高，雾凇凝结较少甚至没有。通过这一观察，学生可以归纳出地势高低对雾凇形成的重要影响。

第二，微观视角探寻细节。在宏观观察的基础上，我们进一步引导学生进行微观观察。以山顶的齐云亭为例，学生将发现雾凇在亭柱两侧分布明显不均。通过查阅气象资料和采访气象站工作人员，学生将了解到这是由于该地区冬季以西北季风为主，导致亭柱西北侧成为迎风面，水汽充足且易凝结形成雾凇；而东南侧为背风面，雾凇凝结较少。这一发现将帮助学生理解风向对雾凇分布的影响，并培养他们的归纳总结能力。

第三，综合条件深入分析。除了气温、水汽和风向等条件外，雾凇的形成还受到其他多种因素的影响。教师将引导学生进一步探讨附着物、风速等条件对雾凇形成的作用。通过讨论和案例分析，学生将逐渐明白：雾凇的形成需要具备一定的附着物如植被或建筑物，同时风速要适中，既能带来充足的水汽又不至于使雾凇轻易掉落。这一环节将帮助学生全面理解雾凇形成的复杂过程。

（3）辩证分析雾凇影响，提升问题分析能力。

雾凇作为一种自然现象，对生产生活既有着有利的影响也有着不利的影响。教师将引导学生从农业、林业、交通、旅游等多个产业部门入手，全面分析雾凇的利弊。例如，雾凇景色优美，是良好的旅游资源，可以吸引游客促进当地经济发展，但同时也可能对农作物产生冻害，影响林业生产，甚至破坏通信设备和交通设施。通过这一活动，学生将学会辩证地看待问题，提升分析问题的能力。

（4）设计雾凇旅游方案，培养规划设计能力。

在全面了解雾凇及其形成条件、影响后，教师将引导学生设计雾凇旅游方案。学生需要考虑雾凇作为旅游资源的独特性、稳定性以及与其他旅游资源的整合情况。例如，九仙山除了雾凇外，还有雪景、云海、云瀑等景观以及丰富的生物、地质地貌资源。学生可以结合这些资源设计多元化的旅游线路和活动项目，并考虑交通、住宿、餐饮等配套设施的完善情况。通过这一活动，学生的规划设计能力将得到显著提升，同时也将为九仙山的旅游发展贡献智慧与力量。

4. 天气气候景观研学实践深度总结

本次研学活动围绕雾凇这一独特天气气候景观展开，通过一系列精心策划的实践环节，不仅深入剖析了雾凇的独到之处，还全面探索了其背后的科学原理及对人类社会的综合影响。活动初始，我们引导学生将雾凇与其他气象进行对比，通过细致的观察与讨论，学生们自主归纳出雾凇的显著特征，如晶莹剔透的外观、特定的形成环境等，这一过程极大地锻炼了他们的观察力和归纳能力。

随后，我们深入探究了雾凇的形成条件，包括温度、湿度、风速以及地形地貌等多维度因素，通过实地考察与理论讲解相结合的方式，使学生们对雾凇的成因有了更为深刻的理解。在此基础上，我们进一步分析了雾凇对生产生活的影响，既探讨了其作为旅游资源带来的经济效益和文化价值，也关注了其对交通、农业等行业的潜在挑战，并引导学生思考如何平衡利弊，提出建设性的解决方案。

以德化九仙山的雾凇现象为具体案例，我们组织了一系列的野外实践活动。在这些活动中，学生们不仅亲身体验了雾凇的壮丽景色，更在实地考察中学会了如何运用地理知识去分析和解决问题，有效提升了他们的地理实践力。同时，通过团队协作、资料收集与整理、独立思考与讨论等环节，学生们的综合思维、区域认知以及人地协调观得到了全面的培养和锻炼。

尤为重要的是，这次研学活动极大地激发了学生们对地理学科的兴趣与热情。他们不再满足于书本上的知识，而是渴望通过亲身实践去探索未知、去验证理论。在活动过程中，学生们展现出的好奇心、探索欲以及团队协作精神，让我们看到了未来地理学领域的新生力量。

本次天气气候景观研学实践活动不仅是一次对雾凇现象的深度探索，更是一次对学生综合素质的全面培养。它让学生们在实践中学习，在学习中成长，为他们未来的学习和生活奠定了坚实的基础。

六、特殊自然现象观赏研学旅行产品的方案设计策略

以熊耳山国家地质公园为例，我们可以深入了解一下特殊自然现象观赏研学旅行产品的方案设计思路。

1. 特殊自然现象观赏的研学地背景深化

熊耳山国家地质公园作为山东省"行走齐鲁"研学实践教育活动的标杆基地，凭借其独特的地质构造和丰富的地震遗址资源，为学生提供了一个集学习、体验、探索于一体的综合性研学平台。公园不仅坐拥壮丽的自然景观，更融合

了地震科普教育、地质知识普及与防震减灾技能培训等多重功能。依托熊耳山全国防震减灾科普教育基地，公园精心打造了防震减灾三大课程体系，旨在通过一系列寓教于乐、实践导向的课程，如手工制作地震报警仪、命悬一线逃生绳子体验等，切实提升学生的防震减灾意识和自救互救能力。这些课程不仅让学生们在动手实践中增长知识，更在心灵深处种下了科学防灾、积极应对的种子，为降低震灾损失、构建和谐社会贡献力量。同时，公园还致力于防震减灾知识的广泛传播，让全国学生有机会翻开地质史书，亲眼见证国家地震遗址的奇观，实现"游中学，学中研，研中思"的良性循环。

2. 特殊自然现象观赏的方案支撑细化

学校管理层面：为确保研学旅行活动的顺利进行，学校需构建一套完善的管理体系，包括制定详细的实施方案、考核办法以及教师负责制，明确各级职责，确保活动有序开展。同时可以通过举办专题培训班，提升研学教师的专业素养和教学能力，严格把关课程资源的质量，确保研学活动的科学性和实效性。

教师角色定位：教师是研学旅行活动的灵魂。在研学前，教师应充分利用多媒体资源，如观看地震科普录像、收集相关资料，激发学生对地震科学的兴趣，引导他们主动探索。同时要传授科学的研学方法，培养学生的问题意识和探究能力，为研学活动打下坚实基础。

学生主体参与：学生是研学旅行的直接参与者，其态度和执行力至关重要。研学前，学生需明确研学目的，做好充分的预习准备；研学过程中，要积极参与各项活动，遵守纪律，听从指挥，充分发挥主观能动性；研学后，则需认真总结反思，提炼学习成果，提出改进建议，促进个人成长。

基地协同合作：基地作为研学旅行的实施场所，其设施条件、安全保障、人员配置等均需达到高标准。基地应与学校紧密合作，共同研发地震科普研学手册，提供专业指导和支持。同时要建立有效的反馈机制，如微信群回访等，及时收集家长和学校的意见，不断优化研学课程，提升服务质量。

家长参与支持：家长是研学旅行不可或缺的支持力量。可以通过家长委员会、家长会等形式，使家长充分了解研学旅行的意义和价值，与学校签订安全协议，明确各自的责任。同时要鼓励家长积极参与研学活动，如担任志愿者等，为孩子们提供更多的关爱和帮助。

3. 特殊自然现象观赏的研学目标深化

知识掌握：通过系统学习防震减灾科普知识，深入了解地震的发展历程和预警机制，培养学生的逻辑思维能力和科学素养。

技能提升：通过组建团队、提出问题、分组讨论等实践活动，提高学生的团队协作能力、问题解决能力和创新能力；通过参观展馆、认识历代地震预警仪等，增强学生的直观感知和动手操作能力。

情感培育：通过观看防震减灾科普视频等视听资料，激发学生对地震科学的兴趣和好奇心，培养他们的探索精神和责任意识。同时，通过应急演练等活动，增强学生的安全意识和自救互救能力。

4. 特殊自然现象观赏的研学活动丰富

实地探访与讨论：组织学生实地参观大地震形成的龙爪崖崩塌遗址、体验地震斜屋等，让学生亲身感受地震的威力和破坏力。随后进行小组讨论，分享观后感和心得体会，加深对地震知识的理解。

手工制作与实践：指导学生手工制作地震预警仪，通过认识其组成部分、学习制作流程等实践活动，提高学生的动手能力和创新思维。同时，分组制作地震预警仪并进行展示和评比，激发学生的竞争意识和团队合作精神。

地震体验馆深度研学：一是地震逃生 VR 模拟体验，利用虚拟现实技术模拟地震逃生场景，让学生身临其境地感受地震所带来的威胁和逃生的紧迫性；二是"制造"地震体验，通过蹦跳等方式"制造"不同震级的地震，让学生直观感受地震的震撼和威力，增强对地震的防范意识；三是房屋结构防震等级模拟体验，通过触摸强震、中震、微震等按钮，体验不同震级下房屋的摇摆幅度和防震性能，加深学生对房屋防震结构的认识；四是地震逃生体验，结合声、电、动等多元感官刺激，模拟地震逃生过程，让学生在实践中掌握正确的逃生方法和技巧。

5. 特殊自然现象观赏的研学活动总结提升

通过本次防震减灾科普研学旅行活动，学生不仅掌握了应急避灾的正确方法和震后紧急疏散的程序，还提高了突发公共事件的应急反应能力和自救互救能力。更重要的是，活动培养了学生的团队协作精神、责任意识和科学素养，为他们未来的成长和发展奠定了坚实的基础。同时，活动也促进了学校、基地、家长之间的紧密合作和有效沟通，形成了良好的教育合力。未来，我们将继续深化研学旅行活动的内涵和形式，为更多学生提供更加丰富、多元、有价值的研学体验。

第三节 体验考察型研学旅行产品的方案设计策略

一、文化体验考察研学旅行产品的方案设计策略

1. 活动目标分析之深化与拓展

文化体验考察的研学旅行，其核心在于通过亲身体验，让参与者深入感知文化景观的独特魅力，这不仅是一次对自然景观的简单游览，更是一次深刻的文化洗礼和教育启迪。此类活动旨在帮助考察群体深刻理解文化景观背后的价值观念和精神实质，从而在他们心中树立起对文化的尊重与敬畏，进一步塑造积极正面的旅游地形象。通过这一过程，不仅能够增进参与者对本土文化的认同感，还能激发他们对多元文化的探索兴趣，培养具有国际视野的文化交流使者，为文化的传承与发展注入新的活力。

2. 活动方式分析之创新与融合

文化体验考察活动注重团体合作与实践操作，通过精心设计的考察路线和实践活动，将学校教育内容与实地考察紧密结合，形成"学游一体"的新型教育模式。活动不仅包含现场讲解、互动体验等传统方式，还融入角色扮演、任

务挑战、创意工作坊等创新形式，让学生在参与中学习，在学习中体验，真正实现寓教于乐。此外，利用现代信息技术，如 AR 导览、在线学习平台等，进一步提升活动的互动性和趣味性，让学习变得更加生动有趣。

3. 活动内容分析之广西玉林示范性综合实践基地案例深化

广西玉林示范性综合实践基地作为重要的青少年教育平台，旨在通过研学旅行产品的开发，为中小学生提供丰富多彩的校外教育活动。本方案旨在设计一套符合中小学生特点、注重实践与体验、能够全面提高学生综合素质的研学旅行产品，具体如表 5-6 所示。

表 5-6 广西玉林示范性综合实践基地研学旅行产品设计方案

研学主题	探寻竹编非遗之美，领略农业丰收之乐
重点难点	让学生沉浸式体验非遗传统技艺，亲身感受编织的魅力，培养动手制作能力，为传统非遗工艺培养优秀传承人
研学目标	（1）通过种植农作物，体验农事劳作，帮助学生掌握日常劳作技能，增强团体合作能力 （2）通过模拟法庭、提高法律意识，增强思维辩证能力 （3）通过体验创作创意竹编，感受传统竹编非遗文化的魅力，提高民族自豪感
安全隐患和防范方法	在制作竹编时要小心使用工具，避免伤到自己或他人；紧跟队伍，不要嬉戏打闹，勿擅自行动，避免迷路走失
授课对象及师生比	初中一年级，1∶15
学生费用	375 元／人
费用明细 包含	餐费 90 元／人；住宿费 100 元／人；交通费 30 元／人；门票 40 元／人；保险费 10 元／人；制作材料费（含研学手册费用）80 元／人；导服费 10 元／人；瓶装水费用 10 元／人；应急药物费用 5 元／人
费用明细 不包含	学生自行购买纪念品等产生的费用

续表

日期	时间段	地点	课程安排	内容简介	学时（分钟）	涉及学科	任务/问题
活动流程 第1天	7:30~8:30	学校门口	出发前往玉林综合实践基地	学校门口集合出发；助教介绍行程和研学任务；发放研学手册	60		
	8:30~9:00	基地门口	开营仪式	举行开营仪式、合照；破冰活动	30		
	9:00~9:40	基地播放室	劳动教育	播放视频，学习农作物常见种类、习性以及农具的使用方法等知识	40	劳动教育	在研学手册上写出你认识的农作物以及种植它们需要做些什么、注意些什么
	9:40~11:00	五彩田园	农事劳动	在研学导师的指导下到果园采摘果实并为果园除草	80	劳动教育	在研学手册上写出你的劳动感悟或者画出你喜欢的果蔬
	11:00~13:00	餐厅	动手制作地方美食玉林米糕	吃午餐，休整、集合；沉浸式体验生活技能之制作玉林米糕	120	劳动教育	请你在研学手册上写出玉林米糕的制作步骤以及注意事项
	13:00~15:00	法庭模拟室	模拟法庭	通过开展模拟法庭活动，对法律有进一步了解和理解	120	法律、道德品质	在研学手册上写出2~4条你学到的法律条例
	15:00~17:00	基地	高楼火灾逃生演练	安全教育演讲，学习消防小知识；进行高楼火灾逃生演练	120	体育与健康	请在研学手册中写出你掌握的高楼逃生知识
	17:00~18:30	餐厅	晚餐		90		
	18:30~20:30	基地	篝火晚会		120	体育、音乐	
	20:30以后	基地酒店	休息				

续表

日期	时间段	地点	课程安排	内容简介	学时(分钟)	涉及学科	任务/问题
活动流程 第2天	7:30~8:30	餐厅	早餐		60		
	8:30~10:30	基地	创作创意竹编作品	了解非遗竹编的历史，感受传统竹编非遗文化的魅力；创作创意竹编作品，培养动手制作能力	120	美术、历史	在研学手册上记下你了解到的竹编历史；在研学手册上填写编制步骤；展示你的创意编织作品
	10:30~12:00	基地药材种植园	探秘中药材	探秘中药材，认识中药材及其功效	90	生物、历史	在研学手册上写出5个以上你认识的中药材及其功效
	12:00~13:00	餐厅	午餐	品尝玉林牛杂、大肉云吞等玉林特色美食	60		
	13:00~15:00	陶瓷小镇	创意陶瓷	制作陶瓷制品；在制作好的陶瓷上绘画出创意彩绘	120	美术	把你的制陶感受写到研学手册中；把你制作完成的陶瓷拍照并命名，粘贴到研学手册上
	15:00~16:00	基地门口	闭营仪式	举行闭营仪式，进行表彰	60		
	16:00~17:00		返程		60		

续表

	评价标准	合格	较好	优秀
评价表	学习到的编织方法	1~2种	3~4种	5~6种
	创意编织作品	能独立完成编织，但编织作品较为简单	能独立完成编织，作品编织结构完整	能独立完成创意编织，作品编织结构完整，富有创意
	合作探究	小组内有分工，但参与不积极	小组内分工明确，积极参与	小组内分工明确，积极参与，配合默契
拓展延伸	广度：用竹编工艺的编织方法创作出其他实用的日常编织品 深度：除了制作竹编作品外，试着列举出竹子的其他功能（如制作竹纤维衣服、竹浆纸、竹炭除臭包等）			

二、营地研学旅行产品的方案设计策略

1. 研学旅行与营地教育相结合的背景深入分析

在当前教育改革的浪潮中，营地教育以其独特的情境性、社会性、综合性、开放性、自主性和体验性特征，日益成为素质教育不可或缺的重要组成部分。营地教育不仅仅是一种简单的户外体验，它更是学生身心全面发展的催化剂。在自然环境的怀抱中，学生们能够暂时摆脱学业的重压，释放内心的压力，找回纯真的快乐。通过亲手操作、动脑思考，营地教育有效培养了学生的实践操作能力、问题解决能力，以及批判性思维和坚韧不拔的意志力。更重要的是，集体生活和丰富多彩的团队活动，为学生们搭建了人际交往的桥梁，让他们在互动中学会沟通、学会合作，逐步培养出团队协作精神和领导才能。

营地教育还承载着生态教育的重任。通过自然考察活动，学生们能够近距离观察生态系统，辨别生命形态，深刻理解生命的多样性和保护生态平衡的重要性。这种体验能够让学生们对大自然产生敬畏之心，正确认识人与自然和谐共生的关系，从而激发起关爱自然、保护环境的责任感。此外，营地教育还鼓

励学生走出校园，走进广阔的社会，通过亲身体验了解社会现实，理解他人，进而促进自我认知，学会感恩，培养出强烈的同理心和社会责任感。

在营地教育的过程中，大自然的鬼斧神工和神奇的自然现象总能激发学生的好奇心和探索欲。他们通过观察、记录、分析，逐渐培养出敏锐的观察力和科学探究的能力。同时，营地教育充分尊重学生的兴趣爱好，为每个学生提供展示自我的舞台，让他们在参与中发展个性，增强自信心，形成独立自主的品格。

2. 研学旅行与营地教育相结合的需求深度剖析

研学旅行作为一种新型的教育方式，其核心价值在于"研"与"行"的有机结合。然而，在实际操作中，研学旅行往往面临诸多挑战。一方面，一些学校将研学旅行简单地等同于校外兴趣班或随意的郊游活动，忽视了其教育性和目的性；另一方面，研学旅行的组织难度大、持续时间长、安全要求高，对学校的管理能力和教育资源提出了严峻考验。特别是学校在研学旅行的策划和实施上往往存在"隧道视野"，难以全面考虑和应对各种复杂情况。

因此，将营地教育与研学旅行相结合显得尤为必要。营地教育在课程设计、师资配备、安全管理等方面具有丰富的经验和成熟的体系，能够为研学旅行提供有力的支撑。通过深度结合营地教育和研学旅行的理念、师资、课程研发、安全监控等体系，可以建立高质量的第三方平台，实现资源的优化配置和共享，全面推进营地教育的可持续发展。同时，结合地方特色和文化资源，打造具有地域特色的营地教育品牌，为研学旅行注入新的活力和内涵。

三、生态农庄研学旅行产品的方案设计策略

以廊下生态园为例，其坐落于上海市金山区现代农业园区的核心地带——廊下镇，这是一个集行政管理与现代农业发展于一体的独特区域，不仅是上海市第二轮现代农业园区发展的引领者，也是新郊区新农村建设与现代农业园区建设的典范。作为金山区"三区一线"发展战略中的重要一环，廊下镇以其得

天独厚的地理位置和丰富的自然资源，成为金山旅游版图中不可或缺的生态度假休闲游板块，塑造了一个如诗如画、仿佛世外桃源的新廊下形象。廊下镇荣誉满载，其中包括两大国家级旅游相关殊荣：中华村农家乐荣获"全国农业旅游示范点"称号，而廊下生态园则被评为国家3A级景区，彰显了其在农业旅游领域的卓越地位。此外，廊下镇还荣获国家基本农田保护示范区、全国农产品加工业示范基地以及第二批全国小城镇改革试点镇等称号，这些荣誉不仅见证了廊下镇在农业领域的深耕细作，如其自创的"金山博士米"品牌，成为上海唯一的本地无公害大米，更是廊下农业创新的缩影。在此基础上，廊下生态园经过精心规划与打造，已发展成为金山区首屈一指的旅游景区，不仅保持了全国农业旅游示范点的荣誉，还荣获全国休闲农业与乡村旅游四星级企业的称号，为游客提供了一处集农业体验、休闲观光于一体的绝佳去处。

四、实践基地研学旅行产品的方案设计策略

以泸州市教育实践基地为例，它作为全国20个示范性综合实践基地之一，同时也是全国学生研学实践教育营地，致力于面向学生提供丰富多样的综合实践和研学实践教育活动。基地深入贯彻新时代党的教育方针，秉持"乐学无界，践知有为"的办学理念，将教育与生产劳动、社会实践紧密结合，通过构建"一核引领、三为育人、四链支撑、五维聚力"的营地教育育人生态，引导学生深刻理解并践行社会主义核心价值观。基地以实践育人为核心，围绕"天地人事"之教，涵养学生的"生命自觉"，设立了为生、为人、为学的"三为"实践育人目标体系，并开发了100余门综合实践课程和28条市内外研学线路，内容涵盖中华优秀传统文化教育、革命传统教育、国情教育、国防科工教育和自然生态教育五大板块。这些富有创新性的主题实践活动在潜移默化中渗透德育，实现了全方位育人的目标。自运行以来，基地已成功接待省内外综合实践学生及研学学生共计45万余人次，活动安全高效，教育效果显著，赢得了社会各界的广泛赞誉。目前，基地拥有100余名教职员工，配备了实训楼、体验馆、多功能报告厅、食堂、公寓等完善的设施，可同时容纳1200名学生参与活动，并

设有高标准的户外拓展训练场、运动场、乐学小农场以及人民防空教育馆、法治馆、非遗传承体验馆、心理健康体验馆、科普活动中心等多个专题教育场馆和实践教室，为研学旅行的顺利开展提供了坚实的保障。

五、团队拓宽基地研学旅行产品的方案设计策略

1. 基地概况

以南京市学生阳光体育营地为例，它坐落于风景如画的江宁区"石塘人家"景区内，总占地面积广阔，达123亩，建筑面积更是达到了7226平方米，一期投资接近5000万元，彰显了其规模之大与投入之巨。基地的设计布局科学合理，功能区域划分明确且完善，充分体现了"亲近自然"的教育理念。其独特的运作机制——创新共建、前瞻性课程设置以及开放式管理，为学生提供了一个既能亲近自然又能全面发展的平台。这里不仅是一个体育锻炼的场所，更是学生们养成良好体育锻炼习惯、促进身心自然和谐发展的重要教育基地。

2. 设施资源

在开放性、生态性、发展性的规划指导下，南京市学生阳光体育营地精心打造了三大类功能区域，以满足不同学生的多元化需求。

（1）实践活动类：五大区域各具特色。

海模实践区：拥有广阔的水面，总面积约21100平方米，为学生提供了水上运动与探索的绝佳场所。

定向运动区：巧妙融入"石塘人家"村庄，占地面积约12万平方米，让学生在古色古香的村落中体验定向运动的乐趣。

体能拓宽区：利用27000平方米的自然景观树林，打造了一系列富有挑战性的体能训练设施。

登山拉练区：全长5000米的登山步道环绕山脉，铺设彩色沥青路面，并配备监控、照明系统，确保学生安全。

真人CS野战区：位于山脉脚下，占地约13340平方米，为学生提供了紧张

刺激的实战体验。

（2）主题教育类：两大区域意义深远。

主题教育中心：总建筑面积约 3200 平方米，是开展各类主题教育活动的核心场所。

升旗广场：铺设天然草皮，占地约 8800 平方米，是进行爱国主义教育、升旗仪式等活动的理想之地。

（3）生活服务类：三大区域周到细致。

野外露营区：占地约 5500 平方米，配备完善的露营设施，让学生充分体验野外生活的乐趣。

餐饮中心：以宋派小楼为建筑风格，可同时容纳 300 名学生就餐，提供营养丰富的餐食。

九里街服务区：集超市、工艺品商店、茶社、书吧、戏院、KTV 等于一体，满足学生的多样化需求。

3. 课程设置

南京市学生阳光体育营地根据课程模块，精心构建了适合不同年龄段学生的课程体系，并创新性地建立了户外生存体验馆。

定向越野模块：通过"村庄定向""草坪百米定向""丛林定向"等课程，培养学生的方向感与团队协作能力。

航海模型模块：购置了多种类型的船只，开发了包括"竞速艇模型组合""水上足球项目"等在内的四种课程，激发学生对水上运动的兴趣。

徒步登山模块：根据学生年龄和季节变化，设计了不同难度的徒步登山课程，锻炼学生的意志力和耐力。

拓宽训练模块：针对不同年龄段学生，设计了四种拓宽训练课程，提升学生的身体素质和应对挑战的能力。

野外露营模块：通过"军事化内务整理""野外军用帐篷搭建和拆除"等课程，让学生掌握野外生存技能。

篝火晚会模块：提供"民族专业演员团队主导与学生互动"和"学生自助

和互动晚会"两种形式,增强学生的团队精神和文化素养。

4. 建设成就

南京市学生阳光体育营地的建设成果显著,不仅吸引了众多新闻媒体的关注与报道,更得到了教育装备研究与发展中心领导的高度评价。营地充分利用美丽乡村的自然与人文资源,为学生提供了一个独特的体育锻炼与综合素质提升的平台。同时,营地的发展也为新农村的品质提升注入了新的活力,江宁区在全国范围内率先探索出了一条将体育教育与乡村旅游相结合的新路径,为其他地区提供了宝贵的借鉴。

第四节　励志拓展型研学旅行产品的方案设计策略

一、红色教育研学旅行产品的方案设计策略

1. 红色足迹研学旅行产品——深度沉浸式"湘江战役"历史文化展示

红色足迹研学旅行产品旨在通过追寻革命先辈的足迹,让学生亲身体验和学习中国革命历史,培养他们的爱国情怀和革命精神。本产品将红色文化与研学旅行相结合,以实地探访、现场教学、互动体验等方式,让学生在行走中感受历史的厚重,在体验中领悟革命的真谛。

红军长征湘江战役纪念园两天一晚研学旅行产品设计方案,如表 5-7 所示。

表 5-7　湘江战役纪念园研学旅行产品设计方案

研学主题	忆湘江战役，弘革命精神
重点难点	重点：传承红色基因，凝聚青年力量，激发学生的爱国热情 难点：掌握湘江战役历史的知识细节，完成情节设置，进行角色扮演
研学目标	（1）通过参观湘江战役纪念馆，了解革命历史，激发爱国热情 （2）通过湘江战役情景模拟演练，掌握战地救护知识，重走长征路，传承红色基因，凝聚青年力量 （3）通过种植农作物，体验农事劳作，帮助学生掌握日常劳作技能，增强团体合作能力
安全隐患和防范方法	严格遵守研学活动的各项要求，做到守时守规，集体行动听从指挥；任何时间，未经带队老师许可，不得擅自离队；出现意外事件时及时联系带队老师，联系不到时，要向身边的警察或者景区工作人员寻求帮助
授课对象及师生比	初中一年级，1∶20
学生费用	305 元／人
费用明细　包含	餐费 90 元／人；住宿费 50 元／人；交通费 50 元／人；保险费 10 元／人；制作材料费（含研学手册费用）80 元／人；讲解费 10 元／人；瓶装水费用 10 元／人；应急药物 5 元／人
费用明细　不包含	学生自行购买纪念品等产生的费用

续表

日期	时间段	地点	课程安排	内容简介	学时（分钟）	涉及学科	任务/问题
活动流程 第1天	7:30~8:30	学校门口	出发前往湘江战役纪念园	学校门口集合出发；助教介绍行程和研学任务；发放研学手册	60		
	8:30~9:00	纪念园门口	开营仪式	举行开营仪式；合照	30		
	9:00~10:30	纪念园	缅怀先烈，传承长征精神	参观湘江战役纪念馆，深刻感受先烈无私奉献和坚定的信念	90	历史、思想政治	参观湘江战役纪念馆，听到和看到了许多令人震撼的红色故事，请写到研学手册中
	10:30~11:00	烈士凭吊广场	参加默哀仪式	前往烈士凭吊广场，举行默哀仪式	30	历史	
	11:00~12:00	餐厅	午餐		60		
	12:00~14:00	纪念园	设置完整情节，掌握战地救护知识	熟识湘江战役这段历史，学习绷带、担架、夹板等医疗用具的使用，掌握战地救护知识，进行情景模拟和角色扮演	120	历史、体育与健康	学习急救技能，分析红军当时在战场的急救技巧对比现今的急救技巧有何异同之处，写在研学手册中
	14:00~15:00		前往才湾镇毛竹山村		60		
	15:00~16:30	毛竹山村	参观毛竹山村自然风光	跟随研学指导老师参观毛竹山村的自然风光	90	地理、生物	拍照记录下沿途看到的自然风光，并粘贴到研学手册中
	16:30~18:30	餐厅	晚餐	动手制作毛竹山村特色美食；体验毛竹山村特色美食	120	劳动教育	
	18:30~20:30	酒店会议室	知识问答	分小组进行知识问答竞赛；交流分享	120	语文	
	20:30以后	酒店	休息				

续表

日期	时间段	地点	课程安排	内容简介	学时(分钟)	涉及学科	任务/问题
活动流程 第2天	8:00~8:30	餐厅	早餐		30		
	8:30~9:10	待客室	创作创意竹编作品	播放视频，学习农作物常见种类、习性以及农具的使用方法等知识	40	劳动教育	在研学手册上写出你认识的农作物以及种植它们需要做些什么、注意些什么
	9:30~11:00	毛竹山村	农事劳动	在研学导师的指导下到果园采摘果实并为果园除草；品尝毛竹山村特色农产品"阳光玫瑰"葡萄	90	劳动教育	
	11:00~12:00	餐厅	午餐		60		
	12:00~14:00	毛竹山村	手工编织	了解非遗竹编的历史，感受传统竹编非遗文化的魅力；制作完成竹编作品	120	美术、历史	在研学手册上记下你了解到的竹编历史，并在研学手册上填写编制步骤
	14:00~15:00	毛竹山村	结营仪式	举行结营仪式；颁奖、合影	60		
	15:00~16:00		返回学校		60		

2. 理想·信念研学旅行产品——全方位"追忆历史·革命生活体验项目"

为了让学生更直观地感受革命先烈的英勇事迹和崇高精神，西安市推出了"追忆历史·革命生活体验"项目。该项目以八路军西安办事处纪念馆为基地，面向全国学生发起爱国主义教育征文活动，鼓励学生通过学习历史事件，抒发对革命先烈的敬仰之情和对祖国的热爱之心。同时，利用现代科技手段重现历史场景，如通过声光电技术模拟战斗场面、革命生活场景等，让学生仿佛置身于那个烽火连天的年代。此外，项目还设计了吃红色饭菜、住红色驻地、走红色路线等革命生活参与体验型项目，让学生亲身体验革命先烈的艰苦生活，从而更加深刻地理解革命精神，实现从被动观光到主动参与体验的华丽转身。

3. 红色经典传承研学旅行产品——创新式"红色旅游景点志愿讲解和宣传项目"

为了传承和弘扬红色文化，西安市创新推出了"红色旅游景点志愿讲解和宣传项目"。该项目鼓励学生研学团在参观红色旅游景点时，结合自己的认知和理解，对景点中的历史故事进行个性化讲解和发表见解。通过这一过程，学生不仅能够提升自己的语言表达能力，还能在与同学的交流中拓宽视野、增长知识。同时，项目还积极利用新媒体平台，如微信、微博等，鼓励学生以图片、视频等形式分享自己的红色旅游经历和学习心得，将红色精神传递给更多人群。这种线上线下相结合的方式，不仅丰富了红色旅游的宣传形式，也增强了红色文化的传播力和影响力。

红色研学旅行不仅是旅游业发展的新趋势，更是弘扬中国革命传统和中华民族精神的重要途径。西安市通过深入挖掘红色文化内涵，精心打造具有"西安精神""西安风格"的独特红色文化品牌，不仅提升了西安在全国红色文化格局中的美誉度和吸引力，也为全面建设社会主义和谐社会贡献了力量。当地政府应继续加强红色旅游资源的管理和引导，构建各级红色旅游资源保护联动机制，确保红色旅游资源得到科学、合理、可持续的利用。

二、国防教育研学旅行产品的方案设计策略

1. 深入挖掘国防教育精神内涵，多维度增强国民海洋意识

中国自古以来以农耕文明著称，而随着时代的发展，海洋对于国家安全和发展的重要性日益凸显。党的十八大将建设海洋强国提升为国家战略，这一决策背后蕴含着深远的战略考量。为了响应这一号召，我们必须从深层次上挖掘国防教育的精神内涵，特别是海洋意识和海防观念的培养。国防历史教育与国

防形势教育的有机结合是关键所在，它要求我们既要回顾历史，汲取经验教训，又要正视现实，认识当前的威胁与挑战。邓世昌纪念馆在这一方面做得颇为出色，它不仅展示了丰富的海洋知识和海防意识，还通过深入挖掘与海洋意识、海洋安全紧密相关的国防教育精神内涵，为爱国主义和国防主义教育注入了新的活力。

2. 创新宣教手段，全面提升国防教育水平

国防教育基地作为普及国防知识、强化国防观念的重要平台，其教育形式和内容的创新至关重要。在新时代背景下，国防教育基地必须紧跟时代步伐，以改革创新的精神不断完善教育形式，探索新方法，解决新问题，开辟新途径。邓世昌纪念馆在这方面进行了积极的尝试和探索，它充分利用纪念馆的国防教育主题思想，通过加强与共建单位的合作，拓宽教育途径，实现了教育能力的显著提升。例如，在邓世昌逝世120周年之际，纪念馆组织了一系列丰富多彩的专题活动，包括邀请军事专家进行现场讲座，深入剖析中日甲午海战及其对中日关系的影响；沿着邓世昌求学、入伍、训练、作战、殉国的足迹拍摄纪录片，让人们更加直观地感受英雄的伟大事迹；举办海军发展史图片展，通过图片和实物展示中国海军的发展历程和舰艇发展，激发人们的海防意识。此外，纪念馆还面向学生开展了征文活动、战舰船模竞赛等，这些活动不仅丰富了教育基地的展出内容，还提升了其思想文化和精神内涵，使邓世昌纪念馆真正成为爱国主义教育、国防教育的生动课堂和弘扬先进文化的重要阵地。

3. 深入挖掘文物史料，全面提升展览品质与层次

文物史料是国防教育基地的宝贵财富，也是开展爱国主义教育的重要基础。为了长远发展，国防教育基地必须在征集文物史料、挖掘教育内容方面下足功夫。邓世昌纪念馆深知这一点，它积极研究自身的历史沿革和馆藏史料，通过走访革命前辈、烈士遗属、专家学者以及民间收藏人士，深入挖掘各种收藏线索，广泛收集与邓世昌及甲午战争相关的文物史料。同时，纪念馆还注重从不同侧面、不同角度对馆藏文物史料的内涵进行深刻提炼和解读，以期给人们带

来思想的启迪、心灵的震撼和精神的激励。在文物史料的挖掘过程中，纪念馆特别注重收集邓世昌及致远舰将士后人的口述历史以及反映甲午战争的相关文物。这些珍贵的口述史资料和文物不仅极大地丰富了纪念馆的展览内容，还提升了教育基地的思想深度和文化内涵，使邓世昌纪念馆在传承历史、弘扬爱国精神方面发挥了更加积极的作用。

三、名人纪念馆研学旅行产品的方案设计策略

1. 基地研学资源深度挖掘与整合

以刘少奇同志纪念馆为例，它坐落于风景秀丽的湖南省长沙市宁乡市花明楼镇，地理位置优越，交通四通八达，为研学旅行提供了得天独厚的条件。纪念馆不仅拥有刘少奇同志故居、陈列馆等核心纪念设施，还囊括了铜像广场、文物馆、炭子冲民俗文化展等一系列丰富多样的展示空间。此外，炭子冲学校旧址、花明楼、修养亭以及刘少奇坐过的飞机等实物，更是为参观者提供了直观感受历史、缅怀伟人的珍贵机会。作为集纪念、旅游、休闲、研究、影视体验于一体的综合性红色教育基地，刘少奇同志纪念馆荣获了诸多国家级和省级荣誉，如全国爱国主义教育示范基地、国家一级博物馆等，彰显了其在红色教育和旅游领域的卓越地位。

在研学配套方面，纪念馆设施完备，拥有多功能厅、会议室、客房等完善的接待设施，可满足大型研学团队的需求。同时，专业的讲解团队、教学团队以及安全保卫、后勤保障等人员的配备，为研学活动的顺利开展提供了有力保障。

2. 基地研学课程内容创新与丰富

刘少奇同志纪念馆的研学课程内容丰富多样，旨在通过多样化的学习方式，让学生深入了解刘少奇的生平事迹和精神风貌。其中，"睹少奇遗物，学少奇精神"课程通过参观刘少奇的遗物和生平事迹展览，引导学生学习刘少奇的革命精神和崇高品德；"红色文化体验 重走少奇之路"课程通过实地走访刘少奇曾

经生活和工作过的地方，让学生亲身体验革命先烈的艰辛历程；"刘少奇家风"课程则通过讲述刘少奇家族的家风家训，引导学生树立正确的家庭观念和道德观念。

此外，纪念馆还创新性地开设了"青少年刘少奇的故事"课程，通过生动讲述刘少奇青少年时期的动人故事，激励学生积极向上、刻苦学习，同时结合国学体验，让学生临摹刘少奇家书、诵读家训，感受传统文化的魅力。在研学活动中，纪念馆还鼓励学生参与小小讲解员活动，通过实地讲解锻炼他们的表达能力和自信心；通过闯关问答、情景剧表演、红歌演唱、武术健身操等多种形式的互动活动，让课堂更加生动有趣，提升学生的学习兴趣和参与度。

3. 基地研学活动成效显著持续发展

近年来，刘少奇同志纪念馆研学活动取得了显著成效。随着参观人数的不断增加，纪念馆积极与各大高校和中小学建立合作关系，共同开展形式多样的德育实践活动。通过与中国人民大学、武汉大学等名校的结对共建，纪念馆不仅为广大学生提供了优质的研学资源和实践机会，还推动了红色文化的传承和发扬。同时，纪念馆还不断创新研学活动形式和内容，如"红色趣味课堂""重走少奇爷爷求学路""国学夏令营"等，受到了学生、家长和学校的高度评价和社会各界的广泛赞誉。

面对未来，刘少奇同志纪念馆将继续深入挖掘自身特质和优势资源，树立良好的品牌形象和打造明星文旅产品。通过"互联网+"等现代科技手段，纪念馆将积极探寻适合自身的推广方式，激活潜在用户群体。同时，根据大众新的行为模式和需求特点，纪念馆将从多角度、多领域、多载体、多形式、多时间节点出发，提供优质的文化产品和服务，以满足大众日益增长的精神文化需求。通过不断变革精进和提供优质服务，刘少奇同志纪念馆将助力文博事业和旅游经济的良性发展，为传承和弘扬红色文化贡献更大力量。

四、高校研学旅行产品的方案设计策略

1. 高校旅游资源特点

（1）高校旅游资源的教育性：丰富多元，寓教于乐。

高校作为知识的殿堂，其旅游资源自然蕴含深厚的教育意义。图书馆内藏书丰富，涵盖各学科领域，为游客提供了广阔的知识海洋；博物馆收藏的珍贵文物和艺术品，让游客在欣赏中感受到历史的厚重与文化的魅力；实验室则是科学探索的摇篮，游客可以在这里近距离观察科研过程，激发对科学的兴趣和热爱。此外，游客还可以通过参观学校的历史建筑，了解高校的发展历程和文化底蕴；参与学生社团组织的活动，感受青春的活力与创意；聆听学术讲座，拓宽视野，提升素养。这些活动不仅让游客在游玩中学习到知识，更在无形中培养了他们的教育意识和文化素养，充分体现了高校旅游资源的教育性。

（2）高校旅游资源的公共性：共享资源，服务社会。

高校旅游资源的公共性体现在其不仅服务于本校师生，还向广大游客开放，成为社会的公共资源。高校作为教育机构，其首要任务是为学生提供良好的学习环境、为教师开展教学的场所。而随着旅游业的蓬勃发展，高校也逐渐成为游客向往的旅游目的地。高校旅游资源的公共性使得其教育资源在培养本校学生的同时，也承担起了社会教育的责任。游客可以在这里感受校园文化，体验学术氛围，甚至参与到某些教学活动中，从而实现教育资源的共享和最大化利用。

2. 浙江旅游职业学院创建国家 4A 级旅游景区案例

浙江旅游职业学院成功创建国家 4A 级旅游景区，不仅展示了其独特的校园风貌和丰富的旅游资源，更为高校旅游资源的开发与利用提供了宝贵的经验。

（1）有效服务师生和社会，实现双赢。

自校园景区运营以来，浙江旅游职业学院充分利用其教育资源，开展了茶文化研习、美食烹饪、高尔夫体验、模拟导游体验等一系列教育旅游活动。这

些活动不仅吸引了大量杭州市及其周边的研学旅行消费群体参与，还吸引了有志于报考旅游相关专业的普高生、中职生以及旅游行业的培训与考察人员。通过参与这些活动，游客不仅增长了知识，还体验了旅游的乐趣，对旅游行业有了更深入的了解。同时，全校师生也受益于校园景区的建设，享受到了更加优美的工作和学习环境，实现了师生与游客的双赢。

（2）显著提升学院品牌和知名度，助力学院发展。

浙江旅游职业学院成功创建国家 4A 级旅游景区后，其知名度和影响力得到了显著提升。学院先后接待了多批次的相关单位及旅游部门参观学习，成为行业内的佼佼者。在此基础上，学院还成功申报成为杭州市国际社会旅游资源访问点和浙江省研学旅行基地，进一步拓展了其社会服务功能，提升了学院的品牌价值和研学旅行的发展水平。

3. 高校研学旅行产品开发与创新建议

第一，深入挖掘教育旅游资源，拓宽研学旅行产品范畴。目前，虽然校园景区建设及研学旅行产品开发已取得一定成果，但大多仍局限于旅游类院校。实际上，农林类、机械工程类、设计类等院校也拥有丰富的教育旅游资源，只需深入挖掘，便可开发出受学生欢迎的研学旅行产品。例如，农林类院校可以开展植物识别、生态环保等研学活动；机械工程类院校可以展示先进的机械设备和制造工艺；设计类院校则可以举办艺术展览和创作体验等活动。通过拓宽研学旅行产品的范畴，可以吸引更多的游客前来参观学习，实现教育旅游资源的充分利用。

第二，科学规划，确保日常教学与旅游活动和谐共存。在创建校园景区及开发研学旅行产品时，各高校必须科学规划，确保日常教学活动与教育旅游活动能够和谐共存。可以通过设立限制游览区域、实行网上预约制度、提供专业导览服务等方式来组织校园旅游活动的开展。同时，还应加强与游客的沟通与交流，了解他们的需求和反馈，不断优化旅游产品和服务质量。只有这样，才能在确保教学秩序不受影响的前提下，为游客提供优质的旅游体验。

第三，争取多方支持，形成合力推动校园旅游发展。研学旅行作为一项新型的旅游产品，需要得到旅游部门、教育部门以及各地方政府的大力支持。高校应积极与相关部门沟通协调，争取在行业指导、政策扶持、资金支持等方面获得更多帮助。同时，还可以与旅游企业、社会团体等建立合作关系，共同开发研学旅行产品，拓展旅游市场。通过形成合力推动校园旅游发展，可以进一步提升高校的知名度和影响力，实现教育资源的最大化利用。

第四，建立健全管理和运营机构，确保校园景区持续健康发展。校园景区的建设及研学旅行产品的开发是一项复杂而系统的工程，需要高校各相关职能部门及院系专业的全面参与和支持。为了确保校园景区的持续健康发展，高校应建立健全管理和运营机构，明确职责分工和工作流程。同时，还应加强人员培训和管理制度建设，提高管理和运营水平。只有这样，才能更好地将校园景区运营起来，为游客提供更为优质的旅游产品和服务。

第五节　文化康乐型研学旅行产品的方案设计策略

一、主题公园研学旅行产品的方案设计策略

以南宁方特东盟神画主题乐园为例，我们可以深入了解一下主题公园研学旅行产品的方案设计思路。

1. 乐园简介与特色概述

南宁方特东盟神画主题乐园是深圳华强方特文化科技集团继方特欢乐世界、方特梦幻王国、方特水上乐园、方特东方神画之后，打造的又一个全新的大型高科技主题乐园，也是国内首个全面展示东盟十国文化的主题乐园。乐园利用全新的科技手段，运用激光多媒体、立体特效、微缩实景、真人秀等表现手法，以全新的姿态将东盟十国历史文明精粹呈现在游客面前。

方特东盟神画主题乐园沿邕江而建，园区包含了东南亚风情街、五大主题

餐厅、十一大室内主题项目及 30 余项室外游乐项目，是一个老少皆宜的主题乐园，适合家庭亲子休闲旅游，同时也适合年轻人寻奇探险。这里有长者钟爱的特色演艺，有孩子们喜欢的"熊出没"主题区，也有年轻人向往的惊险刺激型游乐项目群，一家人各得其所，甜蜜温馨，其乐融融。

2. 研学项目简介

在南宁方特东盟神画主题乐园，通过认读中国与东盟十国之间的地理位置关系图和方特园区导览图，可初识东盟十国。研学过程中以小组为单位，以体验感悟、行走探究和寓教于乐为主，课堂引导与完成研学手册等资料为辅（当天另发各主题馆研学资料），充分调动学生的积极性，发挥学生的主体意识，在旅行中实践，在研究中学习和成长，开拓国际视野，树立正确的世界观；理论与实践相结合，不断反思和总结，将学习成果内化于心，灵活掌握，达到知行合一的目的。

3. 研学目标：体验与探索的完美结合

（1）通过参观南宁方特东盟神画主题乐园，了解南宁的地理特征和发展历史，探究南宁与东盟各国之间的密切联系及原因。

（2）以方特东盟神画为纽带，探索极具特色的东南亚文化，学习了解东南亚的历史文化精髓，提升孩子们的观察力和探索能力。

（3）在研学之旅过程中，将课本知识与实际相结合，加深孩子们对科技、文化、自然等多层因素融合的理解，提升他们的沟通交流能力和团队协作能力。

4. 研学产品方案设计：探寻神秘东盟，开拓国际视野

南宁方特东盟神画主题乐园的研学旅行产品设计方案，如表 5-8 所示。

表5-8　南宁方特东盟神画主题乐园研学旅行产品设计方案

研学主题	探寻神秘东盟，开拓国际视野
核心目标	（1）通过参观东盟十国的场馆，让学生了解东盟各国的文化，开拓学生的国际视野 （2）通过画出你心中的吴哥窟建筑和自己动手制作吴哥窟作品，提升学生的创作能力，增强民族自豪感 （3）通过制作越南滴漏咖啡，让学生了解东盟国家的特色饮食，培养学生的动手制作能力 （4）通过参观研学长廊，探讨中国与东盟国家之间的外交关系，研究中国与东盟国家之间的文化交融情况 （5）通过探索东盟十国的地理位置，加深学生的地理知识，培养学生的探索精神
研学的重点和难点	制作越南滴漏咖啡，让学生了解东盟国家的特色饮食，培养学生的动手制作能力；参观研学长廊，探讨中国与东盟国家之间的外交关系，研究中国与东盟国家之间的文化交融情况
安全隐患和防范方法	在进行每项活动时要有序排队，不要拥挤；在制作吴哥窟作品时，使用道具要注意安全，避免伤到自己；在制作越南滴漏咖啡时，要小心热水的使用量，避免烫伤
授课对象及师生比	初中一、二年级，1∶15
学生费用	405元/人
费用明细 包含	餐费90元/人；交通费10元/人；住宿费100元/人；门票120元/人；导服费10元/人；材料费50元/人；保险费10元/人；饮水费10元/人；应急药物费用5元/人
费用明细 不包含	个人研学以外的消费

续表

日期	时间段	地点	课程安排	内容简介	学时（分钟）	涉及学科	任务/问题
活动流程 第1天	9:30~10:00	南宁方特东盟神画主题乐园	开营仪式	举行开营仪式；助教介绍行程和研学任务，分组，发研学手册；安全员讲解注意事项	30		
	10:00~12:30	南宁方特东盟神画主题乐园	走进吴哥窟	观赏园内建筑和巨幕电影，认识吴哥窟各种神庙的构建特色；通过观赏园内建筑和巨幕电影，画出你心中的吴哥窟建筑；自己动手制作吴哥窟作品	150	历史、美术	在研学手册上画出你心中的吴哥窟建筑
	12:30~13:10	南宁方特东盟神画主题乐园	午餐	品尝柬埔寨风味美食	40		
	13:10~14:00	南宁方特东盟神画主题乐园	千岛之歌	通过观赏高科技程控球阵和真人舞台表演，让学生了解"千岛之国"印度尼西亚的民间艺术；通过观赏"千岛之国"的特色艺术，进行知识问答	50	科技、语文	完成研学手册上的知识问答（分小组进行抢答）
	14:00~15:00	南宁方特东盟神画主题乐园	极限飞行	在新加坡的现代化城市中快速穿行多个经典地标建筑，感受自然和科技融合的都市风采	60	地理	把你拍到的经典地标建筑物的照片贴到研学手册上
	15:00~17:00	南宁方特东盟神画主题乐园	体验制作越南滴漏咖啡	让学生识别咖啡豆，并通过指导老师的讲解和展示动手制作咖啡	120	综合实践	
	17:00~18:00	南宁方特东盟神画主题乐园	晚餐	品尝泰国风味美食	60		

续表

日期	时间段	地点	课程安排	内容简介	学时（分钟）	涉及学科	任务/问题
活动流程	18:00~20:30	南宁方特东盟神画主题乐园	体验泰国泼水节	跟随导师的脚步来到研学长廊，了解我国与东盟十国的文化交流情况；穿着泰国服饰，感受泰国的文化魅力，进行泰国舞蹈即兴表演；体验晚间泰国泼水节气氛	150	历史	
	20:30~21:00	南宁方特东盟神画主题乐园	分享会	分享交流当天研学活动的心得	30		
	21:00以后	酒店	休息				
活动流程 第2天	9:30~10:00	酒店	早餐				
	10:00~12:00	南宁方特东盟神画主题乐园	七彩之旅	通过室内漂流船让学生了解文莱特有的民俗风情；穿上文莱服装拍摄写真	120	地理	
	12:00~13:00	南宁方特东盟神画主题乐园	午餐	品尝文莱美食	60		
	13:00~14:00	南宁方特东盟神画主题乐园	东南亚风情街	通过导师的讲解加深了解各国的独特建筑景观，参加东盟风情特色表演	60	地理	
	14:00~16:00	南宁方特东盟神画主题乐园	东盟十国的地域	让学生自己去探索东盟十国的地理位置并填写在研学手册上；完成任务后进行评价和分享	120	地理	在研学手册上填写完成东盟十国的地理位置，标注出每一个国家的标志性建筑
	16:00~16:30	南宁方特东盟神画主题乐园	闭营仪式	导师对这次研学活动进行总结；布置课后延伸任务；颁发纪念品，合影留念	30		

续表

	评价标准	合格	较好	优秀
评价表	画出你心中的吴哥窟建筑	在规定时间内独自画出自己心中的吴哥窟建筑	在规定时间内独自画出自己心中的吴哥窟建筑，线条流畅	在规定时间内独自画出自己心中的吴哥窟建筑，线条流畅，涂有颜色，并能说出灵感来源
	自己动手制作吴哥窟作品	在规定时间内完成小组的作品	在规定时间内完成小组的作品，作品形状良好。	在规定时间内完成小组的作品，作品形状完美，并能说出制作作品时的难点
	制作滴漏咖啡	在规定时间内，根据制作步骤完成滴漏咖啡的制作	在规定时间内，根据制作步骤完成滴漏咖啡的制作，咖啡味道浓郁、无杂质	在规定时间内，根据制作步骤完成滴漏咖啡的制作，咖啡香气独特、味道层次丰富，展现了越南滴漏咖啡的特色
拓展延伸	（1）试着列举使用过的咖啡渣还有什么作用 （2）试着列举咖啡还可以结合哪些食品制作新的咖啡饮品			

二、文化演艺研学旅行产品的方案设计策略

作为文化产业与旅游产业深度融合的典范，旅游演艺不仅是一种地域文化在特定目的和背景下的新型文化生产方式，更是旅游产品创新与升级的重要路径。它以独特的价值取向，成为连接文化与旅游、传统与现代、本土与国际的桥梁。旅游演艺不仅仅是简单的文化表演，它承载着传播优秀文化、展现地域特色、促进旅游地经济发展的多重使命。无论是外事接待中的文化展示，还是主题公园中的串场表演，抑或是直接面向旅游者的文化演艺，都旨在通过精心编排的演出，让观众在欣赏中感受到文化的魅力，进而激发旅游消费，推动地方经济的实质性增长。

以无锡水浒城为例，我们可以深入探索文化演艺研学旅行产品的方案设计。水浒城，这座坐落于江苏省无锡市太湖之滨的影视拍摄基地，自1996年《水浒传》剧组进驻开拍以来，便以其仿宋的建筑风格和丰富的场景设置，成为展现宋代历史风貌和文化底蕴的绝佳场所。水浒城不仅依山傍水，拥有540亩的陆地面积和1500亩的水上拍摄区域，更是在细节上做到了极致，从皇宫相府到民宅草屋，从衙门监牢到寺院宗庙，每一处都透露出宋代独特的历史气息和浓郁的风土人情。

在水浒城，游客可以亲身体验到《水浒传》中的经典场景。紫石街上，武大郎饼店、王婆茶馆、郑屠肉铺等店铺林立，古风浓郁的建筑和细致的做旧工艺，让人仿佛穿越回了北宋时期。而京城区的清明上河街，更是根据宋代画家张择端的名画《清明上河图》设计建造，展现了宋代民居勾栏瓦肆中的民情风貌。在这里，游客不仅可以参观拍摄《水浒传》留下的痕迹，还可以亲手体验各种传统手工艺，观看杂耍、木偶戏、魔术、驯兽等民间演出，感受中华民族传统文化的魅力。

水浒城不仅仅是一个影视拍摄基地，更是一个弘扬宋代民族文化的平台。通过一个个逼真的景点和丰富的文化活动，水浒城再现了清明时节汴河两岸的民俗风貌，让游客在游历中缅怀岁月，感叹时光悠悠，物过而境迁。水浒城以其独特的文化魅力，吸引着越来越多的游客前来参观体验，成为无锡太湖影视基地的一大亮点。

在水浒城内，每天都上演着精彩的马战、歌舞、影视特技类的节目。这些节目通过精湛的演技和震撼的视听效果，让观众仿佛置身于那个波澜壮阔的历史时代。这种将文化演艺与旅游体验紧密结合的方式，不仅丰富了旅游产品的内涵，也提升了游客的旅游体验和文化素养。

因此，在水浒城的文化演艺研学旅行产品设计中，我们可以充分利用其丰富的文化资源和独特的建筑风格，结合现代科技手段和创新思维，打造出一系列具有教育意义、娱乐性和参与性的文化演艺活动。通过这些活动，让游客在欣赏文化演艺的同时，也能深入了解宋代的历史文化、风土人情和民俗传统，从而实现文化旅游的深度融合和研学旅行的目的。

三、保健康养研学旅行产品的方案设计策略

　　康养，这一旨在保障与维护全体人员健康的理念，实则蕴含着深邃的"康"之世界观与"养"之方法论。它不仅仅局限于日常的健康活动或特定的康复调理，而是一个广泛而包容的概念，旨在通过养生保健的方式，引领人们踏上健康之道，不仅追求长寿，更在于丰富生命的内涵与意义，因为唯有拥有健康的体魄，方能领略世界的无限美好。康养作为一种长期性的养生状态与健康活动，其实现依赖于特定的环境营造与行为习惯的培养。在此过程中，康养性景观作为康养建设不可或缺的一环，巧妙地融合了地域性的康养元素与民俗文化，通过设计者的匠心独运，利用景观手法将康养资源转化为滋养身心的环境，于潜移默化中达到康养之目的。在设计中，既要考虑康养资源的有效利用与人群的实际需求，又要兼顾与周边景观的和谐共生，从而构建起一种关联性的康养景观设计理念。总而言之，康养性景观是康养理念根据市场趋势、资源禀赋、适用人群及关联产业的不同而衍生出的具体塑造形式，它从物质层面到精神层面全面阐述了健康养生的内涵，旨在扩展生命的维度，丰富人的精神世界，最终实现集保健、养生、休闲、度假等多种功能于一体的新时代康养目标。

　　下面以桂林康养研学旅行产品开发为例，来介绍一下保健康养研学旅行产品的方案设计思路。

1. 桂林旅游发展概述

　　桂林，这座享誉中外的山水城市，以其悠久的历史文化底蕴和独一无二的喀斯特地貌景观，成为无数游客心中的旅游胜地。然而，在桂林旅游产值持续攀升的同时，也面临着旅游消费不够旺盛的难题。尽管桂林凭借其高知名度和一系列优惠政策成功吸引了国内外广阔的市场关注，但游客逗留天数较短、人均消费金额偏低的问题依然突出，这在一定程度上制约了桂林旅游业的进一步发展。

（1）观光游仍是本质，创新不足。

近年来，桂林虽然紧跟时代步伐，尝试开发了一些复合型旅游产品，如"阳朔单车骑行一日游""桂林人文休闲一日徒步游""温泉小镇三日游"等，试图将观光游与休闲、养生等元素相融合，然而这些产品的数量仍然有限，形式也相对单一，且在很大程度上仍未摆脱观光游的固有模式，对游客的吸引力显得不足。目前，市场上的大多数旅游产品仍然只是简单地将各个景点进行连接，缺乏真正的创新性和深度挖掘。

（2）产品内涵不足，难以满足深层需求。

旅游产品的内涵往往体现在其附加价值的大小上。桂林旅游产品虽然在山水情怀的基础上融入了历史文化、民俗风情等元素，但这些内容往往流于表面，缺乏实质性的深度和广度，游客在游览过程中难以真正触及这些丰富资源的核心，导致旅游体验相对肤浅。例如，一些以休闲养生为口号的特色温泉小镇和湿地公园生态度假区，过于注重休闲方式的转变，却忽视了现代游客对于健康养生的真正需求。这些产品往往只是改变了洗浴方式和游览方式，却难以真正达到强身健体的效果。在旅游业竞争日益激烈的今天，桂林虽然依然能够吸引大量游客，但市场份额在不断萎缩，国际排名中也鲜少见到桂林的身影。面对瞬息万变的市场环境，桂林旅游发展已迫在眉睫，必须顺应甚至引导潮流，抓住机遇，创新开发旅游产品，以重振旅游产业的雄风。

2. 桂林适合开发康养研学旅行产品

（1）我国有巨大的康养研学旅行产品需求市场。

随着人口老龄化趋势的加剧，构建养老、孝老、敬老的政策体系和社会环境已成为国家的重要任务。一方面，老年人口基数庞大，对康养产品的需求日益旺盛。积极探索健康养老模式，推进健康老龄化，不仅是推动国家经济增长的重要动力，也是提升国民幸福指数的关键所在。另一方面，随着科技的飞速发展和生活水平的提高，人们面临着越来越多的健康隐患。劳逸失衡、不良生活方式和习惯、环境恶化及各类污染、心理问题等导致大多数人的身体处于亚健康状态。因此，拓宽健康养生知识领域、调整身体机能已成为人们的迫切需求。同时，观念的更迭也使人们越来越重视身体健康状况，热衷于健康投资。

（2）桂林具备开发康养研学旅行产品的得天独厚条件。

①桂林作为国际化旅游都市，享有极高的知名度，每年大量的观光游产品能够吸引国内外游客纷至沓来。此外，桂林还拥有数量众多的旅行服务机构，其影响范围广泛，为康养研学旅行产品的传播与推广提供了有力的支持。

②桂林地理位置优越，交通便捷。它位于泛珠三角、西南、东盟三大经济圈的接合部，是沟通国内西南与华南沿海经济的桥梁，也是贯通国内与东盟的重要枢纽。这样的地理位置为康养研学旅行产品的"引进来"和"走出去"提供了极大的便利。

③桂林的环境优美，气候宜人，为康养研学旅行产品的发展奠定了坚实的基础。桂林属于亚热带季风气候，年平均气温保持在19.3℃左右，空气质量优良，地表水水质更是达到了优良标准，监测断面的年度考核达标率高达100%。这样的自然环境为康养研学提供了得天独厚的条件。

④桂林生物医药产业发展迅速，产业规模不断扩大，拥有一批如桂林三金、莱茵科技等优秀企业，为康养研学旅行产品提供了坚实的医药和医疗器械保障。

⑤桂林及其周边的中草药资源丰富多样。桂林生态医药资源丰富，拥有天然药物近4000种，其中本地特有中药材就有125种，98种受国家重点保护。特别是桂林的土特产罗汉果，更是国家批准的药食两用材料之一，具有止咳化痰、生津润肺的功效。这些丰富的中草药资源为康养研学旅行产品提供了丰富的素材和依据。

⑥政策环境支持度高，基础保障稳固。桂林依托广西的资源优势，致力于打造集休闲、养生、疗养、旅游功能于一体的健康养老产业集聚区。同时，桂林还被列入首批健康旅游示范基地，并建设了一批适合老年人游览的线路以供休闲与康复。这些政策的出台和实施为康养研学旅行产品的发展提供了有力的政策保障和支持。

⑦少数民族医养文化底蕴深厚，为发展康养研学旅行提供了强力支撑。桂林及其周边居住着十几个少数民族，分布范围广且密集。其中壮医、瑶医在长期的历史实践中形成了独具一格的医药治疗方法，如引舞疗疾、磨药疗法、火

堆疗法等。这些独特的医养文化不仅丰富了康养研学旅行产品的内涵和形式，也为游客提供了更加多元化和个性化的健康养生体验。

3. 桂林中医药康养研学旅行产品开发措施

（1）合理利用优势资源，全面促进市场开发。

第一，依托观光游引流，拓展康养市场。桂林以其独特的自然风光每年吸引了数以百万计的游客，为康养研学旅行提供了坚实的市场基础。应充分利用这一优势，通过观光游与康养研学的有机结合，吸引游客深入了解并体验中医药康养文化，逐步将观光游客转化为康养研学旅行的忠实客户，从而加快产业转型步伐。

第二，强化旅行社推广作用，拓宽市场渠道。旅行社作为旅游业的重要组成部分，是连接游客与旅游产品的关键纽带。应鼓励并支持旅行社开发具有中医药康养特色的研学旅行产品，通过线上线下多渠道推广，提升产品知名度和影响力，吸引更多的游客参与。

第三，借助养生机构力量，精准定位市场。现有的中医药、养生机构在市场中已具备一定的知名度和影响力。应加强与这些机构的合作，利用其专业性和市场基础，精准定位目标客户群体，实现康养研学旅行产品的有效推广和客源获取。

（2）优化政策环境，加速项目落地实施。

在组织层面，应建立专门的中医药康养研学旅行项目管理机构，负责统一规划、布局和协调区域康养研学资源的开发，避免同质化竞争和恶性竞争。在政策层面，应加强顶层设计，完善相关政策制度，为中医药康养研学旅行产业的健康发展提供有力保障。同时，应适当降低产业准入门槛，吸引社会资本进入市场，解决企业投资落地难等问题。此外，还应加强市场监管，防止部分企业以康养项目为名滥用国家优惠政策和土地资源。

（3）科学规划布局，整合全域康养资源。

桂林市拥有丰富的康养资源，包括优质的生态环境、丰富的医药资源和深厚的民族医药文化。应以这些资源为切入点，结合山水风光和特色文化带来的客源集聚效应，进行科学合理的规划布局。一方面，应丰富中医药康养研学旅行产品体系，满足不同层次旅游者的需求；另一方面，应加强各区、县之间的旅游合作，实现资源互补、客源共享，共同打造"大桂林"康养研学旅行大品牌。

（4）注重人才培养与引进，提升产业竞争力。

中医药康养研学旅行产品的有效开发离不开专业人才的支撑。应加强与职业院校和大学的合作，定制培养桂林中医康养研学旅行人才，创新实用性人才培养机制。同时，应加强对康养研学专业人才的挖掘和聚集，构建一支高素质、专业化的人才队伍。此外，还应规范市场秩序，构建连接行业专家与市场的有效渠道，提升产业的整体竞争力。

（5）深化产品创新，打造特色品牌。

在开发桂林中医药康养研学旅行产品时，应深入挖掘可利用资源，结合现代科学技术进行产品创新。通过打造具有地域特色的品牌产品，形成难以复制甚至无法复制的特色优势。同时，应注重产品的可持续性和创新性，不断满足市场变化和游客需求的变化。

（6）把握开发内涵，明确项目定位。

在开发中医药康养研学旅行项目时，应明确项目定位和目标客户群体需求。具体应避免以下三个误区：一是将项目等同于地产项目，忽视康养研学的本质；二是将项目等同于养老项目，忽略其教育和体验功能；三是将项目等同于医疗项目，混淆康养与医疗的界限。只有准确把握项目内涵和定位，才能确保项目的成功实施和持续发展。

四、体育休闲研学旅行产品的方案设计策略

下面以德夯苗寨体育研学旅行资源开发为例，来介绍一下体育休闲研学旅行产品的方案设计思路。

1. 德夯苗寨体育研学旅行资源

（1）民族传统体育资源：深厚底蕴与活态传承。

少数民族传统体育项目作为中华民族非物质文化宝库中的璀璨明珠，承载着丰富的历史文化内涵。德夯苗寨，这片古老而神秘的土地，历经千百年的岁月沉淀，孕育出了如苗族鼓舞、苗家武术、上刀梯、八人秋、跳竹竿等20多项独具特色的民族传统体育项目。这些项目不仅体现了苗族人民的智慧与勇气，更是他们生产生活、民俗节庆、文化崇拜的生动写照。尤为值得一提的是，苗族鼓舞、苗族武术、苗族接龙舞、上刀梯、苗族舞狮等已被列入非物质文化遗产名录，成为德夯苗寨对外展示民族文化的重要窗口。在研学旅行中，学生们可以亲身体验这些传统体育项目，感受其背后的历史渊源、民族信仰与民风民俗，从而加深对中华民族优秀传统文化的理解与认同。

（2）民俗体育节庆资源：文化盛宴与民族精神的展现。

民俗节庆作为人民物质财富和精神财富融合的产物，是民族文化的重要载体。德夯苗寨的"百狮会""赶秋节""鼓文化节"等民俗体育节庆活动，不仅展示了苗族文化的独特魅力，更承载着苗族人民对美好生活的向往与追求。以"百狮会"为例，这一活动俗称"玩年"，通过借狮、迎狮、盘狮、抢狮、考狮、狮子登高、狮会比武等一系列环节，生动再现了苗族人民与自然灾害斗争的英勇精神，同时也寄托了他们对幸福生活的热切期盼。在研学旅行中，学生们可以亲身参与这些节庆活动，感受苗族文化的热烈氛围，领略民族体育的独特魅力，从而增强对民族文化的认同感和自豪感。

（3）户外运动自然资源：壮美风光与户外探险的完美结合。

德夯苗寨的自然环境得天独厚，四面环山，森林覆盖率高达90%以上，为原生态的民族文化提供了生存的空间基础。同时，这里典型的喀斯特地貌塑造了壮美秀丽的峡谷风光，如玉泉溪峡谷、九龙溪峡谷、盘古峰、驷马峰、流沙瀑布、玉带瀑布等，为户外运动提供了绝佳的场所。随着湘西州旅游业的蓬勃发展，德夯苗寨的交通条件得到了显著改善，使得这里成为徒步、野营、单车骑行、丛林穿越、溯溪、探险等户外运动项目开展的理想之地。在研学旅行中，学生们可以在大自然的怀抱中尽情挥洒汗水，挑战自我，同时欣赏到德夯苗寨的壮美风光，感受到大自然的鬼斧神工。

2. 德夯苗寨体育研学旅行资源的开发策略

（1）深度挖掘少数民族传统体育文化的内涵：从源头到体验的全方位呈现。

在研学旅行资源开发中，我们不仅要关注少数民族传统体育项目的表面形式，更要深入挖掘其背后的历史渊源、民族信仰、民风民俗等文化内涵。通过组织专家讲座、实地考察、互动体验等多种形式，让学生们能够全面了解这些体育项目的起源、发展、规则及背后的文化意义。同时，结合德夯苗寨的实际情况，设计出一系列具有教育性、趣味性和参与性的研学活动，如苗族鼓舞体验课、苗家武术学习班等，让学生们在亲身体验中感受少数民族传统体育文化的魅力。

（2）针对不同需求多层次开发旅游产品：满足多元化旅游动机。

针对游客日益多样化的旅游动机，德夯苗寨应充分利用其丰富的旅游资源，多层次地开发旅游产品。在保持原有生态旅游、文化旅游等基础上，进一步拓展体育旅游和研学旅行的产品线。例如，针对喜欢户外运动的游客，可以开发以玉泉溪峡谷为基地的攀岩、溯溪等极限运动项目；针对对苗族文化感兴趣的游客，可以推出以苗寨建筑、苗语、苗歌为特色的文化旅游产品；针对学生群体，则可以设计以苗族鼓舞、苗族武术等少数民族传统体育项目为核心的研学旅行产品。通过多样化的旅游产品组合，满足不同层次游客的需求。

（3）建设研学旅行基地，塑造民族研学品牌：品牌塑造与市场推广并重。

在研学旅行品牌的塑造过程中，德夯苗寨应明确品牌定位，以学生的学习需求为导向，提供高质量的研学服务。同时，结合苗族鼓舞、苗族武术等人文资源优势和户外运动自然资源优势，开发特色体育研学旅行产品，建设"民族体育+户外教育"的研学旅行基地。在品牌推广方面，应充分利用新媒体平台，如抖音、百度、携程等，通过拍摄短视频、微电影、电子宣传海报等形式进行宣传推广，提高品牌知名度和影响力。此外，还可以与学校、教育机构等建立合作关系，共同推广研学旅行产品，形成品牌效应。

（4）培育专业人才，促进"体育+研学旅行"深度融合：人才是关键。

为了实现体育研学旅行的可持续发展，德夯苗寨应重视专业人才的培育工作。首先，应加强研学旅行专业管理人员的培养，提高他们的理论水平和管理能力；其次，应对体育研学旅行实施阶段的专业人员进行培训，提升他们的技术水平和教学能力；最后，可以与地方高校如吉首大学展开合作，邀请体育学方面的专家进行指导和培训，共同挖掘优秀的民族体育文化研学旅行资源，提高相关工作人员的教学水平和理论深度。通过培育一支高素质的专业人才队伍，为"体育+研学旅行"的深度融合提供有力支撑。

第六章

研学旅行产品的线路设计策略

第一节 研学旅行产品线路概述

一、研学旅行产品线路的概念及其重要性

在当今的教育体系中，研学旅行作为一种新兴且充满活力的教育形式，正以其独特的魅力和价值，逐渐成为连接学校教育与校外教育的重要纽带。它打破了传统课堂教学的空间限制，将学生的学习场域从狭窄的教室扩展到广阔的自然界和丰富多彩的社会生活中。这种教育形式的出现，不仅为学生提供了更为广阔的学习空间，更重要的是，它通过让学生亲身体验和实践，将抽象的理论知识与实际生活紧密相连，从而极大地激发了学生的学习兴趣，培养了他们的创新思维和解决实际问题的能力。

研学旅行产品线路作为研学旅行内容体系的核心组成部分，其设计的合理性、科学性和创新性，对于提升研学旅行的整体效果和质量具有至关重要的作用。然而，当前关于研学旅行产品线路的理论研究尚显不足，尤其是缺乏对整个产品线路系统性、综合性和创新性的深入探讨。因此，为了更全面地理解和界定研学旅行产品线路的概念，我们有必要从研学旅行、研学旅行产品、研学

课程等基本概念入手，结合研学旅行的独特特点，进行深入细致的分析。

首先，研学旅行作为一种特殊的教育活动，其本质在于通过一种全新的学习方式，引导学生在更广阔的环境中探索知识、增长见识。在这个过程中，学生不再是被动的知识接受者，而是成为主动的探索者和实践者。他们通过观察、实验、调查等多种方式，亲身体验知识的产生和应用过程，从而在实践中锻炼自己的团队协作能力、沟通能力和解决问题的能力。

其次，研学旅行产品作为一种以满足学生研学需求为核心的教育服务产品，其设计需要充分考虑学生的身心特点、学习需求以及教育目标。一个优秀的研学旅行产品，不仅应该包含丰富多样的研学地点、内容、方式和时间等要素，还应该注重激发学生的学习兴趣，培养他们的创新精神和实践能力。同时，安全性和经济性也是不可忽视的重要因素，必须确保学生在研学过程中的安全，并合理控制研学成本，以提高研学旅行的整体性价比。

最后，研学课程作为研学旅行产品的核心内容，其设计直接关系到研学旅行的教育效果。研学课程应该根据研学目标和学生的实际情况，精心策划和组织一系列富有挑战性和探究性的学习活动和实践任务。这些课程既可以围绕学科知识进行深入探究，也可以跨越学科界限，进行综合性的实践活动。通过这样的课程设计，学生可以更加全面、深入地理解所学内容，同时培养他们的学科素养和综合能力。

基于以上分析，我们可以将研学旅行产品线路的概念进一步细化为：以青少年学生为主体对象，以学科知识的获取、学科核心素养的培养为核心目标，通过精心规划和设计研学旅行的地点、内容、方式、时间等要素，形成的一条具有明确教育目标、丰富实践内容、高度探究性和实践性的学习线路。

在研学旅行产品线路的设计过程中，我们需要遵循一系列原则和要求。首先，目标性和针对性是设计的基础。我们必须根据学生的学习需求和学科特点，明确研学旅行的具体目标和任务，确保学生在研学过程中能够有所收获。其次，实践性和探究性是设计的核心。我们应该设计一系列富有挑战性和实践性的活动，让学生在实践中发现问题、解决问题，从而培养他们的实践能力和创新精神。此外，安全性、经济性和可行性也是设计过程中必须考虑的重要因素。我们需要确保学生在研学过程中的安全，合理控制研学成本，并确保整个产品线路设计的可行性和可操作性。

在研学旅行产品线路的具体设计过程中，我们还需要充分考虑各种因素的影响。例如，在选择研学地点时，我们应该综合考虑该地的教育价值、交通便利性、安全性以及学生的兴趣爱好等因素。在设计研学内容时，我们应该注重知识的系统性和连贯性，既要涵盖学科基础知识，又要引导学生进行深入探究和思考。在选择研学方式时，我们应该注重灵活性和多样性，既要发挥教师的引导作用，又要充分发挥学生的主动性和创造性。通过综合考虑各种因素，从而设计出更加符合学生需求、具有教育意义的研学旅行产品线路，为学生的全面发展提供有力支持。

二、研学旅行产品线路的特征

1. 集体性：强化团队协作，促进共同探索与成长

研学旅行产品线路的集体性，是其核心魅力所在，它超越了传统个人旅游的范畴，成为一种由学校或教育机构精心组织的集体活动。这种以年级或班级为单位的研学模式，不仅为研学活动的有序开展提供了有力保障，更在无形中培养了学生的团队协作精神和集体荣誉感。

在研学旅行的过程中，学生们在研学导师的悉心指导下，踏上了一段段充满探索与发现的旅程。他们前往校外精心挑选的研学地点，共同参与丰富多彩的学习活动和实践任务。这些活动往往设计得既富有挑战性又充满趣味性，需要学生们相互协作、共同努力，才能顺利完成任务。在这样的过程中，学生们的团队协作能力和沟通能力得到了极大的锻炼和提升，他们学会了如何与他人有效沟通、如何分工合作、如何共同解决问题。

更为珍贵的是，集体性的研学旅行让学生们深刻感受到了集体的力量和温暖。在共同面对困难和挑战时，他们相互支持、相互鼓励，共同克服了一个又一个难关。这种经历不仅增强了他们的归属感和自信心，还让他们更加珍惜团队的力量，学会了如何在团队中发挥自己的作用，为团队的共同目标贡献自己

的力量。

此外，研学旅行产品线路的集体性还体现在对知识的共同探讨和分享上。学生们围绕特定的研学主题，展开深入的讨论和交流，分享自己的见解和心得。这种集体性的学习方式，不仅有助于学生们深入理解所学知识，还能激发他们的创新思维和批判性思维，让他们在思想的碰撞中不断成长和进步。

2. 目的性：明确研学目标，实施有效考核与反馈

研学旅行产品线路的另一个显著特征是目的性。与一般的旅游线路相比，研学旅行具有更加明确的目标和方向。它旨在通过一系列精心设计的学习活动和实践任务，培养学生的学科素养和综合能力，促进他们的全面发展。

在研学旅行主题的确立阶段，研学产品线路的设计者会充分考虑学生的年龄、学科特点和教育需求，制定具体、可行的研学目标和考核体系。这些目标和考核体系不仅关注学生们在研学过程中的知识获取和技能提升，还注重培养他们的创新精神、实践能力和社会责任感。

为了确保研学旅行活动的有效性和针对性，研学产品线路的设计者还会对研学过程进行全程监控和评估。他们通过收集学生们在研学过程中的表现数据，对其进行分析和总结，及时发现存在的问题和不足，以便及时调整研学计划和教学策略。这种目的性的设置，使得研学旅行产品线路在教育领域中具有更高的价值和意义，它不仅能够帮助学生们更好地理解和掌握所学知识，还能培养他们的综合素质和能力。

3. 体验性：强调动手实践，促进知识内化与创新

研学旅行产品线路的第三个重要特征是体验性。与传统的课堂教学相比，研学旅行更加注重学生的亲身体验和实践操作。在研学过程中，学生们需要亲自动手参与各种实践活动，通过亲身实践来感受和理解所学知识。

体验性的研学旅行产品线路设计，旨在通过动手实践的方式，让学生们更加深入地理解和掌握所学知识。在研学过程中，学生们会参与到各种实际操作中，如科学实验、手工制作、户外探险等。这些实践活动不仅能够帮助学生们

巩固所学知识，还能培养他们的动手能力和解决问题的能力，激发他们的创新意识和实践能力。

同时，体验性的研学旅行还能让学生们更好地感受到学习的乐趣和成就感。通过亲自动手参与实践活动，学生们能够直观地看到所学知识在实际中的应用和效果，从而激发他们的学习兴趣和动力。这种体验性的学习方式不仅有助于学生们的知识内化，还能培养他们的创新意识和实践能力，为他们的未来发展奠定坚实的基础。

除了以上三个代表性特征外，研学旅行产品线路还具有跨学科性、情境学习、社会责任感培养等多重特点。它整合了多个学科的知识和技能，让学生在特定的情境中进行学习和实践，同时注重培养学生的社会责任感和公民意识，让他们在实践中了解社会、关注社会、服务社会。这些特点使得研学旅行产品线路在教育领域和旅游领域中都占据了独特的地位，成为促进学生全面发展、提升教育质量的重要途径。

研学旅行产品线路以其集体性、目的性和体验性等代表性特征，在教育领域和旅游领域中都展现出了独特的魅力和价值。未来，随着教育改革的深入推进和旅游产业的不断发展，研学旅行产品线路将会迎来更加广阔的发展前景和更加丰富的内涵。因此，我们应该加强对研学旅行产品线路的研究和探索，不断完善和优化其设计方法和流程，为学生提供更加优质、高效的研学旅行服务。同时，我们还需要注重培养学生的创新意识和实践能力，让他们在研学旅行中不断成长和进步，为未来的学习和生活打下坚实的基础。

第二节　研学旅行产品线路的构成与类型

一、研学旅行产品线路的构成

在构建完整的旅游线路时，无论是传统的以休闲观光为主的旅游项目，还是近年来日益受到重视的研学旅行产品，都离不开精心周密的规划。这一规划过程旨在确保每一位游客或参与者都能获得高质量、有意义的旅行体验。对于传统的休闲观光游而言，可能更注重的是景点的吸引力、行程的舒适度以及服务的周到性，而研学旅行在此基础上提出了更高的要求——教育价值的实现。

研学旅行作为一种将学习与旅行相结合的特殊旅游形式，其目标远不止于提供简单的休闲娱乐，而是希望通过旅行这一载体，让学生在亲身体验中学习知识、提升能力、提高素养。因此，在研学旅行产品线路的设计中，除了必须包含的旅游餐饮、旅游住宿、旅游交通、旅游资源、旅游购物以及旅游娱乐这六大基本要素外，课程设计成为整个项目的灵魂和核心。

课程设计之所以在研学旅行中占据如此重要的地位，是因为它直接决定了研学活动的教育深度、实践意义以及学生的参与度。一个好的课程设计不仅能够明确研学活动的主题、目标和内容，还能够引导其他要素的选择和配置，确保整个研学旅行产品线路的连贯性和一致性。

以旅游餐饮为例，在研学旅行的背景下，餐饮的安排不再仅仅是满足口腹之欲，而是需要考虑到学生的营养需求、口味偏好以及研学活动的特点。比如，对于需要高强度脑力活动的研学项目，餐饮中应适当增加富含蛋白质和维生素的食物，以支持学生的体力消耗和脑力劳动。同时，还可以通过餐饮文化的介绍，让学生了解当地的饮食习惯和文化特色，拓宽他们的视野。

在旅游住宿的选择上，除了考虑安全性、舒适性等基本因素外，还需要考虑住宿地点是否便于开展研学活动。比如，对于需要进行户外考察或实地调研的研学项目，选择靠近研学地点的住宿点可以大大减少学生的通勤时间，提高研学效率。

旅游交通的安排也是研学旅行产品线路设计中不可忽视的一环。交通的便捷性、准时性直接关系到学生能否按时到达研学地点，参与课程活动。因此，在设计交通方案时，需要充分考虑学生的出行需求、交通工具的舒适度以及交通路线的合理性。

旅游资源的选择则是研学旅行中实现教育目标的关键。研学旅行的主题和目标决定了需要选择哪些旅游资源作为学生的学习对象。这些资源应该具有丰富的教育价值和实践意义，能够让学生在亲身体验中获得知识、提升能力。

旅游购物和旅游娱乐虽然看似与研学活动的直接关联度不高，但如果巧妙设计，也可以成为研学旅行中的重要环节。比如，通过购物活动，可以让学生了解当地的经济特色和文化传统；通过娱乐活动，可以以更加轻松愉快的方式巩固所学知识，提升学生的学习兴趣。

研学旅行产品线路的设计是一个复杂而系统的工程，需要综合考虑各构成要素之间的依存关系，特别是要突出课程设计在其中的核心地位。只有这样，才能确保研学旅行活动既能够满足学生的休闲娱乐需求，又能够实现教育目标，达到最佳的教育效果。

二、研学旅行产品线路的类型

研学旅行作为一种融合教育与旅游的创新形式，其产品线路的设计多样且富有特色。根据不同的划分标准，研学旅行产品线路可以划分为多种类型，以满足不同游客的教育需求。

1. 按研学旅行活动内容划分

（1）综合性研学旅行产品线路：多维度融合，打造全方位学习之旅。

综合性研学旅行产品线路以其独特的多元融合性，为游客提供了一场跨越自然、人文、科技等多领域的全方位学习盛宴。这类线路不仅将自然景观的壮丽、人文历史的深厚与科学技术的先进巧妙结合，更通过精心设计的行程安排，让游客在旅途中能够深度体验、全面学习。

以"贵州西江千户苗寨、荔波、中国天眼科普基地五日四晚暑期研学游"这一经典线路为例，其综合性体现得淋漓尽致。游客首先会被荔波大小七孔那如诗如画的山水风光所吸引，沉浸在大自然的怀抱中，感受大自然的鬼斧神工。随后，踏入西江千户苗寨，那独特的苗族建筑、丰富的民族文化、热烈的民族节庆，无一不让游客沉醉，仿佛穿越回了千年前的苗族古寨，深刻体验苗族文化的独特韵味。而最后的中国天眼科普基地之行，更是将游客带入了高科技的天文世界，通过参观射电望远镜、聆听天文讲座，游客不仅能了解到天文观测的奥秘，更能激发对宇宙探索的无限遐想。

综合性研学旅行产品线路的优势在于其全面性与多样性。它打破了传统研学旅行的单一性，让游客在享受旅行乐趣的同时，也能在多个领域获得知识与技能的提升。不过，设计这类线路也会面临诸多挑战。设计者需充分考虑游客的兴趣爱好、认知能力以及时间安排，确保每个研学点都能与游客产生深度互动，让研学活动既有趣又有效。

（2）专题性研学旅行产品线路：聚焦核心主题，深化认知体验。

与综合性研学旅行产品线路相比，专题性研学旅行产品线路则更加注重对某一特定主题或专题的深入挖掘与探讨。这类线路以某一专题为核心，通过串联起与之相关的旅游点，为游客提供了一场主题鲜明、内容丰富的研学之旅。

专题性研学旅行产品线路的类型繁多，各具特色。对于学生而言，户外夏令营以其户外探险、体能训练等主题，成为培养孩子们勇气、团队精神与生存技能的绝佳选择；修学游以其对学术氛围、校园文化的深入挖掘，吸引了无数渴望了解高等教育魅力的游客；红色文化研学旅行通过参观革命纪念馆、烈士陵园等红色景点，让游客在缅怀先烈的同时，深刻领悟革命精神与红色文化的内涵；少数民族文化研学旅行则以其独特的民族文化、民俗风情为主题，让游客在旅途中领略不同民族的文化魅力，增进对多元文化的理解与尊重。

设计专题性研学旅行产品线路时，需紧扣专题特点，充分考虑游客的认知能力与兴趣点。例如，在红色文化研学旅行中，除了参观红色景点外，还可组织红色故事分享会、红色电影放映等活动，让游客在参与中更加深入地了解红色文化；在少数民族文化研学旅行中，则可安排民族手工艺品制作、民族歌舞表演等互动环节，让游客在亲身体验中感受少数民族文化的独特魅力与深厚底蕴。

专题性研学旅行产品线路的优势在于其针对性与深度性。它能够让游客在某一特定领域获得更加深入、系统的认知与体验，而这也要求设计者具备较高的专业素养与创意能力，以确保研学活动既具有吸引力又富有实效性。

无论是综合性研学旅行产品线路还是专题性研学旅行产品线路，它们都以各自独特的魅力与价值吸引着越来越多的游客。在设计研学旅行产品线路时，我们应充分考虑游客的需求与兴趣点，注重研学资源的整合与优化利用，以打造更加精彩、高效的研学之旅。

2. 按研学旅行主题划分

（1）"研学旅行+文化"：深度探索中华文化瑰宝之旅。

中国，这片古老而又充满活力的土地，孕育了五千年灿烂辉煌的文明。其丰富的文化资源如同璀璨的星辰，散落在广袤的中华大地上，为研学旅行提供了无尽的探索空间与灵感源泉。在这里，传统文化、红色文化、民族文化交织融合，共同绘制出一幅幅绚丽多彩的文化画卷，等待着我们去细细品味、深入探索与传承发扬。

①传统文化类研学旅行：穿越时空，追寻历史的印记。传统文化是中华民族的精神命脉，它承载着我们的历史记忆与文化基因。传统文化类研学旅行产品线路旨在通过深入挖掘并展现本地有价值的传统文化资源，让游客在旅行中穿越时空，领略中华文化的博大精深与独特魅力。从孔子的儒家思想到唐诗宋词的文学风雅，从古代建筑的匠心独运到传统手工艺的精妙绝伦，每一处景点都蕴含着深厚的历史底蕴与文化内涵。在曲阜孔庙，游客们不仅能感受到古代祭祀文化的庄重与肃穆，更能在孔庙的每一块石碑、每一座牌坊中，深刻领悟儒家文化的精髓与智慧。绍兴的三味书屋，则是鲁迅先生少年时代求知的殿堂，这里的一草一木、一桌一椅都仿佛诉说着那个时代的故事，让游客在品味文学经典的同时，也能深切感受到那个时代文人的精神风貌与崇高追求。

②红色文化类研学旅行：铭记历史，传承红色基因。红色文化是中国共产党领导下的革命文化，它记录了我们党从成立到壮大，再到取得革命胜利的光辉历程。红色文化类研学旅行产品线路旨在让游客在重温革命历史的同时，接受一次深刻的爱国主义教育洗礼。井冈山、延安、遵义会议会址等地，都是重要的革命圣地，它们见证了中国共产党从艰难困苦走向胜利的伟大历程。在这里，游客们可以参观革命纪念馆、烈士陵园等场所，了解革命先烈的英勇事迹与不朽功勋，感受革命精神的伟大力量与崇高境界。通过亲身参与与体验，游

客们能够更加深刻地理解红色文化的内涵与价值,从而更加珍惜来之不易的和平与幸福生活。

③民族文化类研学旅行:领略多元文化,感受异域风情。中国是一个多民族的国家,每个民族都有自己独特的文化传统与民俗风情。民族文化类研学旅行产品线路旨在让游客在旅行中领略不同民族的文化魅力与独特风采。从北方的草原文化到南方的水乡文化,从东部的海洋文化到西部的高原文化,每一处都充满了异域风情与神秘色彩。在民族博物馆、展览馆里,游客们可以欣赏到各民族精美的服饰、独特的乐器以及丰富多彩的手工艺品;在少数民族村寨里,游客们可以亲身参与到少数民族的特色民俗活动中,品尝到地道的民族美食并感受到浓郁的民族氛围与乡土气息。通过这样的研学旅行体验,不仅能够增进游客对各民族文化的了解与尊重,还能够促进不同民族之间的交流与融合。

"研学旅行+文化"是一种深度的旅行方式,它让游客在旅行中不仅领略到了自然风光的秀美与壮丽,更感受到了中华文化的博大精深与独特魅力。这种旅行方式不仅能够拓宽游客的视野与见识,还能够激发他们的文化自信与民族自豪感。

(2)"研学旅行+农业":走进田野间,探寻智慧与乐趣的源泉。

随着教育理念的不断更新与升级,研学旅行作为一种新型的教育方式正逐渐受到越来越多人的关注与青睐。而将研学旅行与农业相结合,则能够让孩子们在旅行中增长知识、开阔眼界的同时,亲身体验农业生产的乐趣并感受大自然的神奇魅力。

"研学旅行+农业"主要分为农业研究型与农耕体验型两种类型,这两种类型各具特色、相辅相成,共同为孩子们打造了一段难忘的研学之旅。

①农业研究型研学旅行:探索现代农业的奥秘与智慧。农业研究型研学旅行主要依托现代化农业示范基地、农业研究院以及农业示范园等载体开展活动。这些场所通常拥有先进的农业技术与设备,能够为孩子们提供一个直观、生动的农业知识科普教育平台与实践机会。在农业研究型研学旅行中,孩子们可以参观各种农业生产型基地如蔬菜大棚、果树园以及养殖场等场所,通过直接观察现代农业的生产生活过程来深入了解各种农作物的生长周期、农业技术的应

用以及农业生产的艰辛与不易。同时，专业的讲解员还会为孩子们详细讲解农业知识并解答他们的疑惑，让他们在轻松愉快的氛围中增长见识并拓宽视野。此外，农业研究型研学旅行还可以结合实践活动如组织孩子们参与农作物的种植、采摘等活动来让他们亲身体验农业生产的乐趣与成就感，这种寓教于乐的方式不仅能够激发孩子们对农业的兴趣与热爱之情，还能够培养他们的动手能力、团队协作能力以及解决问题的能力。

②农耕体验型研学旅行：亲身参与，感受大自然的恩赐与馈赠。与农业研究型相比，农耕体验型研学旅行更加注重孩子们的亲身参与与体验过程。这类研学旅行主要依托农庄、田园综合体等载体开展活动，将生态农业与休闲观光相结合，为孩子们提供一个集游玩、学习、体验于一体的综合性平台与空间。在农耕体验型研学旅行中，孩子们可以亲身参与到农业生产活动如耕种、浇水、施肥以及采摘等环节中，通过实践操作来更加深入地了解农作物的生长过程以及农业生产的基本流程与技巧。同时，这些活动还能够让孩子们感受到大自然的神奇与美妙之处并培养他们的环保意识与对自然的敬畏之心，让他们学会珍惜资源、保护环境并尊重自然规律。除了农业生产活动外，农耕体验型研学旅行还可以为孩子们提供丰富的旅游活动，如农产品加工与交易、购物、游玩、手工制作、住宿以及餐饮等，这些活动不仅能够丰富孩子们的旅行体验与感受，还能够让他们在实践中学习到更多的知识与技能，提升自己的综合素质与能力水平。

（3）"研学旅行＋工业"：探索工业魅力，点燃创新思维与激情。

研学旅行与工业的结合为学生们打开了一扇了解现代工业发展成果、感受科技创新魅力的窗口与平台。这类线路主要依托工业园区、工业城、高新技术园区以及高新技术企业等载体开展一系列富有知识性、实践性与趣味性的研学旅行活动，旨在让学生们近距离接触并了解现代工业的生产流程与技术创新成果，从而激发他们对科技创新的兴趣与热情，培养他们的创新意识与实践能力。

在研学旅行中，学生们不仅可以参观现代化的工业生产流程与生产线，了解各种高科技产品的制造过程与原理，还可以通过参与体验项目与课程来亲身体验工业生产的乐趣与魅力所在。这种融生产、观光、体验为一体的研学旅行模式不仅让学生们增长了见识、拓宽了视野，还激发了他们对科技创新的浓厚兴趣与探索欲望。同时，通过与企业员工的互动交流以及实地参观考察等方式，学生们还能够更加深入地了解企业的运营管理模式以及市场竞争态势等方面的内容，从而为自己的未来职业规划与发展奠定坚实的基础。

国防科工旅游作为"研学旅行+工业"的重要组成部分之一，更是以其独特的知识性与参与性吸引了大量游客的关注与青睐。在国防科工旅游中，游客们可以近距离接触到先进的国防科技装备与设施，了解国家的国防实力与安全保障能力。同时，通过参与各种体验项目与课程如模拟演练、实弹射击等，游客们还能够深入了解国防科技的发展历程与未来趋势，进一步增强自己的国家自豪感与安全意识，为国家的繁荣富强贡献自己的力量。

"研学旅行+工业"是一种富有创意与教育意义的旅游模式，它能够让学生们在轻松愉快的氛围中了解现代工业的发展成就与科技创新的力量所在，并激发他们的创新思维与实践能力。通过这种模式的推广与实践应用，我们可以更好地培养人们的创新意识与实践能力，为国家的科技发展与工业进步贡献更多的智慧与力量，推动社会经济的持续健康发展。

（4）"研学旅行+科技"：探索未来世界，播下科技梦想的种子。

科技研学旅行活动正以一种全新的方式引领着学生们走进科技的殿堂，感受科技的无穷魅力与无限可能。这种以 VR、AR、3D/4D 等高科技手段为载体的研学旅行方式，通过生动的展示与互动体验，实现了科技教育的寓教于乐与寓教于行。

在展馆类科技研学旅行目的地中，知识普及类博物馆与科技馆成为学生们的热门选择之一。这些展馆通常占地面积适中、投资金额合理且内容灵活多变，具有较强的可复制推广性。在这里，学生们可以通过互动体验区、科普讲座以及实验演示等多种方式深入了解科学原理与知识，拓宽自己的科技视野并培养科学素养。同时，这些展馆还会定期举办各种科技展览与活动，为学生们提供更多的学习机会与交流平台。

科研类科技研学旅行则为学生们提供了近距离接触高科技企业与科研单位的机会与平台。在实验室、研发中心以及生产工厂中，学生们可以亲眼见证科技的诞生与成长过程，感受科研人员的智慧与汗水以及他们对科技事业的热爱与执着追求。这种研学旅行虽然可复制性较差，但每一次的体验都是独一无二且难以忘怀的，它能够给学生们留下深刻的印象并激发他们的科技梦想与追求。同时，通过与科研人员的互动交流以及实地参观考察等方式，学生们还能够更加深入地了解科研工作的艰辛与不易，以及科技创新的重要性与意义所在。

此外，园区类科技研学旅行也备受青睐与欢迎。动物园、植物园等科技含量相对较低的园区，通过引入科技元素与手段，为学生们提供了更加多元化与趣味化的学习体验与感受。在这里，学生们不仅可以了解动植物的生态习性与特点，还能够通过AR导览、智能识别等科技手段来感受科技的便捷与神奇之处。这种寓教于乐的方式不仅能够提高学生们的学习兴趣与积极性，还能够培养他们的创新思维与实践能力，为未来的科技发展与进步奠定坚实的基础。

"研学旅行+科技"为学生们打开了一扇通往未来世界的大门，让他们在体验中学习，在学习中成长，并为未来的科技梦想播下希望的种子。通过这种研学旅行方式的应用与推广，我们可以更好地培养人们的科技素养与创新能力，推动社会的科技进步与发展，为构建更加美好的未来贡献自己的力量。

第三节　研学旅行产品线路设计的策略

一、研学旅行产品线路设计的概念

研学旅行产品线路设计是一项融合了旅游规划、教育资源整合与教育目标实现的综合性工作，它不仅涉及对现有研学旅行资源的巧妙串联，更需根据资源分布、研学基地区位及区域研学旅行发展布局，运用科学方法和创新思维，精心规划出既具教育意义又充满趣味性的线路。

设计者需全面调研区域研学资源，理解各资源的特色、教育价值及其相互关联。同时，还需考虑研学基地的地理位置、交通便捷度、接待能力等，确保线路既可行又舒适。此外，线路设计还需与区域研学旅行发展布局相契合，既满足旅游规划要求，又体现研学旅行的独特性。

线路确定时，应运用 GIS 空间分析、大数据分析等科学方法优化线路。既要考虑距离、时间、成本等合理性因素，也要注重线路的丰富性和多样性，确保研学者在有限时间内获得多元体验。

更重要的是，线路设计需紧密围绕教育目标。明确研学旅行的教育目的，如培养创新思维、实践能力、团队精神等，并将这些目标融入线路设计中，通过精心策划的活动，助力学生成长。

研学旅行产品线路设计复杂而细致，要求设计者具备全面的知识、敏锐的市场洞察力和创新思维，以设计出既符合市场需求又满足教育目标的优秀线路。

二、研学旅行产品线路设计的方式

1. 基于体验视角的设计方式

基于体验视角设计研学旅行产品线路，需结合实践经验与相关知识，构建设计的知识框架。

（1）组织要素。

设计人员是关键，需具备专业素养，准确把握研学需求，掌握设计原则、方式、步骤及衡量标准。可联合学校及教师共同设计。

设计经费是条件保障，包括调研经费、劳务费等，应严格控制成本。

设计资料是基础，需筛选研学资源，依据学科相关性、学生素质培养条件精选研学点，通过资料查阅、实地调查、深度访谈等方式获取丰富的信息，建立素材资源库。

设计创意是应对时代变化的策略，需及时把握需求动态，注重新产品、新线路开发，在经典线路基础上创新内容和形式，追求独特性。

设计广告是市场推广的有力手段，需线上线下结合，发掘亮点、凸显特色。

（2）组合方式。

时间组合：依据学生身心发展特点，合理安排研学活动节奏，快慢交替、张弛有度，预留反思总结时间。

空间组合：研学点分布应均匀，避免过于集中或分散。集中地区适合节点状线路，分散地区适合环状线路。

功能组合：除常规旅游功能外，还需配备研究性学习相关功能要素，营造身心一体的研学情境。

项目组合：活动设计应多样化，找准活动与课程的结合点，融入课程知识，激发学生兴趣，实现教育目的。

人员组合：依据学科内容和学习阶段，为不同层次的学生匹配合适的线路和项目组合，满足个性化需求。

2. 基于关键能力培养的设计方式

研学旅行产品线路的精心打造作为研学旅行课程建设不可或缺的核心环节，其根本目的在于促进学生能力的全面发展，尤其是那些支撑终身发展、适应时代变迁的关键能力。在传授知识与技能的基础上，我们更应注重培养学生以下四种能力：认知能力，以理性思考引领学习；合作能力，促进团队间的有效沟通与协作；创新能力，激发创意与解决问题的新思维；职业能力，为未来职业生涯奠定坚实基础（见表6-1）。这四种关键能力不仅是学生核心素养的集中体现，也是他们应对当下与未来挑战的重要法宝。然而，当前研学旅行活动课程尚缺乏统一的课程标准指导，因此在设计研学旅行产品线路时，我们需紧密围绕这四种关键能力的培养，从信息收集与处理、课题的甄选与确立、合作设计活动方案、实践活动的具体实施到活动效果的全面评价，每一个环节都应精心规划，确保研学目标明确、内容丰富、形式多样且课时安排合理。通过这样科学、规范、高效的产品线路设计，我们旨在为学生打造一个既能增长见识，又能全面提升关键能力的研学旅行平台。

表 6-1　四种关键能力内涵比较

	认知能力	合作能力	创新能力	职业能力	
隐性素质（素养）	终身学习的意识	遵守、履行道德准则和行为规范	好奇心，勇于探索，大胆尝试，创新人格，创新思维	职业精神，知行合一	内化的
外显行为	独立思考，逻辑推理，信息加工，学会学习、语言表达和文字写作	自我管理，与他人合作，过集体生活，处理个人与社会的关系	想象力，创新创造	适应社会需求，动手实践和解决实际问题	具体的

3. 基于创新视角的设计方式

研学旅行产品线路作为研学旅行产品的核心展现，其吸引力直接关系到研学旅行者的购买意愿。为了确保产品的持续优化与创新，研学旅行企业必须不断探索新的设计思路，使线路既保持新鲜感又蕴含深厚的历史与文化价值。以下是从创新角度出发，研学旅行产品线路设计的几个关键策略。

（1）翻新式：旧线翻新，焕发新生。

对于已有且仍具吸引力的旧线路，通过融入新颖元素和创意活动，可以使其焕发新的生命力。例如，传统的"华东五市游"可以在保留经典景点的基础上，加入研学元素，如历史文化讲座、科学实验活动等，将其转变为寓教于乐的研学旅行线路。

（2）多点式：线多点缀，巧妙融合。

以知名景点为核心，围绕其扩展并巧妙组合周边资源，可以创造出别具一格的研学体验。以张家界为例，在安排研学行程时，不仅可以欣赏自然风光，还可以融入当地民族文化学习、生态环保实践等活动，使研学之旅更加丰富多彩。

（3）新景式：开辟新径，勇于尝试。

设计者应具备前瞻性和勇气，积极探寻并开发新的研学基地和活动，为研学旅行者提供前所未有的体验。这需要设计者不断关注行业动态，深入挖掘潜在资源，勇于在实践中尝试和创新。

（4）拉力式：资源吸引，探奇寻趣。

针对研学旅行者对新奇、刺激、趣味性的追求，可以设计以特定资源为吸引力的研学线路。通过深入了解自然资源、文化遗产等独特元素，结合研学目标，设计出既满足好奇心又富有教育意义的线路。

（5）专业式：对口设计，流畅融合。

研学旅行产品线路应注重个性化和专业化需求。设计者需根据教育部门的要求和学生的学习需求，量身定制符合专业特点的线路，同时巧妙融入精华景点，使研学之旅既满足教育目的又兼顾旅游体验，实现教育与旅游的完美融合。

基于创新视角的研学旅行产品线路设计需要设计者具备敏锐的洞察力、丰富的想象力和勇于创新的精神。通过不断的探索和实践，设计出既新颖又富有教育意义的线路，以满足研学旅行者的多元化需求，推动研学旅行事业的持续发展。

第四节　研学旅行产品线路设计的影响因素

一、教育资源

1. 教育资源的分布考量

我国地域广袤，教育资源的地域分布呈现出不均衡的特点。在规划研学旅行产品线路时，首要任务便是精准把握教育资源的分布情况，精心挑选那些教育资源富集、特色鲜明且教育意义深远的地点。诸如北京、西安等历史文化名城，以其深厚的历史底蕴和丰富的文化遗产，为学生提供了学习历史文化、感悟中华文明的生动课堂；北京中关村、上海张江等科技园区，则汇聚了众多高科技企业与科研机构，为学生打开了接触现代科技、领略科技创新魅力的窗口；此外，如云南西双版纳、四川九寨沟等自然保护区，以其独特的自然景观和丰富的生物多样性，为学生探索自然奥秘、理解生态保护提供了绝佳的实践基地。通过精心选址，我们旨在确保学生在研学旅行中能够汲取到丰富而多元的知识。

2. 教育资源的整合策略

研学旅行涵盖了历史、文化、科技、自然等多个领域的教育资源。在设计产品线路时，我们需注重这些资源的有机融合，构建起一个系统化的教育体系。这样不仅能让学生在一次旅行中收获全面的教育体验，还能有效激发他们的学习兴趣与热情。例如，我们可以策划一条集历史文化探索、科技体验与自然研习于一体的综合性研学旅行线路。在这条线路上，学生既能参观博物馆、历史遗迹，深入了解历史文化的脉络与发展，又能走进科技园区、创新中心，近距离感受科技创新的魅力与成果，同时还能深入自然保护区、生态公园进行实地考察与生态研究，领悟自然界的奥秘与生态保护的重要性。通过资源的整合，我们致力于为学生提供一个多元化、立体化的学习平台。

3. 教育资源的更新与融入

教育资源并非一成不变，而是随着时代的发展不断更新迭代。在设计研学旅行产品线路时，我们必须紧跟教育资源的更新步伐，及时将新兴的教育资源融入产品之中。这既能提升研学旅行的教育价值，又能更好地满足学生的学习需求与兴趣。例如，随着数字化技术的飞速发展，VR、AR等新型教育技术已逐渐在教育领域崭露头角。我们可以巧妙地将这些技术应用于研学旅行中，如利用VR技术让学生身临其境地体验历史事件，或借助AR技术让学生更加直观地观察与研究微观世界。这些新兴的教育资源不仅能极大地丰富学生的学习体验，还能有效提升他们的学习效果与创新能力。同时，我们还需密切关注教育理念的变革趋势，根据时代的需求与教育的目标，灵活调整研学旅行产品线路的设计思路与方法，以确保产品能够始终与学生的成长需求保持同步。

二、学生特点

1.性别差异：尊重差异，各取所需

性别差异同样对研学旅行的偏好产生显著影响。男生往往对科技、军事等领域展现出浓厚兴趣，渴望探索未知，领略科技魅力，而女生则更倾向于文化、艺术等领域，享受沉浸在艺术氛围中的愉悦。基于这一差异，我们在设计产品线路时应巧妙融入性别特色，为男生安排参观科技馆、军事博物馆等，让他们近距离感受科技与军事的震撼；为女生精心挑选美术馆、博物馆等文化场所，让她们在艺术的熏陶下陶冶情操、拓宽视野。这样的差异化设计，旨在提升每位学生的参与度与满意度，使他们在各自钟爱的领域获得更加深刻的学习体验。

2.兴趣特点：多元融合，个性化定制

学生的兴趣如同五彩斑斓的画卷，各具特色，各不相同。有的学生热衷于科学探索，渴望揭开宇宙的奥秘；有的则沉迷于历史文化的长河，追寻文明的足迹；还有的对艺术创作情有独钟，渴望在画布上挥洒自己的创意。面对如此多样化的兴趣特点，研学旅行产品线路的设计应更加注重个性化与多元化。我们可以根据学生的不同兴趣，精心打造科技探索、历史文化、艺术创作等多种类型的研学旅行产品，让学生根据自己的喜好与特长进行选择。这样的个性化定制，不仅能够充分激发学生的学习热情与创造力，还能助力他们在自己热爱的领域实现更加全面而深入的发展。

三、安全保障

1.交通安全：构建坚实的安全防线

交通安全作为研学旅行安全保障的基石，其重要性不言而喻。在交通工具的选择上，我们需秉持"安全第一"的原则，严格筛选符合国家安全标准、运营资质完备的交通工具，无论是大巴车、火车还是飞机，均需经过严格的安全

评估。同时，科学合理的行程规划同样关键，应避免长时间连续行车，合理安排休息时间，以减轻学生的疲劳感，确保旅途的舒适与安全。此外，加强交通安全教育也是预防事故的重要手段，通过研学旅行前的专题培训，提升学生的交通安全意识，教会他们正确的乘车方式及紧急情况下的自我保护技巧，为旅途安全增添一道坚实的防线。

2. 住宿安全：打造温馨的避风港湾

住宿安全是研学旅行中不可或缺的一环。在选择住宿地点时，我们需综合考虑其安全性、卫生状况及舒适度，确保酒店、民宿或学生公寓等住宿场所均具备完善的安保体系和消防设施。同时，严格的住宿管理制度也是保障学生安全的关键，包括入住前的身份验证、退房时的物品清点等流程，均需严谨执行，以确保学生的个人信息和财物安全无虞。此外，我们还需定期对住宿场所进行卫生检查和消毒处理，有效预防疾病和传染病的传播，为学生营造一个温馨、安全的住宿环境。

3. 饮食安全：守护健康的味蕾之旅

饮食安全直接关系到学生的身体健康和营养摄入。在研学旅行中，我们应精心挑选卫生条件优良、食品安全管理制度完善的餐饮场所，无论是学校食堂、餐馆还是快餐店，均需持有有效的卫生许可证，并接受严格的监管。同时，科学合理的饮食安排也是保障学生健康的关键，我们需根据学生的口味和饮食习惯，制定营养均衡、易于消化的菜单，避免油腻、辛辣或不易消化的食物，确保学生能够享用到既美味又健康的食物。此外，加强对餐饮场所的日常监督和管理，确保其严格遵守食品安全法规，也是保障学生饮食安全的重要举措。

安全保障是研学旅行产品线路设计不可或缺的重要组成部分。我们必须将学生的安全放在首位，从交通安全、住宿安全到饮食安全等各个环节都进行全面、细致的考虑和安排，以确保学生在研学旅行中既能收获丰富的知识和体验，又能确保他们的生命安全和身心健康得到充分的保障。

四、文化体验

1. 地域文化：深耕本土，特色呈现

中国地大物博，历史悠久，孕育了独具魅力的地域文化。在研学旅行产品线路的设计中，我们应深入挖掘这些文化宝藏，打造具有鲜明地域特色的体验活动。以江南水乡为例，我们可以设计一系列沉浸式的文化探索活动，让学生穿梭于古镇的青石板路上，聆听小桥流水旁的历史低语，感受那份独有的柔美与宁静。而转向西北边塞，则可安排学生踏上丝绸之路的遗迹，领略大漠孤烟的壮阔，探寻古代商队的足迹，体会那段辉煌的贸易历史。通过这些活动，学生不仅能深入了解地域文化的丰富内涵，还能在亲身体验中建立起对本土文化的深厚情感与认同。

2. 跨文化交流：搭建桥梁，增进理解

在全球化浪潮下，跨文化交流成为研学旅行不可或缺的重要组成部分。我们应巧妙安排国际交流环节，如语言互换、文化体验日等，让学生有机会与来自世界各地的朋友面对面交流。通过共同参与文化工作坊、品尝异国美食、分享传统节日习俗等活动，学生不仅能直观感受不同文化的独特魅力，还能在互动中提升语言能力和跨文化沟通技巧。此外，组织国际学生共同参与的研学项目，如环保行动、科技创新挑战等，也能让他们在合作中增进友谊，培养全球视野和包容心态，为成为具有国际竞争力的人才奠定基础。

3. 文化传承：薪火相传，创新发展

文化传承是研学旅行的重要使命之一。在设计产品线路时，我们应着重将传统文化元素融入其中，让学生在亲身体验中感受传统文化的深厚底蕴。通过参观博物馆、古迹遗址，学生可以近距离接触历史文物，了解传统文化的起源与发展。同时，设置传统手工艺体验课程，如书法、国画、剪纸等，让学生在动手实践中领悟传统文化的精妙之处。更重要的是，鼓励学生将传统文化与现

代创新相结合,探索传统文化的当代价值,如通过数字艺术、创意设计等形式,让传统文化焕发新的生机。这样的文化传承不仅加深了学生对传统文化的认识,还激发了他们对文化传承与创新的热情,为中华文化的繁荣发展注入了新的活力。

文化体验是研学旅行产品线路设计的灵魂所在。通过深耕地域文化、促进跨文化交流、注重文化传承与创新,我们旨在为学生打造一场场文化盛宴,让他们在旅行中拓宽视野,增进理解,为成为具有国际视野和本土情怀的新时代青年奠定坚实基础。

五、市场需求

1. 精准捕捉市场需求:深度调研奠定坚实基础

在设计研学旅行产品线路之初,全面而深入的市场需求调研是至关重要的第一步。我们需运用多元化的调研手段,如在线问卷调查、深度访谈、社交媒体趋势分析等,广泛收集学生及家长对于研学旅行的真实期待与宝贵反馈。调研的维度应全方位覆盖,从学生偏好的学习内容、活动组织形式,到住宿餐饮的品质要求,再到安全保障的详尽措施,无一不纳入考量。这些详实的数据将成为我们精准把握市场脉搏、科学设计产品线路的坚实基石,确保我们的产品能够紧密贴合市场需求,满足学生及家长的多元化期待。

2. 明确市场定位:差异化策略满足多元需求

基于市场调研的丰硕成果,我们需进一步细化市场定位,明确目标市场与核心客户群体。因此,我们应针对不同客户群体的特性,匠心独运地设计差异化的研学旅行产品线路。例如,为小学生打造寓教于乐的历史文化探索之旅,为初中生提供充满挑战的科技创新体验营,为高校学生安排深入自然的生态考察行。这样的市场定位策略不仅有助于提升产品的市场竞争力,更能精准满足学生及家长的个性化需求,推动研学旅行产品的持续创新与繁荣发展。

3. 持续优化产品线路：市场反馈引领迭代升级

产品线路的设计并非一蹴而就，而是一个需要不断迭代优化的过程。在产品上线后，我们需密切关注市场反馈，通过多渠道收集学生及家长的意见与建议，深入了解产品线路的实际运行效果。无论是赞誉还是批评，都是我们宝贵的改进方向。同时，我们还需紧跟市场趋势的变化，灵活调整产品线路，以确保其始终与市场需求保持高度契合。通过持续的优化与迭代，我们的研学旅行产品将更加完善，为学生提供更加丰富、有意义且贴合时代脉搏的学习体验，进一步推动研学旅行市场的健康发展与繁荣。

研学旅行产品线路的设计是一个涉及多方面因素的复杂过程，需要我们以市场需求为导向，精准定位，持续优化。通过深入挖掘市场需求、明确市场定位以及积极响应市场反馈，打造出既符合学生特点又能满足市场需求的优质研学旅行产品，为学生的全面发展与成长提供有力支持，同时推动旅游业与教育业的深度融合与协同发展。

第五节　研学旅行讲解内容设计与技巧

一、研学旅行产品内容讲解与存在的问题

1. 讲解内容同质化严重

随着地质公园等风景区成为研学旅行的热门选择，学校频繁组织学生前往这些地点。然而，在实际操作过程中，不少导游依赖于千篇一律的解说词，缺乏根据风景区特色及学生群体差异进行个性化调整的能力。这种"千人一词、一词千人"的现象，不仅让学生感到乏味，更难以满足研学旅行对于深度学习和探索的需求。导游应主动结合自身知识储备与风景区特色，创作富有新意的解说内容，以激发学生的好奇心与探索欲。

2. 讲解层次停留于表面观光

尽管研学旅行模式已逐渐兴起，旨在通过旅行实现深度学习与成长，但部分景区的讲解内容仍停留在传统的观光旅游层面。导游往往侧重于讲述神话故事或历史故事，而忽视了游客对于探险求知、强身健体及研究学习的深层次需求。随着游客旅游目的的转变，导游应适时调整讲解策略，提供更为丰富、深入的讲解内容，以满足游客增长见识、拓宽视野的期望。

3. 讲解缺乏引导性与个性化

研学旅行行业的蓬勃发展对导游的素质提出了更高要求，然而，当前导游队伍中尚存在学历层次不一、专业素质参差不齐的问题。导游证书的获取门槛相对较低，且导游考试中的面试词往往趋于规范化，这限制了导游对景区形成独特见解及创作个性化解说词的能力。此外，导游的语言表达能力、专业素养及个性特征也会影响其解说词的创作与呈现。对于地理知识匮乏的导游而言，他们难以引导学生发现景区的地质之美、景观之魅，从而影响了研学旅行的教育效果与体验质量。因此，提升导游的综合素质与专业能力，加强引导性与个性化讲解的培养，是提升研学旅行质量的关键所在。

二、研学旅行产品内容讲解的文本创新

1. 启程：点燃智慧之旅的火花

启程环节作为研学旅行的序章，其吸引力与引导性至关重要。一段引人入胜的启程话语，能够即刻捕获学生的心神，为接下来的探索之旅铺设一条充满期待的路径。

欢迎致辞：温暖如初的邂逅。在初次相逢的温馨时刻，研学导师应以满腔热忱致以诚挚的欢迎。简短而富有感染力的致辞中，不仅要传递出对学生的热烈欢迎与深切关怀，还应巧妙融入自我介绍，让学生感受到导师的亲和力与尊重。同时，通过预告研学旅行的精彩亮点，可以点燃学生心中的好奇之火，激发他们对未知世界的无限憧憬，为研学之旅的顺利展开奠定积极的情感基调。

行程概览：绘制知识的宏伟蓝图。紧接着，研学导师需以宏观视角，为学生勾勒出一幅详尽的研学行程图，包括研学旅行的核心目的、精心规划的行程安排、各具特色的探访景点以及它们背后的独特魅力。通过生动的描绘与丰富的视觉辅助材料，如精美的图片或视频，引导学生提前"走进"研学场景，激发他们的学习兴趣与探索欲望，为接下来的深度学习打下坚实的认知基础。

2. 探索：深入挖掘知识的宝藏

探索环节是研学旅行的核心所在，也是学生知识汲取与能力提升的关键阶段。在此阶段，研学导师需紧密围绕研学课程的核心目标，运用多样化的教学手段，深度挖掘研学基地或红色文化旅游地的丰富内涵。

知识讲解：生动演绎，互动启迪。研学导师应通过生动的语言讲解、直观的现场演示以及富有启发性的互动问答，引导学生深入了解研学地的历史脉络、文化底蕴、科技成就等多元知识。同时，结合学生的年龄特征与认知发展水平，巧妙设计一系列趣味性强、参与度高的实践活动或游戏，让学生在轻松愉悦的氛围中主动探索、积极思考，实现知识的有效吸收与内化。

3. 落幕：珍藏记忆，期待再续前缘

落幕环节代表着研学旅行的完美收官，其温馨与深意同样不可或缺。在此刻，研学导师需以深情的话语表达对学生的不舍与感激之情，同时带领学生一同回顾研学旅程中的点点滴滴，共同回味那些难忘的学习瞬间与成长足迹。

告别寄语：留下期许，播种希望。在告别之际，研学导师应鼓励学生分享自己的感悟与收获，同时以开放的心态征求学生的反馈与建议，为未来的研学活动积累宝贵经验。最后，以期盼重逢的温馨话语作为结语，不仅为学生留下深刻的情感印记，更为他们心中播下对未来研学旅行无限期待的种子，让这段智慧之旅成为他们人生旅途中一段难忘且珍贵的记忆。

三、研学旅行产品内容讲解的设计实训

1. 实训项目深化：研学旅行产品线路设计与讲解内容创作实践

本次实训项目致力于深入探索研学旅行产品线路设计的精髓与讲解内容创作的艺术，通过一系列高度实践性的活动，全面而系统地提升学生的综合素养、创新思维及实战能力。学生将被引导去深入理解研学旅行市场的最新动态与发展趋势，紧密结合目标受众的多元化需求与独特兴趣，创造性地构思并设计出一系列既富有教育深意又极具吸引力的研学旅行产品线路。同时，学生还需精心雕琢讲解内容，确保其既准确无误又生动有趣，能够深度激发参与者的探索欲望与学习热情。此实训项目不仅是对学生项目策划、团队协作等能力的全方位锻炼，更是对其研学旅行市场洞察力与理解力的深度培养，为日后职业生涯的广阔发展奠定坚实的基石。

2. 实训要求细化：确保实训质量与效果

（1）团队组建与优化。

学生需自主组队，团队规模建议控制在 5~7 人，以确保每位成员都能在项目推进中发挥不可或缺的作用。团队组建后，应明确分工，强化协作，共同为项目的成功努力。

（2）研学线路匠心设计。

各团队需深入挖掘研学旅行资源的独特魅力，精心设计一条既富有教育价值又极具吸引力的研学旅行产品线路。线路规划应明确区分必访景点与备选景点，确保内容丰富多彩且逻辑清晰。

（3）遵循原则与运用技巧。

设计过程中，必须严格遵循教育性、安全性、趣味性等核心原则，并巧妙融入主题串联、互动体验等设计技巧，以显著提升产品的整体吸引力和实施效果。

（4）精彩课堂展示。

每组需精心准备 PPT 或其他可视化展示工具，进行至少 10 分钟的课堂汇报，全面展示产品线路的设计理念、核心亮点及预期成效，力求给听众留下深刻印象。

（5）开放点评与答辩环节。

展示后，各团队需接受来自其他团队的真诚点评，并就提出的问题进行专业答辩，以此促进知识的交流与思维的碰撞。

（6）实训报告撰写与总结。

实训结束后，各团队需撰写详尽的实训报告，全面回顾设计思路、实施过程、遇到的挑战及解决方案等，为未来的学习与工作提供宝贵经验。

3. 实训内容撰写及评价要求升级：注重细节与创新

（1）实训内容撰写细化。

产品线路命名艺术：要求线路名称既简洁又富有创意，能够精准传达线路特色与主题。

宣传口号创意构思：创作具有强烈吸引力和感染力的宣传口号，有效激发目标群体的参与热情。

目标人群精准画像：运用市场细分理论，深入剖析目标人群的年龄、兴趣、需求等特征，并详细阐述定位依据与策略。

线路介绍详尽清晰：采用表格形式清晰呈现参考行程，包括具体日期、时间、地点、活动内容等，并附上详尽的安全与健康注意事项。

成本分析与报价策略：细致列出各项成本，进行合理预算，并结合市场情况制定具有竞争力的报价策略。

创新性深度剖析：深入阐述线路设计的创新之处，如独特的教育主题、新颖的活动形式等，凸显产品的差异化优势与市场竞争力。

（2）评价要求提升。

主题突出性评估：重点考察产品线路的主题是否鲜明、独特，能否在众多产品中脱颖而出。

要素完整性检查：全面检查产品线路是否涵盖教育、互动、安全等关键要素，确保线路设计的全面性与完整性。

可操作性分析：深入评估产品线路的实际可行性，综合考虑资源获取、时间安排、成本控制等关键因素。

目标人群定位准确性：细致分析目标人群定位是否精准，是否符合市场需求与潜在客户的实际期望。

成本预算与报价合理性审查：严格审查成本预算的准确性与报价的合理性，确保产品既具有竞争力又能实现盈利。

幻灯片制作与展示效果评价：综合考量幻灯片的制作质量、信息呈现的清晰度以及视觉效果的吸引力。

创新性阐述清晰度评估：深入考察创新性分析的充分性、条理清晰度以及产品创新点的直观展示效果。

答辩能力综合评价：全面评估团队成员在答辩过程中的表现，包括回答问题的准确性、逻辑性、应变能力以及团队协作精神等。

通过对于实训项目的深入实施与精细打磨，学生不仅能够熟练掌握研学旅行产品线路设计与讲解内容创作的核心技巧，更能在实践中不断锤炼团队协作能力、创新思维以及市场敏锐度，为未来的职业发展铺设一条宽广而坚实的道路。

第七章

研学旅行产品的市场渠道策略

第一节 研学旅行产品营销渠道的功能和类型

一、营销渠道的含义

营销渠道亦被称作分销渠道或销售渠道,其本质在于构建一个桥梁,实现产品或服务从生产者到消费者或用户的顺畅转移,这一过程涉及所有协助转移所有权的企业或个人。对于研学旅行产品而言,其营销渠道特指从生产企业到消费者之间,那些负责取得产品使用权或促进使用权转移的中介组织和个人所构成的网络,这些环节紧密相连,共同形成了一个复杂而精细的流通结构。这一渠道不仅包括了传统的研学旅行产品批发商、零售商、代理商,还涵盖了学校、教育辅导机构以及各类研学基地或营地等多元化角色。

深入剖析研学旅行产品营销渠道的内涵,我们可以从三个维度来把握其重要性。首先,它是产品使用权转移的关键通道,如同一条生命线,确保研学旅行产品能够准确无误地从生产者传递到目标消费者手中,实现产品价值的最大化。这一通道的高效运作,是研学旅行产品成功进入市场、赢得消费者青睐的前提。

其次，研学旅行产品营销渠道是一个涵盖生产、销售到最终消费的全面且连贯的流通过程。它不仅仅关注销售这一单一环节，而是将视野拓展至整个产品生命周期，从产品的创意诞生、设计研发，到生产制作、市场推广，再到消费者购买、使用体验，每一个环节都紧密相连，共同构成了产品流通的完整链条。这种全面性的考虑，有助于研学旅行产品更好地适应市场需求，提升市场竞争力。

最后，研学旅行产品营销渠道展现出多样化的特点，其长度、宽度和灵活性均可根据市场环境和消费者需求的变化而调整。长度上，渠道可能包含多个层级，如一级批发商、二级批发商等，以适应不同地域、不同规模的市场需求；宽度上，则可能涵盖多种类型的销售终端，如线上电商平台、线下实体店等，以满足消费者多样化的购买习惯。同时，渠道的灵活性也使其能够迅速响应市场变化，根据消费者反馈进行策略调整，确保研学旅行产品始终保持市场竞争力，实现持续热销。

二、研学旅行产品营销渠道的功能和特点

1. 研学旅行产品营销渠道的核心功能

研学旅行企业的营销渠道在产品销售过程中发挥着至关重要的作用，其核心功能可细分为以下几点。

（1）销售促成。

营销渠道是研学旅行产品从企业流向消费者的关键路径，它直接促进了产品的销售，帮助企业实现经营目标并获取利润。这是营销渠道最直接、最基本也是最核心的功能。

（2）客户对接。

渠道还承担着寻找潜在客户、建立联系并促成交易的重要任务。通过有效的洽谈机制，企业能够与潜在的旅游消费者建立沟通，为产品销售铺平道路。

（3）信息传递。

营销渠道是信息流动的桥梁，它不仅能够将产品信息从上游传递给下游，

还能收集消费者的反馈和需求，促进渠道成员之间的信息交流与共享。

（4）服务支持。

为下游中间商提供必要的服务支持，如市场推广、培训指导等，是营销渠道不可或缺的一部分。这些服务有助于增强渠道成员的合作关系，提升整体销售效率。

（5）市场情报收集。

渠道成员通过市场调研，收集并分析消费者信息，可以为研学旅行企业制定市场策略提供数据支持，帮助企业更好地把握市场动态。

2. 研学旅行产品营销渠道的独特属性

（1）地域文化融合。

由于不同地区消费者的消费习惯和文化背景存在差异，因此研学旅行产品的营销渠道往往需要融入当地的文化特色，以适应并满足地域性的消费需求。

（2）市场先入优势。

在某些渠道中，一旦某个研学旅行企业抢先占据有利位置，其他企业便难以轻易进入。这种排他性特征使得先进入者能够建立起市场壁垒，保护自己的市场份额。

（3）个性化构建。

每个研学旅行企业的营销渠道都独一无二，不仅体现在渠道结构上，还体现在与不同地区、不同市场需求的匹配程度上。这种独特性使得企业能够根据自身特点和市场环境，构建最适合自己的渠道模式。

（4）难以复制的地域根植性。

研学旅行产品营销渠道的地域性和独特性共同决定了其难以复制的特性。企业在某一地区建立的优势渠道无法直接移植到其他地区，必须根据新市场的具体情况，重新构建渠道体系，特别是与当地学校的沟通和合作，需要从头开始，逐步深化。

三、研学旅行产品营销渠道的类型

1. 直接营销渠道与间接营销渠道

在研学旅行产品的营销活动中，根据是否涉及中间商的参与，我们可以将营销渠道划分为直接营销渠道和间接营销渠道两大类。

（1）直接营销渠道。

直接营销渠道亦称作零层次渠道，指的是研学旅行企业不依赖任何中间商，而是直接面向研学者销售其产品的渠道模式。这是一种历史悠久的销售方式，主要依赖研学旅行企业自身的市场销售部门来执行，整个销售过程无中介环节介入，结构简洁明了。直接营销渠道具体可细分为以下三种模式。

学校直接采购：此模式通常用于学校主动提出研学旅行需求时，研学旅行企业通过竞标方式直接向其销售产品。此模式在旅游景点、餐饮、住宿、交通等旅游接待企业中尤为常见。

直接预订：家长或研学旅行者利用电话、互联网等现代通信手段，直接向研学旅行企业预订产品。这种方式便捷高效，深受消费者喜爱。

销售网点直销：研学旅行企业在目标市场设立自己的销售网点，如教育辅导机构网点、旅游公司门店等，以扩大销售范围和提升品牌知名度。此模式适用于规模较大、实力雄厚的研学旅行企业。

直接营销渠道的优势在于能够节省中间商费用，降低产品成本，从而获得价格竞争优势，同时，企业能够直接获取消费者需求信息，建立客户档案，为提升产品和服务质量提供有力支持。

（2）间接营销渠道。

间接营销渠道是指研学旅行企业通过一个或多个旅游中间商来销售其产品。在此模式下，研学旅行产品使用权的转移由中间商负责，企业不直接面向消费者销售。根据中间环节的多少和平行渠道的使用情况，间接营销渠道可分为以下三种模式。

一级营销渠道：又称单层次销售渠道，即研学旅行企业通过单一层次的中间商向消费者销售产品。此模式中间环节少，流通成本低，市场响应速度快，但销售范围和规模有限，适用于小型、地域性、产品单一的研学旅行产品。

二级营销渠道：指研学旅行企业通过旅游批发商，再由旅游零售商将产品销售给消费者。批发商以低价大量采购产品，根据市场需求进行组合后，通过零售商销售给消费者。此模式在西方旅游业中较为流行，但在我国研学旅行行业中尚不普遍。

多层次营销渠道：研学旅行企业通过旅游代理商、批发商、零售商等多个中间环节，最终将产品销售给消费者。由于中间环节较多，也称多层次销售渠道。此模式在我国国际研学旅行市场中应用广泛，有助于企业拓展国际市场。

2. 长渠道与短渠道

根据研学旅行产品销售过程中经过的中间环节数量，我们可将其分为短渠道和长渠道两种类型。营销渠道的长度由产品流通过程中的中间环节数量决定。

（1）短渠道。

短渠道是指产品在从生产者向消费者转移过程中，仅经过一个中间环节。一般而言，渠道越短，中间环节产生的营销费用就越少，信息传递速度越快，销售越及时，且企业能更有效地控制营销渠道，对于消费者而言，购买的研学旅行产品价格也相对较低。不过，这也意味着研学旅行企业需要承担更多的销售任务，需要投入更多的人力和财力资源，可能增加运营成本。

（2）长渠道。

长渠道是指生产者通过两个或两个以上的中间环节，将产品销售给消费者，如通过旅游批发商、零售商等。销售渠道越长，意味着销售环节越多，企业能够更广泛地覆盖目标市场，扩大产品销量。不过，随着环节的增多，销售费用也会相应增加，且不利于企业及时获取市场情报和迅速占领市场。

值得注意的是，营销渠道的"长"与"短"只是相对而言，并无绝对优劣之分。选择何种渠道长度，应根据企业的实际情况、市场环境和消费者需求来综合考虑。

3. 宽渠道与窄渠道

研学旅行产品营销渠道的宽度，主要依据销售环节中中间商或销售网点的数量及其分布合理性来衡量。基于此，产品营销渠道可细分为宽渠道与窄渠道两种类型。

（1）宽渠道。

宽渠道是指在销售链的某一环节，企业选择较多的同类中间商进行合作，以此扩大产品的市场覆盖面。这种策略通常表现为增设销售网点，旨在通过广泛的分销网络，使研学旅行产品能够触及更多的消费者。对于一般化、大众化的研学旅行产品而言，宽渠道是有效的销售策略，它借助多家旅游批发商或代理商的力量，将产品推向更广阔的市场，实现大批量销售。

（2）窄渠道。

相比之下，窄渠道则意味着在销售链的某一环节，企业仅选择少数同类中间商进行合作，导致产品的市场覆盖面相对有限。这种策略虽然限制了销售范围，但便于企业对销售渠道进行更精细化的管理和控制。窄渠道通常适用于专业化程度高、特色鲜明或成本较高的高端研学旅行产品，这些产品往往需要更精准的市场定位和更专业的销售服务。

4. 单渠道与多渠道

根据研学旅行企业所采用销售渠道的多样性，销售渠道可进一步划分为单渠道与多渠道两种模式。

（1）单渠道。

单渠道指的是研学旅行企业仅通过一种销售渠道来销售其产品，无论是直接销售还是完全依赖批发商进行经销。这种模式的优势在于管理简单、成本较低，但可能会限制产品的市场覆盖范围和销售渠道的灵活性。

（2）多渠道。

多渠道是指研学旅行企业根据不同层次或地区消费者的需求差异，灵活采用多种销售渠道进行产品销售。这种模式能够更全面地覆盖市场，满足消费者的多样化需求，但也需要企业具备更强的渠道管理能力和资源整合能力。通过多渠道策略，研学旅行企业可以更有效地拓展市场，提升产品销量和品牌影响力。

第二节 研学旅行产品营销渠道的选择和管理

一、影响研学旅行产品营销渠道选择的因素

1.研学旅行产品特性因素

研学旅行企业在选择产品渠道时，首要考量的是产品本身的特性。通常，新兴的研学旅行产品因市场尚未成熟，销售渠道不畅，企业缺乏灵活性，故更适宜采用较短的销售渠道以助力产品推广。产品价值高、复杂性强，则要求销售渠道更为直接、简短，以确保服务质量和客户体验。对于提供高品质服务的研学旅行产品，选择具备高水平服务能力和设施的旅游中间商至关重要。产品季节性明显时，企业自行构建销售系统可能成本高昂且不经济，此时依托旅游中间商进行销售更为合理。产品生命周期的不同阶段也对销售渠道有特定要求：投入期和衰退期因销售难度大，宜采用短而精的渠道；成长期和成熟期则可拓展为长而广的渠道。

2.客观市场环境因素

由旅游者、中间商和竞争者等多重力量构成的旅游市场复杂多变，对研学旅行产品渠道选择产生了深远影响。

（1）旅游者因素。

旅游者的消费面和消费习惯直接影响产品渠道。消费面广、具有区域延伸性的大众研学旅行产品，需广泛分布，故渠道应"长"且"宽"，如短途研学产品；而出境或专业考察等小众产品，则因消费面窄，故渠道可"短"而"精"。

（2）中间商因素。

中间商的性质、功能及服务是渠道选择的关键。实力强、规模大的零售商能提供优质服务，是研学旅行企业的理想合作对象；反之，则可能通过旅游批发商进行分销。

（3）竞争者因素。

企业在选择渠道时，需考虑竞争者的策略，并采取相应措施。正位竞争策略即在竞争者附近建立渠道，形成直接竞争；错位竞争策略则是避开竞争者，寻求差异化市场。

2. 研学旅行企业自身条件

研学旅行产品渠道的选择还需考虑企业自身条件，包括经营实力、管理能力、控制渠道的愿望及其他营销策略。

（1）经营实力。

企业规模越大、资产越雄厚，渠道选择的灵活性越强；无形资产如企业形象和社会声誉良好，则能吸引更多有利渠道。

（2）管理能力。

管理能力强，可自行组织销售系统，采用多级多层渠道；管理能力弱，则更依赖旅游中间商。

（3）控制渠道的愿望。

为有效控制渠道，企业可能愿意承担较高的销售费用，建立"短"而"窄"的渠道；反之，则可能选择"长"而"宽"的渠道。

（4）其他营销策略。

产品策略、定价策略、促销策略及营销组合策略等，均会对渠道策略产生影响。

4. 宏观环境因素

研学旅行行业受多重宏观环境影响，包括教育政策、学科体系发展、社会政治经济环境及自然环境等。

（1）教育政策。

国家对素质教育的重视推动研学旅行市场发展，政策导向决定产品设计和市场定位，进而影响渠道选择。

（2）学科体系发展。

学科交叉融合趋势要求研学旅行产品更加综合，企业在选择渠道时需考虑如何满足跨学科需求。

（3）社会政治经济环境。

政治稳定、经济提升为研学旅行提供良好环境，促进市场繁荣，同时经济水平影响家庭教育投入，进而影响市场需求。

（4）自然环境。

自然环境直接影响研学旅行产品体验和效果，企业在选择渠道时需充分考虑目的地自然条件和资源禀赋。

5. 突发因素考量

在选择研学旅行产品分销渠道时，突发因素如自然灾害和人为灾难等不可忽视。这些因素具有不可预测性和不可抗拒性，可能对产品销售和渠道运营造成严重影响。因此，企业在选择渠道时，需制定应急预案，确保在紧急情况下能够迅速调整渠道策略，保障消费者权益和企业利益不受损害。例如，建立灵活的渠道转换机制、与中间商签订应急协议、加强风险评估和监测等，以应对突发因素带来的挑战。

二、研学旅行产品营销渠道的选择策略

为了提高研学旅行产品的销量，扩大市场份额，并实现经济效益的最大化，研学旅行企业需精心选择适合的营销渠道。

1. 直接营销渠道与间接营销渠道的抉择

鉴于旅游市场的独特性，研学旅行企业通常需结合直接与间接两种营销渠

道。由于研学旅行产品的目标市场分散，企业仅凭自身力量难以构建广泛的销售网络，因此，借助中间商的力量成为扩大产品覆盖、吸引客源的关键。

对于面向学校或教育辅导机构等特定客户群体的研学旅行企业，直接营销渠道更为合适，以便建立紧密合作关系。而面向家长或更广泛市场的研学旅行产品，则宜采用间接营销渠道，通过中间商拓宽销售范围。

高端研学旅行产品因购买者较少，适合直接营销以确保服务质量和客户体验。而大众化的研学旅行产品则更适合间接营销，以降低成本并扩大销量。

此外，产品生命周期的不同阶段也要求企业灵活调整营销渠道策略。

2. 营销渠道宽度的决策

营销渠道宽度的选择关乎每个渠道层级中间商的数量。

（1）广泛分销策略。

当企业实力有限且需迅速扩大销售时，可能选择无限制地增加中间商数量。但此策略可能导致渠道管理混乱，需谨慎使用。

（2）选择性分销策略。

在特定的市场区域内，挑选信誉良好、服务优质的中间商进行合作。此策略适用于高价或限量产品，有助于维护品牌形象和产品价格。

（3）独家分销策略。

在特定时期和区域内，仅与一家中间商合作。此策略便于协作和控制，但渠道较窄，风险较高，需确保中间商的实力和忠诚度。

3. 营销渠道长度的规划

营销渠道的长度由产品销售过程中经过的中间环节数量决定。

（1）短渠道策略。

中间环节少，渠道费用低，价格优势明显。适用于企业经济实力强、产品销量不大或难以找到合适中间商的情况。

（2）长渠道策略。

中间环节多，销售范围广。适用于产品销量大、市场广阔且分散的情况，有助于产品广泛分布并具备区域延伸性。企业需根据产品特性和市场需求灵活选择渠道长度，以实现最佳的市场覆盖和销售效果。

三、研学旅行产品营销渠道的管理

研学旅行产品营销渠道的管理，核心在于对直接和间接销售渠道的有效控制、激励、评估与灵活调整，尤其侧重于间接销售渠道的精细化管理。强化这一管理过程，是确保渠道活动遵循既定规划、实现预定目标的关键，它直接关系到研学旅行企业与旅游中间商的经济利益最大化。

1. 严控研学旅行产品营销渠道

对销售渠道的控制，实质上是监督旅游中间商的销售行为，确保其遵循双方协议，合法合规地推广产品。研学旅行企业需从选择中间商起，至销售活动结束的每一步都实施严格监控，并根据不同的渠道策略采取相应的控制措施。关键在于如何激发中间商的积极性和主动性，同时建立有效的评价机制以激励他们。

（1）规划先行，目标统一。

研学旅行企业应深入分析中间商的优劣势，制定详细的销售规划，并详尽地向中间商进行阐述，确保双方对销售目标、策略有共同的认知。

（2）权责明确，利益合理分配。

与渠道成员深入沟通，明确各自权责，通过协商确定利益分配方案，以减少冲突，促进合作顺畅。

（3）绩效评估，多维度考量。

销售能力：考量销量、利润、费用结算及市场占有率等指标，以及客户服务质量。

商业信誉：通过市场调研，评估中间商在业界的知名度、诚信度及口碑。

合作配合：评价中间商的宣传推广力度、与其他中间商的协作情况等。

市场供需关系直接影响渠道控制权，供不应求时生产者占优，供过于求时则中间商话语权增强，因此需灵活调整控制策略。

2. 激励研学旅行销售渠道

激励机制是提升中间商合作意愿和效率的关键。因此，要了解中间商需求，提供必要的条件，并实施激励措施，以最大化其收益。

（1）优质产品供给。

提供热销产品，增强中间商信心，促进长期合作。

（2）利润丰厚化。

定价时充分考虑中间商利益，提供差异化折扣和津贴，利用销量挂钩的佣金制度激发销售热情。

（3）奖惩并举。

建立明确的奖惩制度，奖优罚劣，激发中间商的竞争意识和销售动力。

（4）全方位支持。

提供电话服务、宣传资料、资金援助等，助力中间商提升经营能力，拓宽收入来源。

3. 全面评估研学旅行产品营销渠道

定期评估是渠道管理的必要环节，它不仅能激励优秀的中间商，也能促使后进者改进，甚至淘汰不合格者，确保渠道整体效能。

（1）销售实绩。

考察销量完成度、增长率及服务水平。

（2）积极性与拓展。

评估中间商推销产品的主动性及市场覆盖范围扩大情况。

（3）竞争关系。

关注中间商是否同时为竞争对手服务，及其对本企业产品的专注度。

（4）协同合作。

分析中间商与其他渠道成员的合作关系及配合效率。

通过综合评估，企业可精准识别哪些中间商值得深化合作，哪些需调整合作方式，甚至哪些应被淘汰，并据此调整渠道结构，确保渠道的高效运作和持续优化。

四、研学旅行产品营销渠道的调整策略

为适应市场需求的变化，旅游生产企业需灵活调整研学旅行产品的营销渠道，以促进销售并提升市场竞争力。

1. 营销渠道长度的优化

营销渠道的长度直接影响信息传递速度、产品流通时间及渠道成本。渠道过长可能导致信息传递迟缓、产品流通周期长及成本上升，同时减弱企业对产品的控制力；而渠道过短则可能增加企业的销售任务，限制市场覆盖面。

当渠道过长且部分环节效率低下时，企业应考虑缩减不必要的中间环节，提高渠道效率。若渠道过短，无法有效覆盖目标市场，影响销量，则应探索并增加新的销售渠道，以拓宽市场接触面。

在调整过程中，企业可同步进行新旧渠道的优化组合，确保销售面的稳定与拓展。

2. 营销渠道宽度的调整

在现有的营销渠道中，不同中间商的销售表现各异。企业应基于销量数据，对中间商进行动态管理。

对于销量稳定且表现优异的中间商，企业应继续深化合作，巩固合作关系。对于销量低迷的中间商，企业需评估其潜力与改进空间，必要时进行淘汰，并寻找新的合作对象。

当面临行业竞争加剧或企业规模扩大时，企业应适时拓宽营销渠道，增加中间商数量，以提升市场渗透率。

3. 全面重构营销渠道

全面重构营销渠道是一种较为极端的调整策略，通常在企业面临重大战略调整、失去对原有渠道的控制或原有渠道功能出现不可调和的矛盾时采用。

在实施重大战略目标或营销组合调整时，企业可能需要构建全新的渠道体系，以支持新的市场定位和业务模式。当企业对原有渠道的控制力严重削弱，无法有效执行销售策略时，全面重构成为必要选择。若原有渠道功能出现严重混乱，无法有效支持产品销售，企业也需考虑全面更换渠道，以确保市场运作的顺畅。

研学旅行企业应根据市场变化和企业自身情况，灵活调整营销渠道的长度、宽度乃至全面重构，以适应市场需求，提升销售业绩。

第三节 研学旅行产品营销渠道优势分析

一、OTA 渠道

OTA（在线旅行社）渠道预订作为现代旅游业的重要组成部分，已经深刻改变了旅游消费者的预订习惯和旅游服务提供商的营销模式。在我国，随着互联网的普及和在线旅游市场的日益成熟，OTA 平台不仅成为旅游消费者预订机票、酒店、旅游线路等旅游产品或服务的主要渠道，还通过其强大的资源整合能力，为研学旅行这一新兴旅游形态提供了全方位的支持和服务。

OTA 作为销售线下旅游服务的中介，其"低频次、高单价"的特点使得每一次交易都显得尤为重要。对于研学旅行消费者而言，OTA 平台解决了他们预订过程中课程、营地、机票、酒店或旅游门票分散耗时以及信息不对称的痛点，提供了一站式服务，包括比价、预订、在线支付等，极大地提升了预订效率和用户体验。而对于研学旅行企业来说，OTA 平台则是一个重要的客源渠道，不仅帮助他们拓宽了销售渠道，还通过平台的专业运营和大数据分析，提升了产业链的整体运营效率，使得研学旅行产品更加精准地触达目标客户群体。

1. OTA 的合作模式深化解析

OTA 的合作模式多样，其中代理模式、批发模式和广告模式是三种最为常见的盈利模式。

（1）代理模式。

在代理模式下，OTA 企业作为中间平台，连接了研学旅行企业和消费者。它们通过为研学旅行企业销售单项或套餐产品，并按照销售额的一定比例抽取佣金。这种模式下，OTA 企业的参与度相对较低，主要扮演的是中介角色。佣金虽然由商家提供，但最终往往会通过产品定价转嫁到消费者身上。代理模式的优势在于其轻资产运营，风险较低，且能够吸引更多的研学旅行企业入驻平台，丰富产品供给。

（2）批发模式。

批发模式则是一种更为深入的合作方式。OTA 企业以批发价格向研学旅行产品供应商采购产品，然后加价卖给用户，赚取差价。这种模式下，OTA 企业需要承担更高的存货风险和经营风险，但相应的，其回报率也更高。批发模式要求 OTA 企业具备强大的资金实力和市场预判能力，以确保买断的产品能够顺利销售出去。同时，通过提前买断存货并占用用户资金，OTA 企业可以实现资金的高效利用，进一步提升盈利能力。

（3）广告模式。

广告模式是 OTA 平台为研学旅行企业提供的一种营销服务。OTA 企业通过在平台上展示研学旅行企业的广告，并收取相应的广告费用。根据收费标准的不同，广告模式又可细分为 CPM（按展示付费）、CPC（按点击付费）和 CPS（按销售付费）等。广告模式对于客源压力大的研学旅行企业而言，是一种有效的营销手段。通过 OTA 平台的广泛曝光，它们可以吸引更多潜在客户的关注，进而提升销售业绩。虽然广告收入在 OTA 企业的总收入中占比相对较小，但随着平台价值的不断提升，其广告收入也有望持续增长。

在实际运营中，OTA 企业往往会根据自身的战略定位和业务规划，选择一种或多种模式组合的盈利模式。例如，国际 OTA 巨头 BOOKING 以代理模式为主，而 EXPIDIA 则更侧重于批发模式。这两种模式各有优劣，选择哪种模式取决于企业的市场定位、资源禀赋以及风险偏好等因素。

在国内市场，OTA 龙头如携程、去哪儿等，也主要以代理抽取佣金的商业模式为主。但在具体的上游采购和下游付款模式上，它们又根据市场情况和产品特性进行了灵活调整。例如，在上游采购方面，它们既会直接与供应商进行直采，以降低成本、提高效率，也会通过二次代理的方式，引入更多优质产品，丰富平台供给。在下游付款方面，它们则根据用户需求和研学旅行企业的结算习惯，提供了预付和现付两种选择，以满足不同用户的需求和偏好。

OTA 渠道预订在研学旅行领域的应用和合作模式的深化，不仅为旅游消费者提供了更加便捷、高效的预订体验；也为研学旅行企业提供了更加广阔的市场空间和销售渠道。随着在线旅游市场的不断发展和完善，OTA 平台在研学旅行领域的价值和作用将会更加凸显。

2.OTA 的未来竞争趋势

OTA 行业的未来竞争将围绕四大趋势展开：低线化、年轻化、本地化和多样化。这些趋势不仅要求 OTA 企业对现有业务进行更精细化的运营，还意味着要挖掘那些尚未被充分满足的市场、服务以及用户群体，以形成新的竞争优势。

（1）低线城市需求崛起，OTA 竞争新焦点。

随着一二线城市在线旅游市场的逐渐饱和，用户增长放缓，三四线城市成为 OTA 行业的新蓝海。这些低线城市正处于渗透率快速提升、用户规模迅速扩大的阶段。数据显示，过去一年中，OTA 预订的低线用户占比已从 43% 提升至 50%，彰显了低线城市需求的强劲增长。因此，三四线城市将成为 OTA 未来竞争的主战场。美团等已在这一领域取得先机，利用其交叉获客优势，而携程等也在加速布局，期望通过线下门店实现低成本获客，抢占市场份额。

（2）本地化需求升温，OTA 消费模式转变。

随着研学旅行需求的增长以及本地用户周边旅行需求的持续增加，OTA 预订模式正在从以异地预订为主向本地、异地场景并举的方向转变。这一变化要求 OTA 企业不仅要关注异地旅游市场，更要深入挖掘本地旅游消费潜力。美团凭借其本地生活服务优势，在本地预订市场上占据领先地位，能够轻松实现与旅游相关的生活场景配套服务。而携程也不甘落后，上线了"玩转当地"频道，积极布局本地化战略，以满足用户日益增长的本地化旅游需求。这一趋势表明，OTA 企业需要更加关注本地市场，提供更加丰富多样的本地化旅游产品和服务，以吸引和留住用户。

二、新媒体渠道

新媒体营销作为当下最为炙手可热的营销方式之一，正以其独特的魅力和无限的潜力，引领着市场营销的新潮流。在 Web 2.0 带来的巨大变革中，新媒体以其沟通性、差异性、创造性、关联性和体验性，为研学旅行企业提供了广阔的营销舞台。以下是对研学旅行企业如何利用主流新媒体平台进行营销的深入剖析。

1. 公司网站：打造品牌形象的基石

研学旅行企业应高度重视公司网站的建设，这不仅是企业形象的展示窗口，更是与公众、市场建立紧密联系的重要桥梁。在自建网站时，应选购质量上乘的服务器，确保网站的稳定性和访问速度。网站内容应精心规划，既要包含公司产品的详细信息，如最新产品、报价、付款方式及在线联系方式，以便客户快速了解并购买产品，又要设立研学旅行行业分析板块，通过深入剖析市场经济和行业发展前景，吸引合作企业的关注。同时，通过展示已举办的研学旅行活动案例，用生动的图片和详实的文字记录，激发潜在客户的兴趣。此外，建立完善的售后服务板块，明确处理产品质量问题的流程，与客户建立深厚的信任关系，是提升品牌形象的关键。

2. 二维码：连接线上线下的神奇纽带

二维码以其信息容量大、误码率低、编码范围广、易制作且成本低廉的特点，成为研学旅行企业营销的新宠。企业可以巧妙地将产品美图与二维码相结合，设计出具有吸引力的链接说明，确保二维码清晰可见，并通过美工的精心美化，提升整体视觉效果。随后，在社交群、各大论坛、微博上广泛发布，甚至制作成图片视频，让公司产品迅速走进大众视野。二维码不仅方便用户扫码获取更多信息，还能有效引导用户参与互动，提升品牌知名度。

3. 短视频：新时代的营销利器

短视频以其短小精悍、易于传播的特点，迅速占领了市场，成为研学旅行企业营销的新战场。以抖音为代表的短视频平台不仅吸引了大量年轻用户，更以其强大的带货能力，让企业看到了巨大的商业价值。研学旅行企业应充分利用短视频平台，产出优质内容，抓住用户注意力，提升品牌转化率。在内容创作上，要注重学习价值和实用价值的结合，通过专业和精准的内容，培养忠诚且长久的用户群体。同时，利用短视频平台的流量分发机制，将内容精准推送给目标用户，实现品牌覆盖和转化的最大化。

4. 微博：社交网络的营销阵地

微博作为社交媒体的重要一环，其营销价值不容忽视。研学旅行企业应通过微博平台，发布企业动态、产品信息，与粉丝进行互动交流，树立良好的企业形象。在微博营销中，要注重内容的创意和趣味性，结合幽默等元素，吸引粉丝关注。同时，利用微博的认证、有效粉丝、话题、名博等资源，构建完善的营销体系，提升品牌影响力。

5. 微信：私域流量的宝藏

微信作为私域流量的重要载体，为研学旅行企业提供了丰富的营销渠道。通过微信社群、朋友圈和公众号三类渠道，企业可以精准触达目标客户，实现个性化营销。在微信社群中，要树立明确的运营目标，准备丰富的话题，筛选活跃用户，维系好社群关系。朋友圈是展示企业形象、产品信息的绝佳平台，要避免纯广告式的发布，注重内容的规划和策划，让用户在轻松愉快的氛围中了解企业。微信公众号则没有篇幅限制，可以深入阐述企业理念、产品特色，助力打造专业形象和个人品牌。

6. 直播：即时互动的营销盛宴

直播营销以其现场感强、互动性强、传播效果好的特点，成为研学旅行企业营销的又一新宠。通过直播平台，企业可以实时展示研学旅行产品的魅力，与观众进行即时互动，提升品牌知名度和销量。在直播过程中，要注重内容的策划和创意，确保直播内容有趣、有料、有看点。同时，利用直播平台的互动功能，如弹幕、评论等，与观众进行互动交流，增强用户的参与感和归属感。通过直播营销，研学旅行企业可以迅速提升品牌影响力，实现销量增长的目标。

三、中间商渠道

1. 旅游代理商

旅游代理商包括旅游批发代理商和旅游零售代理商，是研学旅行产品销售的关键环节。他们专注于将研学旅行产品推广给潜在顾客，并促进供应商与顾客之间的直接联系。与传统零售商不同，旅游代理商并不购买自己推销的产品，而是作为中介，将产品从供应商传递到消费者手中，因此他们的收益主要来自研学旅行企业支付的佣金。

2. 旅游经营商

旅游经营商在研学旅行市场中占据核心地位，他们不仅是连接供应商与消费者的桥梁，更是推动产品创新与多样化的重要力量。作为包价研学旅行产品的提供者，旅游经营商凭借深厚的市场洞察力和资源整合能力，为消费者打造一站式的研学旅行解决方案。他们能够从供应商处获得优惠价格，降低产品成本，同时自行开发或定制研学旅行产品，以满足市场的多元化需求。购买包价产品的顾客不仅能享受便捷服务，还能因经营商的议价能力而获得价格优惠。

3. 旅游分销商

旅游分销商在研学旅行市场中扮演着重要角色，他们通过购买未售出的研学旅行产品存货，并以灵活的方式销售给个体顾客或旅游代理商。这种分销模式有助于减轻供应商的库存压力，同时为消费者提供更多选择和便利。分销商会根据市场需求和消费者偏好进行精准营销，通过多渠道宣传和销售，吸引潜在客户。其与旅游经营商的紧密合作也促进了研学旅行市场的繁荣和发展。

4. 旅游俱乐部

旅游俱乐部作为新兴的研学旅行推销渠道，正逐渐受到广泛认可。它们通过制定详细的研学旅行计划，组织会员以优惠价格参与活动。加入俱乐部的会员不仅能享受价格优惠，还能结识志同道合的朋友，共同探索世界。俱乐部通过组织丰富多彩的研学活动，丰富了会员的文化生活，促进了交流与合作，并根据会员反馈不断优化产品，提升服务质量。

5. 旅游经纪人

旅游经纪人是特殊的旅游中间商，他们不拥有产品所有权，也不控制价格和销售条件，而是作为桥梁促成研学旅行企业与旅游者之间的交易，并收取佣金。研学旅行企业与旅游中间商建立业务关系的方式多样，但无论哪种方式，都需要对中间商进行详细的调查与分析。调查内容应包括市场重点、经营范围、产品种类、竞争对手情况、市场占有率、销售实力、信誉、服务水平、偿付能力、历史背景、发展现状、规模与数量、对供应商的依赖程度以及对研学旅行产品的兴趣和合作意愿等。在充分了解的基础上，通过对比选择最适合的旅游中间商，并经过一段时间的"试用期"后，根据效果决定是否签订长期合作协议。

四、辅导机构与学校

近年来研学旅行在教育领域的兴起，得益于文旅融合的深入、素质教育理念的普及以及政府政策的强力支持,其发展势头异常迅猛。作为研学旅行的核心组织者,辅导机构与学校承担着首要责任,其中学校往往主导着研学旅行的整体设计规划。然而,在选择与第三方研学旅行企业合作时,校方普遍担忧企业可能存在安全保障不足、活动内容偏离教育初衷、收费标准不透明等问题。因此,在采购服务过程中,学校与辅导机构不仅要严格审查企业的资质与实力,还需通过细致协商,签订详尽的协议,明确服务内容,确保研学行程不被随意更改,从而保障研学活动的专业性与安全性。同时,倡导学生、家长全程参与,实现研学过程的公开透明,确保方案设计的科学性、价格的合理性,以及第三方服务的高质量。

鉴于安全责任这一核心考量,不少学校在研学旅行的组织上持谨慎态度。为有效化解这一难题,需明确界定包括学校在内的各方责任主体,尤其是作为主导者的校方的职责。一个较为可行的方案是,由政府教育部门牵头,联合学校、家长及研学旅行企业,共同签署一份具有法律效力的协议,清晰界定各方在研学旅行中的权利与义务。一旦出现问题,即可根据协议内容,迅速明确责任归属,并依法依规进行追责。对于未能按协议履行职责的研学旅行企业,应果断将其列入黑名单,终止合作,并依据相关法律法规追究其相应责任,以此维护研学旅行市场的健康秩序,保障所有参与者的合法权益。

第八章

研学旅行产品的质量管理保障策略

第一节 研学旅行产品设计的质量管理概述

一、研学旅行产品设计的质量管理

1.质量基本概念深化探讨

随着经济的持续增长与个人收入的稳步提升,人们对于生活的追求已不再仅仅局限于物质层面的满足和基本的精神慰藉,而是愈发注重生活品质的全面提升。这种品质追求不仅体现在对新奇、高品质产品的热衷上,更深刻地反映在对各类产品和服务质量的严苛要求上。政府部门与行业协会频繁发布的质量法规与标准,正是对这一社会经济发展趋势的积极响应与规范引导。

在质量概念的理解上,当前主流观点主要分为符合性质量与适用性质量两大类。

(1)符合性质量。

符合性质量的核心在于"符合要求"。这些要求或规范多聚焦于技术层面,涵盖了产品的尺寸精度、硬度强度、色彩搭配等具体技术指标。这些指标通常可通过科学严谨的测试方法进行量化评估与控制,因此,企业往往通过检测手段来判断产品是否达标。然而,符合性质量更多的是从企业自身角度出发,基于实际生产需求而设定的标准,由于企业间的差异及市场环境的动态变化,同一产品的规范可能因企业而异,且需随技术进步与市场竞争而不断更新,此外,顾客对产品的个性化需求也是企业必须考虑的因素,因此,符合性质量虽然重要,但不能单一地作为衡量产品质量的唯一标准。

(2)适用性质量。

适用性质量则更强调"满足顾客需求"。它认为,产品的真正价值在于能否在使用过程中有效满足使用者的实际需求。与符合性质量不同,适用性质量以顾客为中心,关注顾客的真实感受与使用体验。朱兰博士的观点明确指出,产品的适用性是其核心竞争力的关键。对于顾客而言,复杂的技术规范与术语往往难以理解,他们更关心的是产品是否实用、是否能够满足其特定需求。因此,适用性质量与现代市场营销理念中的"顾客至上"原则高度契合。

除了上述两种主流观点外,ISO组织对质量也给出了更为全面且深刻的定义。它认为,质量是客体固有特性满足要求的程度,这些特性既包括物理性质、感官特性等客观属性,也涵盖服务的行为特征等主观体验。ISO组织关于质量的定义融合了符合性与适用性的精髓,强调产品必须同时满足企业、顾客、政府、社会等多方面的明示与隐含需求,体现了质量概念的广泛性与包容性。

2. 研学旅行产品设计的质量概念拓展

在研学旅行产品设计领域,质量同样是一个核心议题。基于现代质量管理的顾客中心原则,研学旅行产品设计的质量应着重考虑以下几个方面。

(1)基于需求的方法。

①安全性。作为研学旅行产品设计质量的首要考量,安全性关乎每一位游客的生命财产安全。旅游组织需全面评估道路交通安全、住宿餐饮安全、景区游乐安全等各个环节,特别是道路交通安全,鉴于其在旅游突发事件中的高发性,更应成为重点关注对象。

②功能性。研学旅行产品需紧密结合教育目的与不同学级学生的特点进行个性化设计。从低年级学生的乡土乡情研学,到高校学生的省情国情研学,每

个阶段都应有针对性的产品与之匹配。同时，服务项目也应细致入微，涵盖教育、交通、住宿、餐饮、导游讲解及医疗救助等多个方面。

③愉悦性。作为旅游的本质追求，愉悦性在研学旅行产品设计中同样不可或缺。旅游组织应致力于创造轻松愉快的旅行氛围，让游客在享受知识学习的同时，也能感受到旅游带来的心理快感与内心愉悦。

④时间性。高效的时间管理对于提升研学旅行产品设计质量至关重要。旅游组织需确保服务的及时性、准时性与省时性，通过优化研学程序、运用技术手段及提升员工技能等方式，减少游客等待时间，提高工作效率。

⑤文明性。研学旅行不仅是知识传递与学习的过程，更是文明素养的培育与展现过程。旅游组织应营造一个和谐文明的旅游服务环境，包括基地导师及服务人员的修养礼貌、道德水准以及学生游客之间的良好交往氛围。这不仅是对社会主义和谐社会要求的积极响应，也是提升研学旅行产品设计质量的重要途径。

（2）基于期望的方法。

从顾客期望的视角出发，研学旅行产品设计质量被视作旅游感知服务质量的一种体现。这种质量本质上是游客对旅游研学体验的主观评价，其高低取决于游客的预期与实际服务表现的对比。游客在选择研学旅行产品前，会怀揣一定的期望，这些期望构成了他们评判服务质量的基准。当实际服务超越期望时，游客会感到惊喜并高度满意；若服务与期望相符，则游客感到满意；而若服务未达预期，游客则会感到失望。因此，从期望角度探究研学旅行产品设计质量已成为现代研究的主流方向。

研学旅行产品设计质量的评估可从五个维度进行，即有形性、可靠性、响应性、保证性和移情性，这与服务质量研究的框架一脉相承。

①有形性。有形性关乎旅游组织的物理设施、服务环境及员工形象。设施应安全可靠、先进；环境需整洁有序；员工应精神饱满、着装得体。这些有形元素是旅游组织服务质量的外在展现，有助于游客初步判断研学旅行产品的设计质量。

②可靠性。可靠性指旅游组织能否准确、可靠地履行其服务承诺。这要求

组织不仅具备解决问题的能力，满足游客研学需求，还需确保服务的一致性和无误差。服务的可靠性是旅游组织的基石，缺乏可靠性即意味着服务的失败。

③响应性。响应性体现在旅游组织对游客需求的快速响应和有效解决方案的提供上。当游客需要帮助或服务出现问题时，服务人员的迅速回应对于提升服务质量至关重要。长时间的等待会令游客焦虑不安，降低对服务的信心，甚至导致不满和投诉。

④保证性。保证性涉及服务人员的自信、知识储备和礼仪表现。这些因素能够增强游客对服务质量的信心和安全感。服务人员若能展现出专业素养和良好礼仪，将更有可能赢得游客的好感和信任。

⑤移情性。移情性要求服务人员具备同理心，能够站在游客的角度思考问题。这包括发现游客的潜在需求并尽力满足，为服务增添情感化和个性化的色彩。实现移情性服务需要充分的员工授权和激励作为支撑。

（3）基于价值的方法。

研学旅行产品设计质量不仅是顾客期望的反映，也与顾客的成本感知紧密相关。顾客总是追求物超所值，因此在消费过程中会不自觉地比较所得与所付。这种比较形成了顾客价值，即顾客对总收益与总成本的综合评价。

顾客价值可通过公式表示为：顾客价值＝总收益/总成本或顾客价值＝总收益－总成本。当顾客价值大于1或大于0时，顾客感到满意；反之，则可能产生不满。因此，顾客价值成为评判研学旅行产品设计质量的重要依据。

①总收益。总收益是游客通过研学旅行产品获得的整体价值，包括教育价值、服务质量、设施条件、服务环境以及服务项目的多样性等。总收益的感知具有主观性，受游客个人经验和见识的影响。

②总成本。总成本不仅指货币支出，还包括时间、体力、精神以及感官上的成本。货币成本是游客直接支付的价格；时间成本涉及搜索、购买和服务等待等时间投入；精神成本体现在首次尝试或面对新环境时的焦虑和不安；而感官成本则与服务环境的不适有关，如温度、光线、噪声或气味等。

对于旅游组织而言，提升研学旅行产品设计质量的过程就是为顾客创造价值的过程。这要求组织要从游客的角度出发，综合考虑总收益和总成本，通过教育目的的精准定位、成本控制、服务创新和技术应用等方面，为游客提供超越期望的价值体验。

3. 研学旅行产品设计质量的特征

（1）主观性。

与制造业产品质量的客观性相比，研学旅行产品设计质量展现出更为显著的主观性特征。这种主观性主要体现在游客对产品设计质量的评价上，它不仅仅基于旅游组织实际提供的产品质量，更深受游客个人期望的影响。游客在研学旅行前会根据过往经验、个人需求、旅游目的地的口碑及广告宣传等因素，形成对研学目的地的预期。这些预期因人而异，导致游客对同一研学旅行产品的评价产生显著差异。这种主观性的存在，无疑增加了有效评价研学旅行产品设计质量的难度，要求旅游组织更加关注游客的个性化需求与期望，以提升游客的整体满意度。

（2）差异性。

制造业产品能够通过严格的质量控制实现同质化，以合格标准统一衡量质量水平，而研学旅行产品设计质量难以达到这样的同质化标准。由于游客期望与偏好的多样性，即使面对相同的服务质量，不同游客的感知也会存在显著差异，甚至同一游客在不同时间、不同情境下，对同一研学旅行产品的评价也可能截然不同。这种差异性使得旅游组织在统一研学旅行产品质量方面面临更大的挑战，需要更加灵活地调整产品设计，以满足不同游客的个性化需求。

（3）过程性。

与制造业产品注重结果质量不同，研学旅行产品设计更加注重过程质量。研学旅行本身就是一个动态的过程，游客参与其中，不仅关注最终的学习成果，更享受整个研学过程中的教育体验与乐趣。在这个过程中，每一个环节、每一个细节都可能成为影响游客对研学旅行产品质量感知的关键因素。因此，对研学旅行产品设计质量的考察必须贯穿整个研学过程，从行程规划、活动安排到服务细节，都需要精心设计与严格把控。

(4)整体性。

研学旅行产品设计质量还具有鲜明的整体性特征。游客对研学旅行产品的感知是综合性的，受到多方面因素的影响。这要求旅游组织在考察研学旅行产品设计质量时，必须从整体上进行把握。整体性包括纵向与横向两个维度：纵向方面需要关注研学旅行的全过程，确保每个阶段都能满足游客的需求与期望；横向方面则需要综合考虑研学旅行产品生产和消费过程中的各种有形要素（如硬件设施、环境布置等）和无形要素（如服务态度、文化氛围等），这些要素共同构成了产品的整体形象，共同影响着研学旅行产品的质量与游客的满意度。因此，旅游组织在提升研学旅行产品设计质量时，必须注重整体性的规划与优化。

4. 提升研学旅行产品设计质量的作用

(1)创造游客价值。

提升研学旅行产品设计质量，不仅是旅游组织履行对游客基本权益保障的责任体现，更是适应游客日益成熟与需求升级的必然要求。随着游客旅游经验的积累，他们对研学旅行的期望也随之提高，原有的服务质量标准已难以满足当前的需求。因此，旅游组织必须积极探索如何为游客创造更多、更深层的价值，以实现游客的长期满意与忠诚。高质量的研学旅行产品能够确保游客在研学过程中获得丰富而深刻的学习体验，真正达到研学的目的，从而实现游客价值的最大化。

(2)改进旅游企业绩效。

对于旅游企业而言，提升研学旅行产品设计质量是推动其绩效持续改进的重要驱动力。从外部市场效果来看，高质量的研学旅行产品能够显著提升游客的满意度，进而增加他们的重购意愿和推荐意愿，为旅游企业带来稳定的回头客和口碑传播带来的新客源。这种正向循环不仅有助于提升企业的市场份额，还能在激烈的市场竞争中为企业赢得更多的发展机遇。

(3)提升研学基地及城市形象。

旅游行业作为展示城市文明风貌的重要窗口，其服务质量直接影响着外界对城市的印象和评价。研学旅行作为一种深度体验式的旅游方式，更是游客了解城市文化、风貌的重要途径。因此，提升研学旅行产品设计质量，对于研学基地乃至整个城市而言都具有深远的社会意义。高质量的研学旅行产品能够凸显城市的特色文化，提升城市的知名度和美誉度，进而促进城市的整体形象提升和影响力扩大。这不仅有助于吸引更多的游客前来参观学习，还能为城市的经济社会发展注入新的活力。

二、研学旅行产品设计的质量管理原则

1. 以顾客为关注焦点

质量管理首要且核心的目标是满足顾客的明确需求，并力求超越他们的隐含期望。组织的长期成功植根于赢得并维持顾客以及其他相关利益方的坚定信任。与顾客的每一次互动，都是提升顾客价值、深化顾客关系的宝贵契机。深入理解顾客当前的需求以及预见他们未来的期望，是组织持续进步与成功的关键所在。

关键益处体现在：显著提升顾客所获得的价值感；增强顾客的满意度与忠诚度；促进业务的重复购买与口碑传播；提升组织的品牌形象与市场声誉；拓宽顾客基础，吸引更多新客户；最终带动收入增长与市场份额的扩大。

2. 领导作用

领导层需确立清晰一致的愿景与方向，同时营造一个鼓励全员积极参与、共同追求组织质量目标的良好环境。这种自上而下的引导与自下而上的参与相结合，能确保组织的战略、政策、流程与资源配置紧密围绕既定目标展开。

关键益处体现在：有效提升实现组织质量目标的效率与成效；促进组织内部流程的协同与整合；加强跨层级、跨部门的沟通与合作；激发并提升组织及员工的能力，以达成预期成果。

3. 全员参与

组织内各级员工的胜任力、被授权感及积极参与，是组织创造价值、提升绩效不可或缺的条件。尊重员工、赋予他们权力并促进其发展，是有效管理组织的重要基石。

关键益处体现在：加深员工对质量目标的理解与认同，提高其实现目标的积极性；激发员工的改进意识与参与度；促进个人成长、主动性与创新能力的发挥；提升员工满意度，增强团队凝聚力；强化组织内部的信任与合作氛围，共同塑造组织文化。

4. 过程方法

将组织活动视为相互关联、连贯运行的过程体系，是确保结果一致性与可预测性的关键。质量管理体系由一系列相互依存的过程构成，深入理解这一体系如何运作，有助于优化结构、提升整体绩效。

关键益处体现在：增强对关键过程及改进机会的识别能力；通过协调一致的过程管理，实现稳定且可预测的结果；通过高效利用资源、跨越职能壁垒，达到最佳绩效水平；增强组织向利益相关方展示其一致性、有效性与效率的信心。

5. 持续改进

成功的组织从不满足于现状，而是持续寻求改进之道。无论是维持当前绩效水平，还是适应内外环境的变化，乃至开拓新机遇，改进都是不可或缺的动力源泉。

关键益处体现在：提升过程绩效、组织能力以及顾客满意度；加强对问题根源的探究与后续预防措施的制定；提高对内外部风险与机遇的预见与应对能力；平衡考虑渐进性与突破性改进策略；利用学习机制促进持续改进；激发组织的创新活力。

6. 循证决策

基于数据、信息与深入分析的决策，更有可能导向预期的结果。决策过程虽复杂且充满不确定性，但通过客观分析事实、证据与数据，可以显著降低决策的主观性与风险。

关键益处体现在：优化决策流程，提高决策质量；更准确地评估过程绩效与目标达成情况；提升运营效率与效果；增强对决策挑战与变更的应对能力；为过往决策的有效性提供有力证明。

7. 关系管理

为了持续成功，组织必须精心管理与各利益相关方（包括供应商）的关系。利益相关方对组织绩效有着直接或间接的影响，因此，优化与他们的互动与合作，对于实现组织的长期目标至关重要。

关键益处体现在：通过积极响应利益相关方的需求与限制，共同提升绩效；促进利益相关方对组织目标与价值观的理解与认同；通过资源共享、能力互补及风险管理合作，增强为利益相关方创造价值的能力；构建稳定、高效的供应链体系，确保产品与服务的持续供给与质量。

三、研学旅行产品设计的质量管理目的

1. 研学旅行产品设计的质量管理目的内涵

（1）狭义。

狭义的研学旅行产品设计质量管理目的，与研学旅行产品设计质量方针、质量计划等构成同一层面的概念体系。它具体指的是，依据研学旅行产品设计的质量方针要求，旅游企业在特定时期内所设定的预期管理成果目标。这一目标的出发点在于旅游企业自身，其基础是旅游企业最高管理层通过市场调研等科学方法制定并正式发布的质量方针，以及它要求全体员工在执行质量职能时必须遵循的质量准则。同时，这一目的也是制定旅游企业质量计划的根本依据。

（2）广义。

广义的研学旅行产品设计质量管理目的涵盖三个层面：国家、行业与企业。

国家层面：旨在通过宏观调控旅游研学经济活动，促进旅游业与其他行业的协调发展。国家质量管理部门及各级旅游行政管理部门制定管理目标，以约束旅游企业行为，激励并推动旅游经济向集约型、高质量增长模式转变。

行业层面：各类旅游研学行业协会、官方或半官方组织以及具有影响力的民间协会等，为规范行业市场行为，促进旅游交通、景点、酒店、旅行社等四大支柱的协同合作，确保旅游行业发展水平，而设定的行业质量管理创新与发展目标。

企业层面：旅游企业为实现研学教育的目标、永续经营与持续发展，结合市场竞争态势与企业自身资源条件，所制定的旨在维持并提升研学旅行产品设计质量水平的管理目标。

2.研学旅行产品设计的质量管理目的体系

（1）微观目的。

核心目的：顾客满意是旅游企业开展研学旅行产品设计质量管理的核心微观目标。通过加强质量管理，提升产品设计质量，以最大化顾客满意度。这要求企业持续快速捕捉市场需求信息，为推出高质量产品提供决策依据，并建立完善的指标体系，对产品设计流程进行目标分解，明确各部门质量管理职责与任务，围绕顾客满意这一核心，确定企业研学旅行产品设计的具体行动方案。

基础目的：在顾客满意这一核心目标的指引下，国家、行业及旅游企业均会分解形成一系列基础性的研学旅行产品设计管理目标，为质量管理工作提供坚实的目标支撑。

（2）宏观目的。

国家角度：研学旅行产品设计质量管理的宏观目的在于增强国家综合国力，提升社会效益。

行业角度：通过规范行业行为，促进旅游市场的繁荣与发展，是研学旅行产品设计质量管理的行业宏观目标。

企业角度：实现市场准入与推动企业创新是旅游企业研学旅行产品设计质量管理的宏观追求。质量作为企业核心竞争力的关键要素，不仅是顾客评价的重要依据，也是企业进入市场、赢得市场份额的"金钥匙"。

四、研学旅行产品设计的质量管理要求

1. 明确责任主体与细化职责

学生研学旅行的组织与实施，明确界定了教育部门和学校作为首要责任主体的角色。教育部门需将研学旅行融入教育体系与教学计划之中，而学校则需设立专项机构，全权负责研学旅行计划的规划、组织与执行工作。与此同时，各相关部门也需根据各自的职能，承担起相应的责任。例如，旅游主管部门应负责对参与研学旅行产品开发与运营的企业进行资质审查与业务监督，并与教育部门携手，对研学旅行产品的质量标准进行审定与技术把关，确保产品符合教育目的与安全要求。

2. 构建研学旅行经营者准入机制

根据国家相关法律法规的要求，经营旅游服务产品的企业必须持有相应资质。研学旅行作为一种新兴产品形态，其经营者同样需满足一定的条件。除传统旅行社需按规取得经营资质外，对于景区、博物馆、艺术馆、工厂、作坊、农业园区等参与研学旅行产品开发与运营的单位，也应明确其是否需要获取特定资质或达到特定门槛。同时，对于专营研学旅行服务的旅行社，是否需在原有旅行社经营资质的基础上，增设研学旅行经营资质或满足更高标准，也需在法律框架内进行深入研究，并据此建立完善的准入制度。

3. 完善产品与服务标准化体系

鉴于学生们的知识体系与认知能力存在差异，教育部门应联合旅游部门等，共同构建系统化的研学旅行产品标准体系。该体系应以学生为基准，从产品内容结构、深度、知识体系、参与度、产品形态、服务标准、安全要求等多个维

度出发，制定详尽、系统的标准。这些标准不仅为研学旅行产品的研发与经营者提供明确指导，也是业务主管部门进行监管、考核或验收的重要依据。

4. 强化市场监管与安全保障

针对研学旅行市场参差不齐的现状，各相关部门需依据自身职责，加强对市场的全面监管，重点关注研学旅行产品的质量、价格与安全等方面，确保产品符合教育要求与市场需求。特别是在安全保障方面，应制定严格的安全出行标准，建立安全审查与监督检查制度，明确责任到人，确保学生的人身安全得到切实保障。通过加强市场监管与安全保障措施，推动研学旅行市场的健康发展与持续繁荣。

第二节 研学旅行产品设计的质量管理内容

一、研学旅行产品设计的质量管理方法

1. 价值链分析法

企业作为集技术研发、采购、生产、销售、财务及人力资源管理等多环节于一体的综合体，其各个运营环节均承载着价值增值的使命，共同构成了企业价值创造的过程。从原料投入到产品销售，每一步都伴随着价值的提升，这一过程即为价值的形成，而贯穿其中的成本链则构成了企业的价值链。依据价值链理论，企业活动可划分为基本活动与辅助活动两大类。

（1）基本活动。

在研学旅行产品的价值链中，基本活动直接关联到产品的提供与服务，是创造价值的核心环节，具体包括以下几个方面。

研学旅行服务项目：涵盖教育、交通、住宿、餐饮、导游讲解及医疗救助等多维度服务。教育服务需精心规划，包含健身、健手、健脑、健心等项目，

并依据旅行前、中、后三阶段设计服务流程。同时，应针对不同学龄段的学生开发教材，配备辅助设施，由研学导师主导实施，并建立评价机制。

安全管理：主办方、承办方及供应方需共同制定安全管理制度，明确责任人员与职责，安排随团安全管理人员。此外，应制定安全教育与培训计划，对学生进行安全教育，并针对各类突发事件制定应急预案，定期组织演练。

服务改进：活动结束后，承办方需汇总问题，分析原因，通过完善制度、加强培训、调整供应方、优化产品设计及改进服务要素与运行环节等措施，持续提升服务质量。

投诉处理：建立投诉处理机制，指定专人负责，公开投诉电话、处理程序及时限，并建立投诉档案与回访制度。

（2）辅助活动。

辅助活动虽不直接参与产品与服务的提供，但对基本活动的顺利进行至关重要，具体包括以下几个方面。

研学基地：基地需具备优质的餐饮住宿条件、完善的设施、独特的研学资源、专业的运营团队、科学的管理制度及安全保障措施，为学生提供优良的学习与实践环境。

人员配置：应确保有主办方代表督导活动实施，合理配置带队教师、项目组长、安全员、研学导师及导游人员，以保障活动有序进行。

研学旅行产品：产品需紧贴我国研学旅行教育需求，针对不同学段学生设计，以校外探究式学习与综合实践体验为核心，涵盖知识科普、自然观赏、体验考察、励志拓展及文化康乐等多种类型。

服务提供方：主办方需具备法人资质，有明确的安全措施与培训计划，并与承办方签订委托合同。承办方应为合法注册旅行社，无不良记录，有承接大型学生团队经验，并与供应方签订服务合同。供应方同样需具备法人资质、经营资质及服务能力，并严格履行合同义务。

2.四象限分析法

四象限分析法亦被称为波士顿矩阵图法或 BCG 法，是一种高效的企业业务投资组合规划工具。它巧妙地构建了市场增长率－市场占有率矩阵，以此对企业的战略业务组合进行全面而深入的评估，进而划分出四种各具特色与发展前景的产品类型。此方法的精髓在于，它不仅能够帮助企业精准定位产品品种与结构，以灵活适应市场需求的瞬息万变，还能指导企业将有限的资源精准配置到最具潜力的产品结构中，从而确保企业在激烈的市场竞争中脱颖而出，持续稳健地发展。

将四象限分析法应用于研学旅行产品的设计评估中，同样能够为我们提供宝贵的参考与启示。在研学旅行产品的评估调查数据处理过程中，我们可以借鉴并创新应用这一方法，以更科学、更全面地指导我们的决策与实践。

在对研学旅行产品的评估调查数据进行分析时，均值分析作为一种基础且直观的方法，常被我们采用。它可以通过对每个调查项目的平均分进行计算与比较，帮助我们快速了解各项目的表现情况与差异所在。不过，均值分析虽有简便易行的优点，但在指导决策方面显得力不从心，因为它仅仅揭示了表面现象，而未能深入挖掘出真正影响学生满意度与产品质量的关键因素。

为了弥补均值分析的这一不足，我们需要引入四象限分析法，以更精准地定位关键问题，实现资源的优化配置。四象限分析法的应用步骤如下。

首先，计算每个调查项目的均值。这是基础工作，通过均值我们可以初步了解各项目的学生满意度情况。

其次，计算每个调查项目得分与总评分的相关系数。这一步至关重要，它能够帮助我们揭示出每个项目对整个产品评价的影响力。相关系数越高，说明该项目对整体评价的影响越大，也就越有可能是我们寻找的关键问题所在。

再次，绘制四象限图。根据均值与相关系数，我们可以将调查项目划分为四个象限：高均值高相关、高均值低相关、低均值高相关、低均值低相关。这四个象限分别代表了不同的产品特征与改进方向。

最后，找出关键问题，提出解决问题的建议。在四象限图中，我们会特别关注那些低均值高相关的项目，这些项目往往就是影响学生整体满意度的关键因素。针对这些问题，我们需要深入分析其成因，并结合实际情况提出切实可行的改进方案。

通过四象限分析法的应用，我们不仅能够更准确地找到研学旅行产品中的关键问题所在，还能够为产品的优化与改进提供有力的数据支持与决策依据，从而确保我们的研学旅行产品能够更好地满足学生的需求与期望，提升整体的教育质量与体验效果。

运用四象限分析法对研学旅行产品的质量进行精细化管理时，我们首先将研学旅行产品的技术质量设定为横坐标轴，功能质量则作为纵坐标轴。依据表8-1 中所确立的指标体系，分别计算出研学旅行产品技术质量和功能质量的平均分值，并以此作为横、纵坐标的分界标准。随后，将各个被评价的研学旅行产品根据其技术质量和功能质量的表现，精准地归入四个类别之中（见图8-1）。具体而言，Ⅰ类研学旅行产品凭借其出色的技术质量和功能质量，应当继续保持并不断优化；Ⅱ类产品虽然在技术质量上表现良好，但功能质量存在短板，因此需重点核查并改进研学课程、教育服务以及其他相关服务；Ⅳ类产品功能质量尚可，但技术质量方面存在不足，这就要求我们加强对承办方资质、服务管理、服务改进以及研学推广等方面的审核与提升；而对于技术质量和功能质量均亮起红灯的Ⅲ类产品，则必须进行全面深入的反思，必要时需对研学旅行产品进行根本性的重新设计与规划。

表 8-1 研学旅行产品设计四象限指标

一级指标	二级指标	三级指标	权重
研学旅行产品技术质量	承办方资质	承办方要求	26.66%
		人员配置	20.00%
	服务管理	安全管理	16.67%
		投诉管理	10.00%
	服务改进	服务质量	3.33%
		服务改进	3.33%
	研学推广	推广计划	6.67%
		研学手册	6.67%
		公益性	6.67%

续表

一级指标	二级指标	三级指标	权重
研学旅行产品功能质量	研学课程	课程体系	33.33%
		课程特色	5.55%
	教育服务	服务计划及项目	11.10%
		服务流程及教育设施	11.10%
		服务实施主导	5.56%
		服务评价	5.56%
	相关服务	解说服务	5.56%
		住宿服务	5.56%
		餐饮服务	5.56%
		交通服务	5.56%
		医疗及救助服务	5.56%

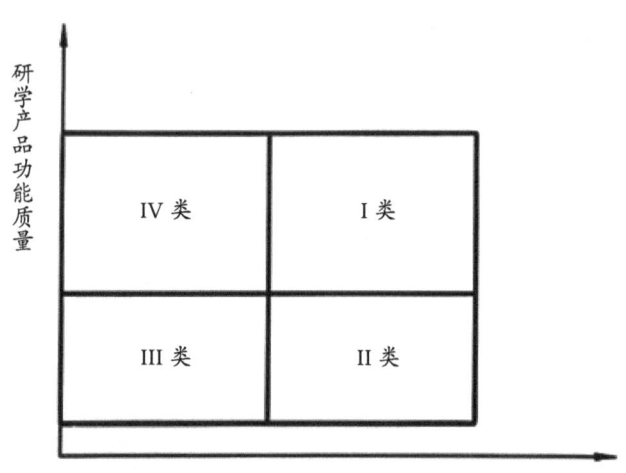

图 8-1　四象限分析模式图

3.雷达图分析法

雷达图分析法作为一种系统性的企业经营状况分析方法，其独特之处在于其图形设计灵感源自导航雷达显示屏，由多个同心圆构成，并自每个圆心向外辐射出等距射线，每条射线均对应一个被研究的指标或因素。这些同心圆分别代表不同的分值区间，分值自内而外逐渐增大。在实际应用中，使用者根据各项指标的实际表现，在指标轴上标注相应位置，并将这些点相连，从而形成完整的雷达图。该方法融合了数形结合的理念，不仅描述直观、图形生动，而且能够从多个角度对客观情况进行全面深入的分析评价。其优势在于能够动态观测、便于应对，为管理者提供了直观掌握企业动向和财务状况的便捷工具，同时具有一定的引导力和激励性，有助于促进企业的综合性与个性化发展。雷达图通常涵盖成长性、生产性、流动性和安全性四大指标，通过对这些指标的综合分析，可以全面评估企业在特定时期内的生产经营能力、盈利水平及资金流转状况，为企业管理者及时评定经营成果、分析部门贡献提供有力支持。更重要的是，雷达图分析法能够综合考虑被评价对象的不确定性因素和多元性特征，将定量分析结果以定性的方式直观呈现，实现不同类别指标在同一平面的横向对比评价，为决策制定提供了更加全面、准确的信息基础。

为了全面而深入地分析研学旅行产品的设计质量，我们采用雷达图分析法，从承办方资质、服务管理、服务改进、研学推广、研学课程、教育服务以及其他服务这 7 个核心维度出发，构建了研学旅行产品的一级指标评价体系，并据此绘制了雷达图（见图 8-2）。此图能够直观地展示各维度在整体设计中的表现与均衡性。

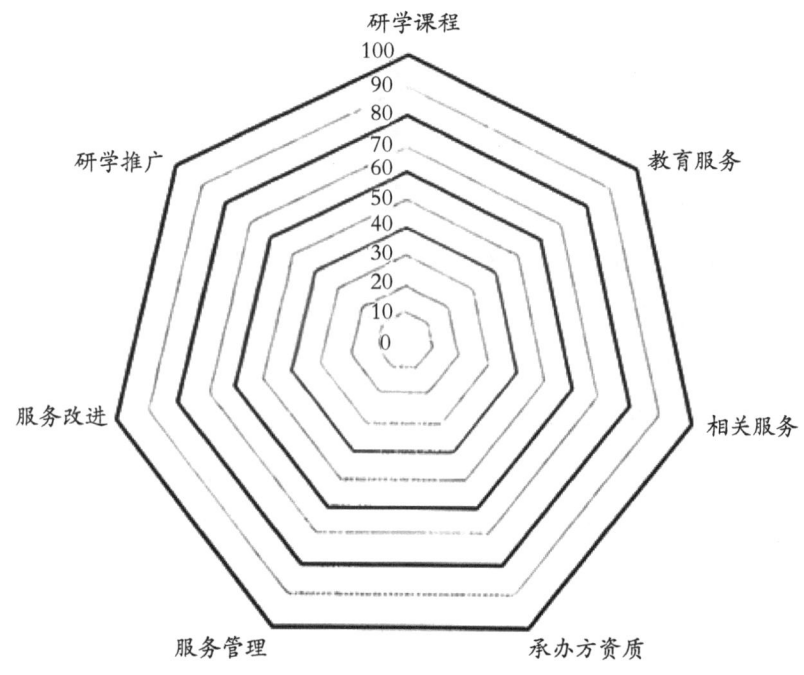

图 8-2 研学旅行产品一级指标雷达图

进一步地，为了更加细致地评估每个维度的具体表现，我们又选取了 20 个详细指标进行衡量，包括承办方要求、人员配置、安全管理、投诉管理、服务质量、服务改进的具体措施、推广计划的制定与执行、研学手册的编制与质量、公益性的体现、课程体系的完善度、课程特色的鲜明性、服务计划及项目的周密性、服务流程及教育设施的完备性、服务实施的主导方与能力、服务评价体系的建立、交通服务的便捷性、住宿服务的舒适度、餐饮服务的品质、解说服务的专业性、医疗及救助服务的应急响应能力。这些二级指标共同构成了研学旅行产品的全面评价体系，并据此绘制成二级指标雷达图（见图 8-3），以便我们能够更加精准地定位问题所在，为研学旅行产品的优化设计提供有力依据。

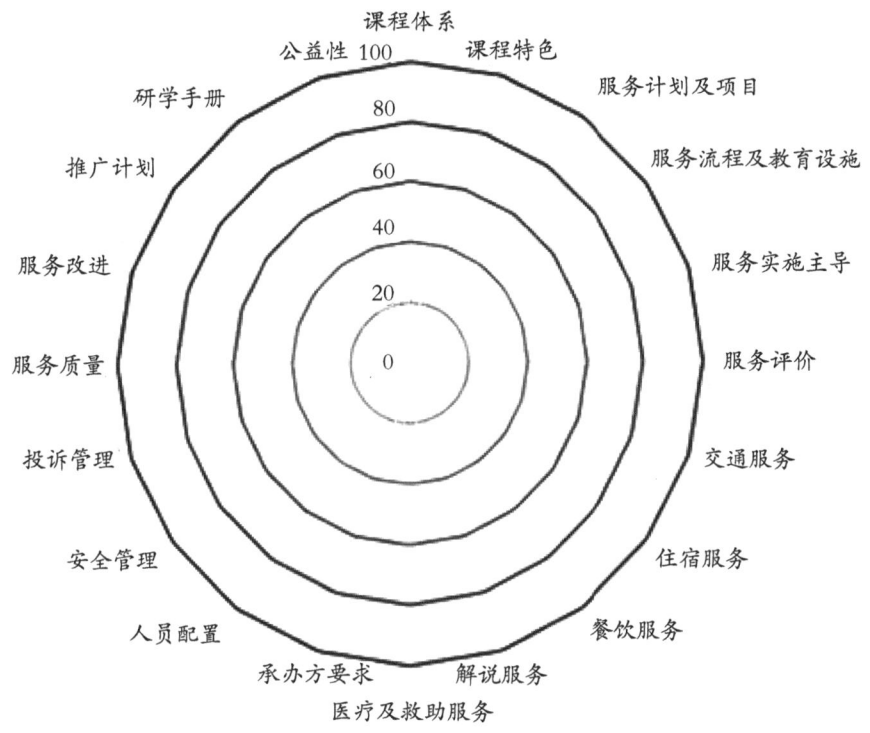

图 8-3　研学旅行产品二级指标雷达图

二、研学旅行产品设计的质量管理流程

1. 目标设定

研学旅行产品的本质是一种深度融合了教育与旅行的"教育+"产品，它与传统游学、修学旅游以及观光考察等旅行方式存在显著区别。研学旅行是由旅游部门、教育部门以及学校三方紧密合作，有目的、有计划地组织安排的一种特殊校外教育活动。通过集体旅行与集中食宿的方式，将研究性学习与旅行体验完美结合，从而实现了学校教育向校外的有效延伸。这种创新的教育形式，不仅丰富了综合实践育人的途径，更让学习变得生动有趣、富有实效。因此，我们必须明确，研学旅行的核心在于教育，其主题围绕研学内容展开，而校外

旅行则只是实现这一教育目的的载体。在研学旅行产品的设计与打造过程中，我们应始终坚守"教育+"的核心理念，而非简单地将其视为"旅游+"产品。

研学旅行产品是一个高度集成的综合服务体系，它涵盖了课程、基地、线路、导师以及配套服务等多个关键要素。这些要素相互依存、相互促进，共同为研学旅行活动的顺利进行提供有力支撑。其中，研学旅行课程是活动的基石与起点，它决定了活动的教育价值与深度；研学旅行线路是活动的载体与形式，它让教育活动得以在更广阔的空间中展开；研学导师、辅导员等人力因素是产品价值实现的重要推动者，他们的专业素养与引导能力直接关系到活动的质量与效果；研学基地、景区、餐饮、住宿、交通等配套服务要素则构成了研学旅行产品的坚实保障体系，它们为活动的顺利进行提供了必要的物质条件与安全保障。因此，在研学旅行产品的打造过程中，我们必须综合考虑这些因素及其之间的相互关系，确保产品的整体质量与效果。

2. 标准确立

为了确保研学旅行产品的质量与规范，我们必须对服务提供方（包括主办方、承办方、供应方）的资质、服务能力等方面进行严格规定。同时，对主办方、承办方的人员配置数量及标准也要进行明确设定，以确保活动能够顺利进行。在产品设计方面，我们要求按照知识科普型、自然观赏型、体验考察型、励志拓展型、文化康乐型等五种分类标准进行相关产品的设计与开发，并配备详细的产品说明书。此外，研学旅行服务项目种类繁多，其中教育服务项目更是核心所在，因此，我们需要制定详细的教育服务计划、梳理教育服务流程、配备必要的教育服务设施及教材等。在交通服务方面，我们应慎重选择合理的交通方式，并提前告知学生及其家长相关交通信息，以确保行程的安全与顺畅。在住宿与餐饮服务方面，我们应以安全、卫生和舒适为基本要求，提前对住宿营地进行实地考察与评估，并合理安排住宿与餐饮事宜。同时，导游讲解服务也应符合相关规定与要求，以确保学生能够获得准确、生动的知识传授。此外，我们还应提前调研和掌握研学营地周边的医疗及救助资源状况，以确保在紧急情况下能够及时得到救援。最后，为了加强安全管理与服务质量监控，我们还应制定相关安全管理制度、配置安全管理人员，并对服务改进、投诉处理等方面进行明确的规定与要求。

3. 质量检验

学生参加完研学旅行活动后，其在自我认知能力、生活能力、思想道德以及组织纪律等方面的成长与变化，不能仅仅通过研学心得分享、研学成果展示以及研学作业完成等方式来主观判断。为了确保研学旅行产品的质量与效果，我们必须建立完善的研学旅行产品质量检验机制。这一机制应运用价值链分析法、四象限分析法以及雷达图分析法等多种科学方法，从承办方资质、服务管理、服务改进、研学推广、研学课程、教育服务以及相关服务等 7 个维度对研学旅行产品设计的质量进行全面检验与评估。通过这一机制，我们能够准确找出研学旅行产品设计的不足之处，并有针对性地分析原因，提出改进措施。同时，我们还应重点解决研学旅行产品定位模糊、产品类型单一、产品内容有名无实以及产品质量无保障等突出问题，以确保研学旅行产品能够真正满足学生的教育需求与成长期望。

4. 责任机制

为了确保研学旅行产品的质量与效果，教育机构和学校必须与专业研学机构建立紧密的分工协作关系。双方应共同将研学旅行与学校课程有机融合，精心设计研学旅行活动课程与研学线路。这些课程与线路应立意高远、目的明确、活泼生动且学习有效，以避免出现"只旅不学"或"只学不旅"的尴尬现象。同时，服务提供方（包括主办方、承办方、供应方）应对研学旅行产品的质量负有全程责任。为此，我们应建立一套合乎实际的质量责任制系统，全面监测与评估研学旅行产品设计的质量与效果。这一系统应明确各方的职责与义务，确保各方能够各司其职、各负其责，共同为研学旅行产品的质量与效果提供有力保障。

第三节　研学旅行产品的质量管理策略

一、研学导师培训制度

1. 基本概念阐释

研学导师这一角色被明确定义为那些专门策划、制定或实施研学旅行课程方案，并在研学旅行过程中负责组织和指导学生开展各类研究学习和体验活动的专业人员。他们不仅是研学旅行教学活动的核心承担者，更是研学旅行行业专业人才培养体系中的关键力量。

与传统的导游角色相比，研学导师的服务对象更为特定，主要聚焦于学生群体。他们的工作内容也远超于普通导游的服务范畴，不仅要求具备导游的讲解、带团等基本技能，更需具备深厚的教育教学素养。研学导师需深入理解学生的身心健康特点、成长规律及身体素质，以此为基础设计并实施富有教育意义的研学活动。同时，他们还需在学生的出行生活中提供全方位的支持与指导，确保学生在研学全过程中的安全与舒适。

因此，研学导师是一个集导游技能与教师素养于一身的复合型、全能型人才。他们既需具备导游的带团、控团能力，又需拥有教师的教学能力和职业素养。作为研学实践教学和服务工作的核心人物，研学导师的服务对象明确，职责重大，是连接学生、学校与研学资源的桥梁。

2. 核心素养解析

（1）积极心态。

研学导师需具备积极的情绪状态，深刻理解学生德育教育的核心理念，并秉持积极向上的价值观与世界观。作为研学旅行的教学执行者，他们需不断提升对教育理念的理解与认同，坚守教育初心，以积极的心态影响并激励学生。

同时，研学导师应遵循立德树人的教育目标，将德育教育融入研学旅行的每一个环节，以身作则，培养学生的积极品质。

（2）共情能力。

研学导师需深入了解学生的心理特点，针对不同学段和学情进行有效沟通。不同的学生在情绪管理、人际交往等方面存在显著差异，因此，研学导师需具备敏锐的观察力，能够预知学生的情绪变化，并据此创设贴近学生实际的研学情境，开展个性化的研学活动。在活动设计与生活安排上，研学导师应以学生为中心，站在学生的视角思考问题，为学生提供贴心的引导与陪伴。

（3）探究精神。

研学旅行作为一门实践性极强的教育活动，其内容涵盖广泛，包括山川地理、人文历史、自然遗产、传统工艺、新兴科学等多个领域。研学导师需具备灵活应变和探究实践的能力，能够根据不同的研学环境和设施设计富有创意的教学活动。同时，他们还需不断提升知识整合能力、课程资源开发与场地资源的利用能力，成为研学旅行教学实践活动的真正引导者，激发学生的探究兴趣与解决问题的能力。

（4）关系协调。

研学导师应具备较强的组织协调能力，能够与教学和旅行服务的各方合作伙伴保持良好的沟通与合作关系。他们不仅是研学课程的实施者，更是活动和服务的组织者。研学导师需熟悉地方各类旅游资源和文化特色，能够协调好交通、住宿、餐饮等各个环节，加强与景区的合作与交流，为学生的学习和生活提供有力保障。

（5）安全意识。

研学导师需具备高度的安全意识和应急处理能力。研学旅行作为一个开放性的课堂，安全始终是第一位的。研学导师应提前预判并防范可能发生的安全隐患，如天气变化、交通状况、食品卫生、疾病预防等。他们需制定详细的安全预案，并在紧急情况下能够迅速、正确地应对和处理，确保学生的生命安全和身体健康。

积极心态、共情能力、探究精神、关系协调、安全意识这五个核心素养共同构成了研学导师的专业形象与职业要求。它们不仅体现了研学导师在研学教学和与学生的共同生活中平等平和的心态，更凸显了以学生为中心的教育理念和实践导向。

3. 职业技能培训的核心内容

（1）知识储备的深化与拓宽。

在知识储备方面，研学导师不仅需掌握扎实的教育教学理论基础，还需深入了解实践体验和旅行游览的专业知识。这要求研学导师不仅具备广博的教育学、心理学知识，以科学指导学生的学习过程，还需精通旅游学、地理学等相关领域，以便在研学活动中准确解读自然景观与人文历史，丰富学生的知识视野。针对不同学段的学生，研学导师应能根据其认知特点和发展需求，精心设计教学目标与任务，确保研学内容既符合学生当前的知识水平，又能激发其探索未知的兴趣。

（2）能力锻炼的全面提升。

能力锻炼是研学导师职业素养的重要组成部分。除了基本的讲解与教学能力外，研学导师还需具备出色的团队体验引导能力，能够组织富有创意的集体活动，促进学生在互动中学习与成长。同时，良好的组织协调能力和应变急救能力也是必不可少的，它们能够确保研学活动在突发情况下依然有序进行，保障学生的安全与健康。研学导师应不断提升自己的专业技能，如运用现代教学手段增强教学互动性，掌握急救知识以应对紧急情况，从而为学生提供更加专业、安全的研学体验。

（3）实践经验的积累与创新。

实践经验是研学导师成长的基石。研学导师应持续关注国内外实践教学、体验教学的最新动态，积极借鉴并创新教学策略与方法。以学生为中心的教学理念应贯穿于整个研学过程，鼓励学生通过自主探究、亲身体验来获取知识、提升能力。在课程设计上，研学导师应根据自身岗位等级和实际需求，选择性地参与政策法规、产品线路设计、品牌营销、安全应急、课程开发、活动实施与评价、心理学、导游实务、综合实践等多方面的培训，以全面提升自己的专业素养和实践能力。

4. 培训制度的完善与创新

（1）高校研学旅行专业人才培养的深化。

教育部将研学旅行管理与服务专业纳入高等教育体系，标志着研学旅行专业人才培养的正式化、规范化。该专业旨在培养具备良好职业道德、人文素养和专业技能的高素质人才，以满足研学旅行行业对专业人才的需求。高校应进一步优化课程设置，加强实践教学环节，与业界紧密合作，共同构建产学研一体化的教学体系，为研学旅行行业输送更多的优秀人才。

（2）研学导师培训班的多元化发展。

文化和旅游部人才中心以研学导师职业为试点，推进职业能力等级评价工作，为研学导师的职业发展提供了明确的路径和标准。除了官方组织的职业能力等级考试外，当前研学导师培训机制呈现出多元化的趋势。

第一，行业协会的专业引领。行业协会在研学旅行行业发展中发挥着重要作用。它们不仅组织学术机构、专家学者开展行业研究、制定标准，还积极组织研学导师培训，通过生源组织、行业专项课程定制等方式，为研学导师提供针对性的培训服务。这种培训模式既符合行业发展的实际需求，又能够有效提升研学导师的专业素养。

第二，高校与社会组织的紧密合作。高校在研学导师培训中发挥着不可替代的作用。它们依托自身的教育资源优势，开设研学实践教学的相关课程，并与研学实践的社会组织合作，通过产学研转化模式开设短期的岗位技能培训。这种合作模式不仅能够有效缓解市场人才短缺的问题，还能够促进高校与行业的深度融合，推动研学旅行行业的创新发展。

第三，研学机构的灵活辅导。研学机构作为研学旅行行业的直接参与者，对研学导师的需求最为直接和迫切。因此，它们往往以市场化的方式开展辅导培训，培训内容贴近行业企业的发展需求，具有极大的灵活性。这种培训模式能够快速响应市场变化，为研学导师提供及时、有效的培训服务，促进研学旅行行业的快速发展。

二、研学旅行安全管理制度

1. 管理内涵的深化理解

旅游安全管理作为一个系统性的管理过程,其核心在于通过有意识、有计划的策略,全面监控并应对旅游活动中可能出现的各种安全风险。这一过程不仅涵盖了基础的安全宣传与教育,确保每一位参与者都能具备基本的安全意识,同时也涉及安全管理方针、政策、法规及条例的制定与实施,为旅游活动的安全进行提供坚实的制度保障。更为关键的是,它还包括了安全防控措施的细致规划与执行,以及安全保障体系的构建与高效运作,确保在面临突发情况时能够迅速响应、有效应对。

在研学旅行的语境下,安全性原则更是被提升到了至关重要的地位。作为教育旅游市场的新兴热点,研学旅行不仅要追求知识的获取与能力的提升,更要确保每一位参与学生的绝对安全。因此,建立完善的安全保障机制,明确各级安全保障职责,并切实落实各项安全保障措施,成为研学旅行不可或缺的一部分。

2. 管理制度的完善与创新

随着研学旅行市场的日益繁荣,其管理制度也需不断与时俱进,以适应新时代的需求。这要求我们在规范研学旅行服务流程的同时,更要注重从行程的初期规划、导师的专业配备、全面的安全保障到最终的效果评估,每一个环节都严格把关,确保质量。同时,政府、学校、旅游企业等多方需加强合作,形成合力,共同推动研学旅行市场的健康、有序发展。通过政策引导、资金支持、市场监管等多种手段,为研学旅行创造一个良好的外部环境,让每一次研学旅行都能成为学生人生旅途中一段难忘且宝贵的经历。

3. 管理特点的深入剖析

研学旅行安全管理之所以具有其独特性,主要体现在以下几个方面。

（1）不安全因素复杂多变，潜在风险高。

研学旅行往往涉及跨地域、跨文化的活动，自然与人为的不安全因素交织在一起，如自然灾害的突发性、人为过错的不可预测性等，都为安全管理工作带来了极大的挑战。

（2）旅游安全责任重大，不容有失。

一旦发生安全事故，不仅会造成人员伤亡和财产损失，更有可能对学生的心理健康造成长远影响。因此，研学旅行的安全管理必须高标准、严要求，全面预防，突出重点，确保万无一失。

（3）对管理人员素质要求极高。

研学旅行的安全管理涉及多个领域，要求管理人员不仅要具备丰富的安全管理知识，还要具备敏锐的风险意识、出色的应急处理能力和良好的沟通协调能力，以确保在复杂多变的环境中，能够迅速、有效地应对各种安全挑战。

4. 管理原则的坚定践行

在研学旅行的安全管理中，我们必须坚定践行以下原则。

（1）安全第一，预防为主。

这是研学旅行安全管理的核心原则。无论是旅游行政管理部门，还是旅游企业和从业人员，都必须将安全工作置于首位，时刻保持警惕，不得有丝毫懈怠。同时，要通过加强安全宣传教育、完善安全制度、强化安全检查等措施，做到预防为主，防患于未然。

（2）统一领导，分级管理，以基层为主。

在研学旅行的安全管理中，必须形成上下联动、分级负责的管理体系。文化和旅游部等上级部门负责制定宏观政策、加强指导和监督；各级旅游行政管理部门则要根据本地实际情况，具体落实安全管理措施；而旅游企业作为安全管理的基层单位，更要切实履行安全主体责任，确保各项安全制度得到有效执行。

（3）上下协作，部门协调。

研学旅行的安全管理需要全社会的共同努力。在制定和执行安全管理法规时，要充分听取各方意见，形成共识；在实际工作中，要加强与相关部门的沟通协调，形成合力，共同应对安全挑战。

（4）有法可依，执法必严，违法必究。

研学旅行的安全管理必须纳入法治化轨道。一方面要加强立法工作，完善安全管理法规体系；另一方面要严格执法，对违反安全规定的行为进行严厉处罚，以儆效尤。同时，还要加强普法教育，提高全社会的安全意识，形成人人遵守安全法规的良好氛围。

三、研学基地建设体系

1. 基地设计核心要素

（1）课程设计：构建知识与实践的桥梁。

课程设计作为研学旅行工作的核心，其质量直接关乎教育效果的大小。在规划研学实践教育基地建设之初，就需明确研学的核心主题与目标，这不仅是整个研学活动的灵魂，也是课程设计的出发点。课程设计应基于对学生认知特点、兴趣点及教育需求的深入分析，制定出既符合教育规律又富有创意的教学方案。通过科学合理的课程设计，将理论知识与实践活动紧密结合，使学生在体验中学习，在学习中成长，真正达到寓教于乐的目的。

（2）研学线路：编织连贯的学习旅程。

研学线路的设计对于确保学生连贯性学习至关重要。它如同一条精心铺设的学习路径，引导学生逐步深入探究，形成系统的知识体系。在规划时，需充分考虑青少年的认知规律、年龄特点和体力状况，确保线路既富有挑战性又不至于让人过于劳累。同时，线路的设计还应与课程设计紧密相连，每个环节都应围绕核心主题展开，形成前后呼应、层层递进的逻辑关系。通过精心设计的研学线路，学生能够在有序的学习过程中不断积累知识，提升能力。

（3）研学实践教育评价：完善教育效果的反馈机制。

研学实践教育评价是检验教育成果、提升教育质量的重要环节。评价体系应多元化，既包括对学生在研学过程中知识与技能掌握情况的评估，也涉及对学生综合素质、情感态度等方面的考量。同时，还应从整体上对研学活动的组织、导师的表现、场地的设施等进行全面评价，以发现问题、改进不足。为确保评价的客观性和有效性，应引入学生、家长、学校等多方评价主体，形成全方位、多角度的评价体系。通过评价，不断优化研学实践教育方案，提升教育质量。

2. 基地的课程建设

（1）明确"1+1+n"研学旅行课程目的体系：引领教育方向。

研学旅行课程目的是课程设计的灵魂，它引领着整个研学活动的方向。在构建"1+1+n"研学旅行课程目的体系时，应首先明确研学教育的根本目的，即激发学生爱国主义精神、提升学生综合素质、培养学生文明旅游意识等，同时结合学生需求、学校育人目标、社会资源等因素，确定具体的课程目的。在此基础上，围绕课程目的和主题设计若干教学子目的及细分方向，形成层次清晰、目标明确的课程目的体系。这种体系既有助于强化学科教学目的，又能帮助学生巩固学科知识，形成个性化的研学旅行产品。

（2）多主体参与选择设计研学旅行课程资源：丰富教学内容。

研学旅行课程资源是课程设计的基础和支撑。在资源选择过程中，应充分发挥课程设计者的主导作用，通过实地调研、专家评价等方式精心挑选与课程目的相匹配的资源。同时，鼓励学科教师、研学导师和学生积极参与，让他们根据自己的兴趣和专长选择或生成课程资源，形成一种以学生为主体的课程资源开发设计方式。这种多主体参与的资源选择机制不仅丰富了教学内容，还激发了学生的学习兴趣和创造力。

（3）明确研学导师在课程实施中的主导作用：保障教育质量。

研学导师是研学旅行课程实施的关键人物。他们不仅要参与制定研学旅行方案和工作计划，还要在实地参观、亲身体验、探究学习等环节中发挥引领作用。因此，对于研学导师的教学技能水平和综合素质方面有较高要求。他们应能够带领学生深入研学目的地，按照课程目的要求和工作计划内容有序开展活动，避免形式主义和浅尝辄止的研学行为。通过研学导师的专业指导和悉心陪伴，确保学生在研学过程中获得真正的成长。

（4）全方位、多角度开展研学旅行课程评价：促进持续改进。

课程评价是检验研学旅行课程效果、促进持续改进的重要手段。评价过程应贯穿研学旅行的全过程，从课前准备、课程实施到课后总结都应纳入评价范围。评价内容应涵盖课程内容、课程准备、课程推进情况、研学导师表现、学生研习效果等多个方面。通过分享研学心得、展示研学成果、认定研学成绩等多种评价方式，全面了解学生在研学过程中的表现和发展情况。同时，要根据评价结果及时调整课程设计、改进教学方法、提升教育质量，为未来的研学旅行活动提供有益的借鉴和参考。

3. 运行管理的体制机制优化与创新

（1）建立健全过程监督指导机制。

为了确保研学旅行的顺利进行和高质量完成，必须构建一个全方位、多层次的过程监督指导机制。这一机制应围绕研学旅行的每一个环节，明确责任领导和阶段性任务，确保每个步骤都能得到有效监控。同时，要建立起"教育部门主导，行业组织、学校和企业积极参与"的研学旅行服务监督机制，通过"一事一报、即事即报"的方式，及时发现并纠正问题，防止影响扩大。为了更精确地评估研学旅行的实施效果，还需建立一套完善的指标考核评价体系。这一体系不仅要涵盖政府、学校、研学机构、旅行社等参与方，还要细化到课程目的制定、课程资源选择、实施步骤、操作方法等各个环节，从而实现对研学旅行全过程的全面掌握和有效指导。

此外，要加强过程监督与指导的实效性，还需借助现代信息技术手段，如建立线上监督平台、使用大数据分析工具等，实现对研学旅行活动的实时跟踪和数据分析，为决策提供科学依据。

（2）完善研学效果反馈评估机制。

研学效果评估是研学旅行不可或缺的一环，它直接关系到研学旅行产品的质量和效果。为了解决当前研学效果评估中存在的权威指导缺失、评估标准不统一等问题，需要建立一套科学、全面、权威的研学效果反馈评估机制。

这一机制应首先明确评估的目标和标准，细化教学目的，制定行业标准，确保评估的针对性和有效性。同时，要建立阶段性反馈评估机制，及时发现问题并纠偏，确保研学旅行始终沿着正确的方向进行。在活动结束后，学校作为研学教育的主导方，应结合教育教学目的、研学服务规范要求以及学生和教师的实际反馈，对研学效果进行综合评价，并将评估结果反馈给承办方。承办方则应根据学校的反馈、社会反响及评价等信息，深入分析研学旅行产品及服务存在的问题与缺陷，从而有针对性地优化产品，提升服务质量。

此外，还可以引入第三方评估机构，对研学效果进行客观、公正的评估，为研学旅行的持续改进提供有力支持。

4. 智慧基地建设的深化与拓展

（1）环境全面感知的智能化升级。

智慧基地的环境全面感知不仅要求传感器能够随时随地感知、捕获和传递有关人、设备、资源的信息，还要实现对学习者个体特征和学习情境的精准感知。这需要通过引入更先进的传感技术、人工智能算法等，实现对环境数据的深度挖掘和智能分析，为学习者提供更加个性化、精准化的服务。

（2）网络无缝互通的深度整合。

智慧基地应充分利用网络和通信技术，特别是移动互联网技术，实现所有软件系统和硬件设备的无缝连接。这不仅要确保信息的快速、实时传递，还要支持不同系统之间的数据交换和共享，为协作学习、协同工作提供强有力的支撑。同时，要加强网络安全防护，确保数据的安全性和隐私性。

（3）海量数据支撑的智能决策。

智慧基地应依托数据挖掘和建模技术，构建基于海量数据的预测模型，实现对新到信息的趋势分析、展望和预测。这不仅可以为决策者提供科学依据，还可以帮助学习者更好地把握学习方向和节奏。同时，智慧基地还应具备智能推理能力，能够综合各方面的数据、信息、规则等内容，做出快速反应，主动应对，提升基地的智能化水平。

（4）开放学习环境的创新构建。

智慧基地应秉持开放、创新的理念，不断拓宽资源环境、时间环境和空间环境的边界。通过引入VR、AR等先进技术，打破传统学习环境的限制，让学习者能够在更加真实、丰富的情境中学习和体验。同时，要加强与其他教育机构的合作与交流，共享资源、共同发展，推动智慧基地建设的不断深化和拓展。

（5）参与者个性服务的精准提供。

智慧基地的建设应始终以参与者的个性化需求为导向，通过提供个性化的学习资源、学习路径和学习支持，满足不同学习者的需求。这要求智慧基地不仅要具备强大的数据处理和分析能力，还要具备高度的灵活性和可定制性，能够根据学习者的实际情况和反馈，及时调整、优化服务内容和服务方式。同时，要加强与参与者的互动与沟通，了解他们的需求和期望，为他们提供更加贴心、周到的服务。

第四节 研学旅行产品设计的质量管理评价

一、基本原则

1. 因子的高度灵敏性

在研学旅行服务质量评价体系中，所选取的因子指标展现出极高的灵敏性特质。这些精心设计的因子能够敏锐地捕捉到研学旅行者对服务质量任何细微变动的感知，无论是对服务的积极肯定还是消极反馈，都能通过因子指标值的微妙变化得到及时且准确的反映。这种高度的灵敏性不仅保证了评价体系能够实时追踪研学旅行者的真实感受与态度，还为服务提供者提供了精准的改进指引，助力其迅速响应市场变化，不断调整优化服务策略，以满足研学旅行者的多元化需求，进而推动研学旅行整体服务质量的持续提升。

2. 范围的广泛覆盖性

研学旅行产品的设计质量测评，其考量范畴远远超出了传统的食、住、行、游、购、娱六大基本要素。在关注这些直接影响旅行舒适度与体验感的因素的同时，更需深入探索教育内涵的深度挖掘与广度拓展、卫生环境的严格把控、空气质量的持续优化以及基础设施建设的全面完善等间接却至关重要的因素。这些因素虽不直接作用于旅行过程，却对研学旅行的整体印象与长远影响产生了深远而持久的作用。因此，在构建研学旅行产品设计质量测评指标体系时，必须全面考量这些非技术性指标，确保评价体系的综合性与客观性，以更全面地反映产品的整体质量水平。

3. 指标的可量化操作性

研学旅行产品设计的质量测评，本质上是一个将主观感受转化为客观数据的过程。为了实现这一目标，我们需要对测评指标进行科学合理的量化处理。通过运用态度测量技术，我们可以将研学旅行者对产品设计质量的看法、偏好和态度转化为具体的数值表示，如将满意度水平划分为五个等级，并赋予相应的标度向量（非常满意=5，较满意=4，一般=3，较不满意=2，不满意=1）。这种量化处理不仅便于统计与分析，还能确保评价结果的精确性与可比较性，为后续的决策与优化提供有力支持。

4. 数据的精确有效性

在研学旅行服务质量的满意度测评中，数据的精确性与有效性是评价成功的关键所在。为了确保数据的准确性，我们需要根据测评内容的复杂程度与重要性，灵活选择不同数量的指标进行衡量。在某些简单明了的方面，一个精炼的指标或许就能充分反映满意度；而在涉及多重因素、关系复杂的方面，则可能需要多个指标的综合考量。同时，为了避免指标间的重复与冗余，我们在设计指标时应注重其独立性与互补性，确保每个指标都能独立反映某一特定方面的满意度，共同构成一个完整、有效的评价体系。

5. 体系的稳健可持续性

研学旅行产品设计质量评价体系的稳健性是其长期有效运行的重要保障。一旦评价指标体系得以确立，我们就应保持其基本项目指标和内容的相对稳定，以确保评价的一致性和可比性。这种稳定性不仅有助于评价体系的逐步完善与发展，还为后续的持续优化提供了坚实的基石。然而，稳定性并不意味着僵化不变。面对不同功能类型的旅游景区和不断变化的市场需求，我们应灵活调整指标体系的内容与权重，以适应市场变化与景区发展特色，确保评价体系既具有稳定性又具备灵活性，实现稳健与可持续的并行发展。

6. 市场的紧密导向性

研学旅行产品设计的质量评价体系必须紧密贴合市场需求与导向。一个完善的评价体系应涵盖多元化的评价主体，包括研学成员的直接反馈、供给方的自我评价以及"非利益"第三方的客观评价。研学成员作为服务的直接体验者，其评价直接反映了产品的实际效用与满意度水平；供给方的自我评价有助于内部质量管理的持续改进与提升；第三方的客观评价则能揭示潜在问题与市场趋势，为产品优化提供更为全面、公正的视角。这三者相互补充、相互印证，共同构成了一个完整、系统的评价体系，为研学旅行产品的市场定位、优化升级与持续发展提供了强有力的支撑与保障。

二、评价体系

1. 评价要素

（1）研学旅行的研学课程：知识与体验的深度融合。

研学课程作为研学旅行的灵魂，其质量与效果直接关系到整个研学活动的价值。一个优秀的研学课程，不仅要具备丰富的内容和多样的形式，以激发学生的学习兴趣和拓宽视野，更要明确教育目的，确保每次研学都能精准对接教育目标，实现综合实践育人的初衷。课程体系应构建得既完整又系统，跨越多个学科领域，满足学生多元化的学习需求。同时，课程的特色与创新性、实践性和针对性同样重要，它们能让学生在亲身体验中深化理解，促进知识与能力的同步提升。

（2）研学旅行的承办方资质：专业与安全的双重保障。

承办方作为研学旅行的直接执行者，其资质和服务水平是评价研学旅行质量不可或缺的一环。合法的注册信息、严格的服务规范、到位的安全管理以及高效的质量监控体系，是承办方必备的基本素质。此外，承办方的人员配置也需经过精心挑选，专业的导游和服务人员不仅能为学生提供优质的旅行体验，还能在关键时刻提供必要的帮助和指导，确保研学活动的顺利进行。

（3）研学旅行的教育服务：科学与实践的完美结合。

教育服务是研学旅行区别于普通旅游的关键所在。它要求服务计划及项目必须科学合理，服务流程及教育设施必须完善齐全，服务实施具有主导性，能够引导学生深入探究，同时服务评价也要有效及时，以便及时调整和优化教育方案。通过这四个方面的综合考量，可以全面评估研学旅行在教育层面的实际成效，确保学生能够在旅行中真正获得成长和进步。

（4）研学旅行的相关服务：细节决定体验。

除了核心的教育服务外，研学旅行的相关服务质量同样不容忽视。住宿、餐饮、解说、交通以及医疗救助等服务的品质，直接关系到学生的舒适度和安全性，因此，在评价研学旅行时必须对这些细节进行全面而细致的考察，确保学生在享受研学乐趣的同时，也能得到周到的照顾和保障。

（5）研学旅行的服务管理：安全与效率的双重考量。

服务管理是研学旅行顺利进行的基石。其中，安全管理是重中之重，它要求承办方必须建立健全的安全管理制度和应急预案，确保学生在研学过程中的生命安全和财产安全。同时，投诉管理也是衡量服务管理水平的重要指标，它反映了承办方对顾客反馈的敏感度和解决问题的能力，是提升服务质量的有效途径。

（6）研学旅行的服务改进：持续优化的动力源泉。

服务改进是研学旅行持续发展和提升竞争力的关键。它要求承办方必须建立有效的服务质量监测机制，及时发现并解决问题，同时根据市场反馈和顾客需求不断调整和优化服务内容和形式。一个具备自我完善能力的研学旅行产品，能够不断满足学生的新需求，提升研学体验，从而赢得更广泛的市场认可。

（7）研学旅行的研学推广：扩大影响力的关键策略。

研学推广是研学旅行走向更广阔市场的重要途径。一个成功的研学旅行产品，不仅要有完善的推广计划，还要通过精美的研学手册和体现公益性的活动设计，来传递其教育理念和价值。这些推广元素不仅能够吸引更多学生的关注和参与，还能提升研学旅行的品牌形象和社会影响力，为研学旅行的长期发展奠定坚实基础。

2. 要素确定

在研学旅行的深入实践中，我们深刻认识到，每一个细微环节的疏漏都可能对研学旅行者的整体体验产生负面影响，进而降低他们对研学旅行产品质量的满意度。因此，为了更精准地评估并提升研学旅行产品的质量，我们根据研学实践活动的独特性质，将研学旅行产品设计质量评价要素细分为两大类：功能质量评价要素和技术质量评价要素，分别用 U_1 和 U_2 来表示，即整个评价体系 U 由 U_1 和 U_2 两部分构成。

功能质量评价要素 U_1 主要聚焦于研学旅行产品在实际应用中的表现，它涵盖了研学课程的设计与实施、教育服务的专业性与互动性，以及包括交通、住宿、餐饮等在内的其他相关服务的完善程度。具体来说，研学课程需注重知识的系统性与趣味性相结合，确保学生在旅行中既能学到知识又能享受乐趣；教育服务需强调教师的专业素养与教学方法的创新，以激发学生的学习兴趣；相关服务则要求提供周到细致的旅行安排，确保学生的安全与舒适。

技术质量评价要素 U_2 则更多地关注研学旅行产品背后的技术支撑与管理水平，它包括了承办方的资质审核与选择、服务管理的规范化与标准化、服务改进的持续优化机制，以及研学推广的有效性与创新性。承办方的资质是研学旅行产品质量的基石，必须严格把关；服务管理要求建立科学的管理体系，确保各项服务的高效运行；服务改进强调通过不断收集反馈、分析数据，对服务进行迭代升级；研学推广则要注重品牌塑造与市场拓展，提升研学旅行产品的知名度和影响力。

研学旅行产品设计的质量管理，不仅涉及基于需求、期望和价值的三种内涵，还应体现出主观性、差异性、过程性和整体性的特征。通过提升研学旅行产品设计的质量，我们可以创造游客价值，提升他们的满意度和忠诚度；改进旅游企业的绩效，提高市场竞争力和盈利能力；提升研学基地的形象，增强其在行业内的地位和影响力。

在研学旅行产品设计的质量管理中，我们应遵循以顾客为关注焦点、领导作用、全员参与、过程方法、持续改进、循证决策和关系管理等原则。这些原则为我们提供了明确的方向和指引，确保质量管理工作的有效实施。

研学旅行产品设计的质量管理目的是确保旅游质量管理工作能够达到预定的基本标准，为游客提供优质的研学旅行体验。为了实现这一目标，我们需要明确责任主体和职责分工，确保各项任务有人负责、有人执行；建立研学旅行经营者准入制度，从源头上把控产品质量；完善产品和服务的标准体系，为质量管理提供科学依据；加强市场监管，及时发现并纠正问题。

在研学旅行产品设计的质量管理方法上，我们可以运用价值链分析法来识别并优化产品的关键价值环节；采用四象限分析法来区分不同重要性和紧急性的任务，合理分配资源；利用雷达图分析法来全面评估产品的质量状况，找出短板并进行改进。

研学旅行产品设计的质量管理流程应涵盖目标设定、标准确立、质量检验和责任机制建立等各个环节。从设定明确的质量目标开始，到制定详细的质量标准，再到进行严格的质量检验和建立有效的责任机制，确保质量管理工作的全流程覆盖和有效执行。

最后，在研学旅行产品设计的质量管理策略上，我们应注重研学导师的培训与提升，建立完善的研学旅行安全管理制度，以及打造具有特色的研学基地建设体系。这些策略的实施将有助于提高研学旅行产品的整体质量和竞争力，为游客提供更加优质、安全、有趣的研学旅行体验。

研学旅行产品设计的质量管理是一个复杂而系统的工程，它要求我们在遵循一定原则的基础上，运用科学的方法和流程进行全流程管理，并制定相应的策略来不断提升产品质量。只有这样，我们才能确保研学旅行产品能够满足游客的需求和期望，为旅游行业的持续发展注入新的活力。

参考文献

[1] 彭其斌.研学旅行课程概论[M].济南：山东教育出版社，2019.

[2] 吴吉堂，吴翠楠.研学旅行在集美集美模式的探索与构建[M].上海：上海交通大学出版社，2019.

[3] 孙月飞，朱嘉奇，杨卫晶.解码研学旅行[M].长沙：湖南教育出版社，2019.

[4] 薛兵旺，杨崇君.研学旅行概论[M].北京：旅游教育出版社，2020.

[5] 陈大六，徐文琦.研学旅行理论与实务[M].武汉：华中科技大学出版社，2020.

[6] 王煜琴，赵恩兰.研学旅行执业实务[M].北京：旅游教育出版社，2020.

[7] 薛兵旺，杨崇君，官振强.研学旅行实用教程[M].武汉：华中科技大学出版社，2020.

[8] 李先跃.研学旅行发展与服务体系研究[M].武汉：华中科技大学出版社，2020.

[9] 蒳鑫.研学旅行基（营）地服务与管理[M].北京：旅游教育出版社，2020.

[10] 徐仁立.研学旅行——理论与实践研究[M].北京：中国书籍出版社，2020.

[11] 薛兵旺，杨崇君.研学旅行概论[M].2版.北京：旅游教育出版社，2021.

[12] 梅继开，张丽利. 研学旅行课程开发与管理 [M]. 武汉：华中科技大学出版社，2021.

[13] 杨振之，李慧. 研学旅行概论 [M]. 武汉：华中科技大学出版社，2022.

[14] 马勇，杨振之. 研学旅行项目开发与运营 [M]. 武汉：华中科技大学出版社，2022.

[15] 邓德智，伍欣. 研学旅行指导师实务（活页版）[M]. 北京：旅游教育出版社，2022.

[16] 马悦. 项目化学习在研学旅行活动中的应用研究（英文版）[M]. 北京：中国纺织出版社，2022.

[17] 魏洁. 研学旅行课程体系探索与践行研究 [M]. 长春：吉林出版集团股份有限公司，2022.

[18] 程冰. 研学旅行培训指南 [M]. 重庆：重庆大学出版社，2023.

[19] 喻峰，夏淑芳. 研学旅行指导师实务 [M]. 南昌：江西人民出版社，2023.

[20] 欧阳建飞. 定向运动研学旅行课程理论与实践研究 [M]. 北京：中国原子能出版社，2023.

[21] 卫红，郑远帆，郑耀星. 研学旅行资源导论 [M]. 武汉：华中科技大学出版社，2023.

[22] 叶娅丽，边喜英，李岑虎. 研学旅行基地运营与管理 [M]. 北京：旅游教育出版社，2023.

[23] 薛冰旺，杨崇君. 研学旅行管理与服务系列教材研学旅行概论 [M]. 3版. 北京：旅游教育出版社，2023.

[24] 池静；韩玉灵，邓德智. 研学旅行产品设计 [M]. 北京：旅游教育出版社，2023.

[25] 刘春玲，张瑞星，殷向飞. 研学旅行实务 [M]. 北京：北京理工大学出版社，2024.

[26] 边喜英，莫明星. 研学旅行操作实务 [M]. 武汉：华中科技大学出版社，2024.

[27] 谢璐，王玲. 研学旅行课程设计 [M]. 武汉：华中科技大学出版社，2024.

[28] 杨崇君 . 研学旅行概论 [M].4 版 . 北京：旅游教育出版社，2024.

[29] 苏娜 . 研学旅行服务与管理 [M]. 长沙：湖南师范大学出版社，2024.

[30] 李岑虎 . 研学旅行课程设计 [M].4 版 . 北京：旅游教育出版社，2024.

[31] 方世巧 . 研学旅行基营地管理与服务 [M]. 武汉：华中科技大学出版社，2024.

[32] 石媚山 . 研学旅行市场营销 [M].2 版 . 北京：旅游教育出版社，2024.